Zeitschrift für Betriebswirtschaft

Ergänzungsheft 2/2002

Unternehmensentwicklung im Wettbewerb

ZfB-Ergänzungshefte

4/97 Betriebswirtschaftslehre und Rechtsentwicklung
Schriftleitung: Horst Albach/Klaus Brockhoff
136 Seiten. ISBN 3 409 13955 9

1/98 Betriebliches Umweltmanagement 1998
Schriftleitung: Horst Albach/Marion Steven
186 Seiten. ISBN 3 409 13956 7

2/98 Finanzierungen
Schriftleitung: Horst Albach
200 Seiten. ISBN 3 409 13957 5

1/99 Innovation und Investition
Schriftleitung: Horst Albach
142 Seiten. ISBN 3 409 13958 3

2/99 Innovation und Absatz
Schriftleitung: Horst Albach
176 Seiten. ISBN 3 409 11455 6

3/99 Finanzmanagement 1999
Schriftleitung: Horst Albach
212 Seiten. ISBN 3 409 11509 9

4/99 Planung und Steuerung von Input-Output-Systemen
Schriftleitung: Horst Albach/Otto Rosenberg
178 Seiten. ISBN 3 409 11493 9

5/99 Krankenhausmanagement
Schriftleitung: Horst Albach/Uschi Backes-Gellner
209 Seiten. ISBN 3 409 13959 1

1/2000 Corporate Governance
Schriftleitung: Horst Albach
152 Seiten. ISBN 3 409 11600 1

2/2000 Virtuelle Unternehmen
Schriftleitung: Horst Albach/Dieter Specht/Horst Wildemann
260 Seiten. ISBN 3 409 11628 1

3/2000 Hochschulorganisation und Hochschuldidaktik
Schriftleitung: Horst Albach/Peter Mertens
223 Seiten. ISBN 3 409 13960 5

4/2000 Krankenhausmanagement 2000
Schriftleitung: Horst Albach/Uschi Backes-Gellner
160 Seiten. ISBN 3 409 11764 4

1/2001 Personalmanagement 2001
Schriftleitung: Horst Albach
188 Seiten. ISBN 3 409 11801 2

2/2001 Controlling-Theorie
Schriftleitung: Horst Albach/Ulf Schiller
160 Seiten. ISBN 3 409 11833 0

3/2001 E-Business
Schriftleitung: Horst Albach/Horst Wildemann
162 Seiten. ISBN 3 409 11876 4

4/2001 Theorie der Unternehmen
Schriftleitung: Horst Albach/Peter J. Jost
193 Seiten. ISBN 3 409 11883 7

1/2002 Marketing-Management
Schriftleitung: Horst Albach/Christoph Weiser
190 Seiten. ISBN 3 409 11984 1

Unternehmensentwicklung im Wettbewerb

Schriftleitung

Prof. Dr. Dr. h.c. mult. Horst Albach
Prof. Dr. Bernd Schauenberg

GABLER

Die Deutsche Bibliothek – CIP-Einheitsaufnahme

Zeitschrift für Betriebswirtschaft : ZfB. – Wiesbaden :
Betriebswirtschaftlicher Verl. Gabler
   Erscheint monatl. – Aufnahme nach Jg. 67, H. 3 (1997)
   Reihe Ergänzungsheft: Zeitschrift für Betriebswirtschaft /
   Ergänzungsheft. – Fortlaufende Beil.: Betriebswirtschaftliches
   Repetitorium. – Danach bis 1979: ZfB-Repetitorium
   ISSN 0044-2372
2002, Erg.-H. 2. Unternehmensentwicklung im Wettbewerb
Unternehmensentwicklung im Wettbewerb / Schriftl.: Horst Albach,
Bernd Schauenberg – Wiesbaden : Gabler, 2002
   (Zeitschrift für Betriebswirtschaft ; 2002, Erg.-H. 2)
   ISBN-13: 978-3-409-11996-2   e-ISBN-13: 978-3-322-86555-7
   DOI: 10.1007/978-3-322-86555-7

Alle Rechte vorbehalten

© Betriebswirtschaftlicher Verlag Dr. Th. Gabler GmbH, Wiesbaden 2002
Lektorat: Ralf Wettlaufer/Annelie Meisenheimer

Der Gabler Verlag ist ein Unternehmen der Fachverlagsgruppe BertelsmannSpringer

Das Werk einschließlich aller seiner Teile ist urheberrechtlich geschützt. Jede Verwertung außerhalb der engen Grenzen des Urheberrechtsgesetzes ist ohne Zustimmung des Verlags unzulässig und strafbar. Das gilt insbesondere für Vervielfältigungen, Übersetzungen, Mikroverfilmungen und die Einspeicherung und Verarbeitung in elektronischen Systemen.

http://www.gabler.de
http://www.zfb-online.de

Höchste inhaltliche und technische Qualität unserer Produkte ist unser Ziel. Bei der Produktion und Verbreitung unserer Bücher wollen wir die Umwelt schonen: Dieses Buch ist auf säurefreiem und chlorfrei gebleichtem Papier gedruckt. Die Einschweißfolie besteht aus Polyäthylen und damit aus organischen Grundstoffen, die weder bei der Herstellung noch bei der Verbrennung Schadstoffe freisetzen.

Die Wiedergabe von Gebrauchsnamen, Handelsnamen, Warenbezeichnungen usw. in diesem Werk berechtigt auch ohne besondere Kennzeichnung nicht zur der Annahme, daß solche Namen im Sinne der Warenzeichen- und Markenschutz-Gesetzgebung als frei zu betrachten wären und daher von jedermann benutzt werden dürften.

Gesamtherstellung: Druckhaus „Thomas Müntzer", D-99947 Bad Langensalza

ISBN-13: 978-3-409-11996-2

Inhalt

Zeitschrift für Betriebswirtschaft, Erg.-Heft 2/2002

Editorial VII

Sophistication Banking als erfolgreiche Strategie im Informationszeitalter
Prof. Dr. Hans Ulrich Buhl, Dipl.-Kfm. Dennis Kundisch und
Dipl.-Kfm. Werner Steck, Augsburg 1

Angleichung der Finanzsysteme in Europa
Prof. Reinhard H. Schmidt, Andreas Hackethal und Marcel Tyrell, Frankfurt/M. 13

Evolution von Aktionärsstrukturen, Kontrolltransfers und Performance-unterschiede bei Börsengängen deutscher Familienunternehmen
Dr. Olaf Ehrhardt, Berlin und Dr. Eric Nowak, Frankfurt/M. 25

Die Kosten der externen Eigenkapitalbeschaffung und Skaleneffekte im Emissionsgeschäft – Eine empirische Perspektive
Dipl.-Kfm. Thomas Bühner, Freiburg/CH und Prof. Dr. Christoph Kaserer, München . . 33

Zur Bewertungsrelevanz firmenspezifischer Aktienkurssprünge
Dr. Bernhard Nietert, Passau 41

Anreize in internen Kapitalmärkten
Dr. Roman Inderst, London und Dr. Christian Laux, Mannheim 49

Whither Economic Organization?
Nicolai J. Foss, Frederiksberg 57

Evolutorische Ansätze in der Organisationstheorie – eine kritische Bestandsaufnahme
Prof. Dr. Dr. h.c. Alfred Kieser, Mannheim 67

Strategischer Wandel auf mehreren Ebenen im Lichte evolutionärer Prinzipien
Prof. Dr. Sybille Sachs und Prof. Dr. Edwin Rühli, Zürich 75

Evolution von Institutionen und Management des Wandels
Prof. Dr. Dr. h.c. Arnold Picot und Dipl.-Kffr. Marina Fiedler, München 83

Inhalt

Delegation, strategische Anreize und Wettbewerb
Prof. Dr. Matthias Kräkel, Bonn 95

Unternehmensentwicklung im Spannungsfeld von Führungskontinuität und Führungswechseln im Top-Management
Prof. Dr. Michael-Jörg Oesterle, Bremen 101

Theorie der Evolution der Unternehmung im Wettbewerb
Prof. Dr. Dr. h.c. Dr. h.c. Dr. h.c. Dr. h.c. Dieter Schneider, Bochum 111

Ideologischer Wettbewerb zwischen Wiener Tageszeitungen im Zeitraum von 1918 bis 1938
Prof. William Barnett, Stanford und PD Dr. Michael Woywode, Mannheim 119

Präemptives Verhalten in sequentiellen Turnieren
Prof. Dr. Peter-J. Jost, Vallendar und Prof. Dr. Matthias Kräkel, Bonn 125

Konzernrechnungslegung und Wettbewerb
Prof. Dr. Dr. h.c. Wolfgang Ballwieser, München 131

Personalauswahl an Universitäten – die Berufungspraxis deutscher wirtschaftswissenschaftlicher Fakultäten in den neunziger Jahren
Dipl.-Kfm. Axel Schlinghoff, Köln 139

Unternehmerisches Umweltmanagement im Kontext gesellschaftlicher Reregulierung
Prof. Dr. Gerd Rainer Wagner und Dipl.-Kffr. Friederike Haffner, Düsseldorf 149

Umweltmanagement und Globalisierung – Konzeptionelle Überlegungen aus betriebswirtschaftlicher Sicht
Dr. Dirk Matten, Swansea 155

ZfB · Grundsätze und Ziele 164
ZfB · Herausgeber / Internationaler Herausgeberbeirat XI
ZfB · Impressum / Hinweise für Autoren XII

Editorial

Dieses Ergänzungsheft Ihrer Zeitschrift für Betriebswirtschaft enthält die Ergebnisse der 63. Wissenschaftlichen Jahrestagung des Verbandes der Hochschullehrer für Betriebswirtschaft e. V. (VHB), die in der Zeit vom 05. bis 08. Juni 2001 an der Albert-Ludwigs-Universität Freiburg i. Br. stattfand. Das Generalthema lautete „Die Evolution der Unternehmung im Wettbewerb". Mit diesem Thema sollte nach den ökonomischen Grundlagen der Betriebswirtschaftslehre als Wissenschaft in Zeiten schnellen sozialen, technischen und wirtschaftlichen Wandels sowie erhöhten Wettbewerbsdrucks gefragt werden. Ganz bewusst wurde damit auch an den in Freiburg u. a. von Friedrich August von Hayek lange gepflegten theoretischen Traditionen angeknüpft.

Die Herausgeber legen nicht den gesamten Text der Vorträge und auch nicht alle Vorträge vor. Es erscheint ihnen sinnvoll, in einer Zeitschrift, die der Allgemeinen Betriebswirtschaftslehre verpflichtet ist, die allgemein interessierenden Ergebnisse zu veröffentlichen und den Interessen der Autoren auf Veröffentlichung des vollen Textes in einer Spezialzeitschrift entgegenzukommen.

Für diese Veröffentlichung wurde nicht der zeitliche Ablauf der Tagung gewählt. Vielmehr haben die Herausgeber die Beiträge in vier Teilen sachlich zusammengefasst:

1. Kapitalmarkt und Finanzierung
2. Organisation und Management des Wandels
3. Dynamischer Wettbewerb
4. Umweltmanagement

Im Folgenden soll auf die Beiträge kurz eingegangen werden.

Im ersten Teil „Kapitalmarkt und Finanzierung" erscheinen sieben Beiträge.

Hans Ulrich Buhl, Dennis Kundisch und *Werner Steck* (Universität Augsburg) zeigen in ihrem Beitrag aktuelle Entwicklungen im Finanzdienstleistungssektor sowie damit einhergehende neue Herausforderungen für Finanzdienstleister auf und diskutieren Lösungsansätze aus Wissenschaft und Praxis. Als neue Herausforderungen werden u. a. eine steigende Kostenorientierung, ein zunehmendes Filialsterben, der Markteintritt rein internetbasierter Anbieter und auch das Thema Allfinanzberatung problematisiert. Erfolg generierende Lösungen sollten an der Verknüpfung zwischen betriebswirtschaftlichem und technischem Wissen ansetzen, damit eine steigende Beratungsleistung und damit ein steigender Mehrwert für den Kunden erreicht werden kann.

Die Angleichung der Finanzsysteme in Europa analysieren *Reinhard H. Schmidt, Andreas Hackethal* und *Marcel Tyrell* (Universität Frankfurt). Anhand verschiedener empirischer Untersuchungen zeigen sie auf, dass die erwartete Angleichung der Finanzsysteme im Zuge des EG-Binnenmarktprojekts bisher noch nicht eingetreten ist. Ursache für die geringe Konvergenz sind starke Pfadabhängigkeiten bedingt durch komplementäre Beziehungen zwischen den einzelnen Systembausteinen. Zwei alternative Entwicklungspfade erscheinen als wahrscheinlich: Entweder behalten die Finanzsysteme auf Dauer ihre Unterschiedlichkeit bei oder es setzt sich ein Typus – voraussichtlich der angloamerikanische – international durch.

Olaf Ehrhardt (HU Berlin) und *Eric Nowak* (Universität Frankfurt) präsentieren die Ergebnisse einer empirischen Untersuchung zu den Auswirkungen von Änderungen der

Eigentumsverhältnisse ehemals familieneigener Unternehmen und zu den Folgen konzentrierter Eigentumsrechte für die langfristige Performance von Unternehmen. Ihre Ergebnisse zeigen u. a., dass die Familien noch zehn Jahre nach dem IPO einen beträchtlichen Kontrolleinfluss ausüben, dass die Performance in vielen Fällen unterdurchschnittlich ist und dass die Underperformance mit der Trennung von Rechten an den Überschüssen und Kontrollrechten steigt.

Christoph Kaserer und *Thomas Bühner* (Universität Fribourg/ Schweiz) gehen in ihrem Beitrag von der These aus, dass die direkten Emissionskosten durch Skalenerträge gekennzeichnet sind. Als Hauptergebnisse einer empirischen Untersuchung stellen die Autoren zum einen vor, dass der Fixkostenblock bei Aktienemissionen relativ gering ist, und zum anderen, dass bei Kapitalerhöhungen keine konstanten Grenzkosten und bei Erstemissionen keine fallenden Grenzkosten angenommen werden können. Insgesamt erscheint es den Autoren somit unwahrscheinlich, dass direkte Emissionskosten einen Einfluss auf die optimale Unternehmensgröße haben.

Bernhard Nietert (Universität Passau) prüft die Frage, wie man Kurssprünge im Rahmen des CAPM behandeln kann. Ausgangspunkt sind Unklarheiten über die Natur von Sprüngen (etwa vernachlässigbare Sprünge, Sprünge einzelner Aktien und allgemeine Sprünge) und zu der Frage, ob einzelne Sprünge systematische oder vollkommen unsystematische Elemente haben. Mit der Unterscheidung in eine Risikoprämie für das Marktportfolio und in Risikoprämien für die Korrekturportfolios werden einige neue Ergebnisse präsentiert.

Roman Inderst (University College London) und *Christian Laux* (Universität Mannheim) untersuchen Anreize auf internen Kapitalmärkten. Im Mittelpunkt ihrer Überlegungen stehen die Wirkungen des Wettbewerbs um knappe Kapitalmittel auf die Anreize von Bereichsmanagern, vorteilhafte Investitionsprojekte zu generieren. Im symmetrischen Fall wirkt Wettbewerb positiv, im asymmetrischen Fall muss das nicht mehr so sein. Außerdem wird der Fall untersucht, dass die Kapitalallokation kontrahierbar ist. Insgesamt gesehen sprechen die Ergebnisse für eine Anreizlösung.

Der zweite Teil behandelt das Thema „Organisation und Management des Wandels". Diesem Thema lassen sich sechs Beiträge zuordnen.

Nicolai J. Foss (Copenhagen Business School) diskutiert das Verhältnis von Coase zu Hayek am Beispiel der Fragen nach der Autorität und den Unternehmensgrenzen in der Wissensgesellschaft. Ausgangspunkt sind die Thesen der Austrian Economics zur Evolution von Organisationen und ihre Implikationen für die Gestaltung von Organisationen. An einem dänischen Fallbeispiel macht der Autor die Vorteile, aber auch die Nachteile einer Orientierung an diesen Implikationen fest. Zum Schluss untersucht er das Verhältnis zwischen unterschiedlichen Koordinationsmechanismen in Unternehmen, Anreizen und Komplementaritäten.

Alfred Kieser (Universität Mannheim) setzt sich in seinem Vortrag mit verschiedenen evolutorischen Ansätzen der Organisationstheorie auseinander. Kulturellen Ansätzen bescheinigt er im Gegensatz zu biologischen Ansätzen die prinzipielle Eignung zur Erklärung von Organisationen. Deutlich vorsichtiger beurteilt er den Population Ecology-Ansatz und die Ansätze des evolutorischen Managements.

Sybille Sachs und *Edwin Rühli* (Universität Zürich) stellen grundsätzliche Überlegungen zur Anwendung der Evolutionstheorie in der Mehrebenenforschung an. Es wird untersucht, wie die Evolutionstheorie in verschiedenen Anwendungsgebieten genutzt wer-

Editorial

den kann. Daraus werden generelle evolutionäre Prinzipien hergeleitet. Diese Prinzipien werden dann auf das Mehrebenenphänomen von Unternehmen im strategischen Wandel angewendet und anhand der Unternehmung Shell illustriert.

Arnold Picot und *Marina Fiedler* (Universität München) untersuchen in ihrem Beitrag zunächst die Bedeutung von Institutionen für das Verständnis des praktischen sozioökonomischen Handelns. Anschließend geben sie einen Überblick über Theorien der Entstehung und des Wandels von Institutionen. Schließlich behandeln sie die Frage, welche Folgerungen sich aus der Theorie des institutionellen Wandels für das Management des Wandels ableiten lassen.

Matthias Kräkel (Universität Bonn) betrachtet ein zweistufiges Spiel mit zwei Eigentümern als Prinzipalen und zwei Managern als Agenten. Auf der ersten Stufe wählen die Eigentümer als Anreizmechanismus für die Manager eine Linearkombination mit der vergleichsweise gewöhnlichen Prämienbemessungsgrundlage Gewinn und einer weiteren umsatzorientierten Prämienbemessungsgrundlage. Auf der zweiten Stufe findet dann ein Turnier zwischen den Managern statt. Als Ergebnisse erhält Kräkel, dass im symmetrischen Gleichgewicht die Manager die Gewinne maximieren, während im asymmetrischen Gleichgewicht der eine Eigentümer die Umsätze positiv und der andere Eigentümer negativ gewichtet.

Michael-Jörg Oesterle (Universität Bremen) untersucht den Einfluss des Wechsels zentraler Akteure der Unternehmensleitung auf die längerfristige Entwicklung der betreffenden Unternehmen. Ergebnisse einer empirischen Untersuchung deutscher Großunternehmen für den Zeitraum zwischen 1945 und 1996 lassen den Schluss zu, dass die Entwicklung von Unternehmen in deutlich spürbarer Weise vom Wechsel von Führungskräften geprägt wird. Praktiker sollten die Bestellung von Top-Managern stärker als Instrument einer gezielten Beeinflussung der Unternehmensentwicklung sehen.

Der dritte Teil ist Beiträgen gewidmet, die unter dem Titel: Das Unternehmen im „Dynamischen Wettbewerb" zusammengefasst werden können. Dieser Teil enthält fünf Beiträge. Einer der Beiträge scheint aus diesem Thema herauszufallen, nämlich die Berufungspraxis deutscher wirtschaftswissenschaftlicher Fakultäten. Da die Auswahlmethode des „Vorsingens" viel Ähnlichkeit mit dem Wettbewerb von Werbeagenturen und Beratungsunternehmen um einen Kunden hat, hielten wir es für vertretbar, diesen Aufsatz in diesen Teil einzuordnen.

Dieter Schneider (Universität Bochum) diskutiert die bei Hayek relevanten Anlehnungen an biologische Denkmuster, vor allem den Organismusbegriff, und die Metapher vom Wettbewerb als Entdeckungsverfahren. Dann geht er dem Verhältnis von bewusster Organisation zu spontanen Ordnungen nach. Er kommt dabei u. a. zu dem Ergebnis, dass nicht die Evolution, sondern erst deren rationale Rekonstruktion „Ordnung" schafft.

William P. Barnett (Graduate School of Business, Stanford University) und *Michael Woywode* (Universität Karlsruhe) präsentieren die Ergebnisse einer empirischen Untersuchung über den ideologischen Wettbewerb zwischen Zeitungen des Roten Wien in den 30er-Jahren des letzten Jahrhunderts. Sie weisen u. a. ein hohes Risiko des Scheiterns für extreme Zeitungen, direkte Interaktionseffekte zwischen rechten Zeitungen und Zeitungen des Zentrums sowie intensivere Wettbewerbsverhältnisse zwischen benachbarten Zeitschriften nach.

Peter-J. Jost (WHU Vallendar) und *Matthias Kräkel* (Universität Bonn) zeigen, dass das strategische Verhalten der Agenten in Rank Order Tournaments entscheidend davon abhängt, ob es sich um ein simultanes oder ein sequentielles Turnier handelt. Danach wählt in sequentiellen Turnieren der zuerst handelnde Agent einen so hohen Arbeitseinsatz, dass der danach handelnde Agent aufgibt. Als Schlussfolgerung ergibt sich daraus, dass der Prinzipal simultane Turniere vorzieht.

Wolfgang Ballwieser (Universität München) untersucht in seinem Beitrag die Beziehung von Rechnungslegung und Wettbewerb im Rahmen der jüngsten politischen Entwicklungen in Deutschland, der EU und bei IASC und IOSCO. Dabei werden vor allem die Nutzung der Signalwirkung von Rechnungslegung durch die Unternehmen, die Beeinflussung des Wettbewerbs durch Rechnungslegungssysteme und die Vielfalt oder Einheit von Rechnungslegung thematisiert.

Axel Schlinghoff (Universität Köln) stellt die Determinanten der Berufungspraxis in den deutschen wirtschaftswissenschaftlichen Fakultäten denen der Berufungspraxis an US-amerikanischen Hochschulen gegenüber. Es zeigt sich empirisch, dass vor allem die Publikationsaktivität während der Habilitationszeit, besonders die Anzahl der Artikel in deutschen Top-Zeitschriften, als bedeutendster Einflussfaktor auf die Berufungswahrscheinlichkeit an deutsche Hochschulen einzustufen ist.

Im vierten Teil beschäftigen sich zwei Beiträge mit dem Thema „Umweltmanagement".

Gerd Rainer Wagner und *Friederike Haffner* (Universität Düsseldorf) untersuchen das unternehmerische Umweltmanagement im Kontext regulatorischer Wechselspiele. Ausgehend von der Beobachtung, dass es auch in der Umweltpolitik zu einer Ablösung des traditionellen Staatsverständnisses und damit zu Interaktionsprozessen zwischen regulierenden Instanzen und den Subjekten der Regulierung kommt, werfen sie die Frage nach den betriebswirtschaftlichen Implikationen dieser Änderungen auf. Neben der klassischen staatlichen Regulierung verweisen sie auf kooperative Strategien der Regulierung und auf Ansätze der Selbstregulierung. Allen Formen der Regulierung scheint gemeinsam zu sein, dass sie erhebliche Anforderungen an Lernprozesse stellen.

Dirk Matten (University of Wales Swansea und Universität Düsseldorf) untersucht den Einfluss der Globalisierung auf die umweltorientierte Unternehmensführung. Es wird ein Verständnis des Globalisierungsbegriffs aus betriebswirtschaftlicher Sicht und der Einfluss der Globalisierung auf das Konzept der nachhaltigen Entwicklung als dem gegenwärtig dominanten Leitbild des Umweltmanagements analysiert. So können wesentliche Konsequenzen für eine Forschungsagenda der betriebswirtschaftlichen Umweltökonomie gezogen sowie die Frage beantwortet werden, welche Rolle Unternehmen in der globalisierten Wirtschaft beim Umweltschutz zufallen könnte.

Wir danken allen Referenten und den Autoren, die einen Beitrag für den offenen Teil eingereicht haben. Auch den 44 Gutachtern der für den offenen Teil der Tagung eingereichten Manuskripte gilt unser Dank. Außerdem bedanken wir uns bei den Autoren dieses Bandes, die sich der zusätzlichen Mühe unterzogen haben, eine Kurzfassung ihres Beitrags zu erstellen. Letztlich bedanken wir uns bei *Julia Deimel* (Universität Freiburg), die einen wesentlichen Teil der Arbeit bei der Erstellung dieses Bandes in hervorragender Weise geleistet hat. Wir hoffen, dass mit der Publikation dieses Bandes eine gute Dokumentation der Freiburger Jahrestagung des Verbandes der Hochschullehrer für Betriebswirtschaftslehre gelungen ist.

Horst Albach   Bernd Schauenberg

Sophistication Banking als erfolgreiche Strategie im Informationszeitalter

Von Hans Ulrich Buhl, Dennis Kundisch und Werner Steck

Überblick

- Traditionelle Produkt- bzw. Anbietergetriebene Marktbearbeitungsstrategien im Finanzdienstleistungsbereich werden durch die steigende Transparenz, die Veränderung der (Lebens-)Arbeitssituation der interessanten Zielgruppe und die abnehmende und einheitlichere Regulierung nachhaltig nicht mehr profitabel sein.

- Sophistication Banking als eine Potenzial- und Bedürfnisorientierte Strategie führt zu einer signifikanten Steigerung der Kundenbindung und -loyalität und letztendlich zu einem steigendem Unternehmenswert.

- IT-basierte, innovative Multi-Channel/Customer Relationship Ansätze sind dabei für eine ganzheitliche und kosteneffiziente Betreuung der Kunden unerlässlich.

Eingegangen: 16. Oktober 2001

Prof. Dr. Hans Ulrich Buhl, Dipl.-Kfm. Dennis Kundisch, Dipl.-Kfm. Werner Steck, Universität Augsburg, Lehrstuhl für Betriebswirtschaftslehre, Wirtschaftsinformatik und Financial Engineering Universitätsstrasse 16, 86135 Augsburg, Email: Hans-Ulrich.Buhl|Dennis.Kundisch|Werner.Steck@WiSo.Uni-Augsburg.de

© Gabler-Verlag 2002

Hans Ulrich Buhl, Dennis Kundisch und Werner Steck

A. Einleitung

Zu Beginn des dritten Jahrtausends befindet sich der Markt für Finanzdienstleistungen in einer Situation des radikalen Umbruchs. Ermöglicht durch die dynamischen Entwicklungen im IT-Bereich wurde der Wettbewerb durch innovative Neueintreter verschärft. Als Reaktion auf Deregulierung und sinkende Kommunikationskosten ging eine Welle von Mergers und Akquisitionen durch den globaler werdenden Markt für Finanzdienstleistungen. Gleichzeitig verschärfen und wandeln sich Anforderungen an die Finanzdienstleistungslösungen durch besser informierte Verbraucher und sich verändernde Lebensarbeitsumstände. In Anbetracht dieser Veränderungen ist es gerade für die etablierten Finanzdienstleister von großer Bedeutung, ihre bisherigen Geschäftsmodelle zu überdenken und nachhaltige Strategien einzuschlagen, die den neuen Anforderungen gerecht werden. Die Autoren schlagen in diesem Beitrag eine Sophistication Banking-Strategie für gehobene Privatkunden[1] aufbauend auf Multi-Channel-/Customer Relationship Management-Ansätzen vor.

Hierzu werden in Abschnitt B die genannten Entwicklungen im Finanzdienstleistungsbereich als Ausgangspunkt unserer Überlegungen genauer diskutiert. Darauf aufbauend werden in Abschnitt C das Sophistication Banking Konzept und einige Strategiebausteine vorgestellt. Dabei stützen wir uns in der Argumentation zum einen auf DFG-geförderte Grundlagenforschung im Bereich elektronischer Dienstleistungsmärkte[2] und zum anderen auf praktische Projekterfahrungen in Zusammenarbeit mit der Advance-Bank, der HypoVereinsbank und insbesondere der Deutschen Bank. Abschnitt D fasst die zentralen Ergebnisse kurz zusammen und schließt den Beitrag mit einem Ausblick auf die mögliche Entwicklung des Finanzdienstleistungsmarkts in den nächsten Jahren.

B. Wichtige Trends in der Finanzdienstleistungsindustrie

Als Ausgangspunkt für unsere Überlegungen betrachten wir die aus unserer Sicht nachhaltigen Veränderungen auf dem Markt für Finanzdienstleistungen, die bei der Bedienung des privaten Endkunden bestimmend sein werden.

Neue Qualität der Kommunikation: Trotz dramatischer Kursrückgänge an den Weltbörsen im High-tech-Bereich[3] bleiben die Auswirkungen des rapiden Fortschritts im IT-Bereich ein dominierender Einflussfaktor für Entwicklungen im Finanzdienstleistungsbereich. Bereits 1991 wurde das Potenzial dieser Entwicklung erkannt: "It is a power that is revolutionizing equities trading, a power likely to spread into core investment banking, in the process stripping away the inefficiencies previously integral to the financial system" (o.V. 1991). Offensichtlich wird die Auswirkung der technologischen Entwicklung für die Finanzdienstleistungsbranche durch die Markteintritte rein internetgestützter Anbieter wie Consors, E-Trade, etc., die mit Hilfe der Internet-Technologie in relativ kurzer Zeit relevante Marktanteile erlangen konnten und die etablierten Anbieter zwangen, eigene Internetlösungen anzubieten mit der Wettbewerbsfolge stark sinkender Transaktionsgebühren – etwa im Bereich des E-Brokerage. Die Internet-Technologie ermöglicht aber nicht nur einfache Finanz-Transaktionen wie Überweisungen oder Wertpapierorders, sondern kann auch genutzt werden, um komplexe Beratungsprozesse durchzuführen oder zumindest substanziell zu unterstützen. Bspw. bieten viele Banken inzwischen benutzerfreundliche Lösungen für die Kalkulation von Immobilienfinanzierungen an, wie z. B. das "Finanzierungsbrokerage" der Advance-Bank[4]. Im Gegensatz zu bisher bekannten (Massen-)Kommunikationsmitteln wie Telefon oder BTX ist hier, basierend auf den Eigenschaften des Internets, insbesondere Multimedialität und Interaktivität (vgl. z.B. *Buhl/Roemer* 1996), eine reichhaltige Kommunikation möglich, die dem persönlichen Beratungsgespräch nahe kommen kann. Gleichzeitig kann eine sehr große Anzahl von Personen[5] über dieses Medium nahezu kostenlos erreicht werden. Damit wird der bisher bestehende Trade-off zwischen Informationstiefe und Informationsreichweite aufgelöst oder zumindest auf ein irrelevant hohes Niveau verschoben (vgl. *Evans/Wurster* 1997). Basierend auf einer weiterhin starken technologischen Entwicklung führt dies zu einer hohen Wahrscheinlichkeit, dass auch im Bereich komplexer Finanzdienstleistungen die Wettbewerbsintensität durch internetbasierte Angebote weiter steigen wird.[6]

Deregulierung: Durch die Aufhebung des Glass-Steagall Acts im Jahr 1999, welcher das Trennbankensystem in den Vereinigten Staaten seit 1933 manifestierte, sehen sich nordamerikanische Finanzdienstleister nun ähnlichen Verhältnissen wie Finanzdienstleister in Europa oder Asien gegenüber. Dadurch werden gegenseitige Markteintritte erleichtert und es ist mit einer Zunahme der Wettbewerbsintensität zu rechnen. Im europäischen Binnenmarkt ist mit dem Erlass der Richtlinie für den Fernabsatz von Finanzdienstleistungen der ordnungspolitische Rahmen für einen intensivierten innereuropäischen Wettbewerb gelegt worden.

Neue Lebensarbeitsumstände: Analog zu der durch die neuen Kommunikationstechnologien ermöglichten Aufspaltung von Wertschöpfungsketten, der zunehmenden Spezialisierung einzelner Firmen auf spezifische Aktivitäten und den damit entstehenden "best-of-everything" Wertschöpfungsnetzwerken verändern sich auch die Karrieren und Lebensumstände der für den Private Banking Bereich besonders interessanten Kundengruppe der "High Potentials". Viele dieser High Potentials arbeiten nicht mehr im Rahmen früher üblichen Festanstellungen über Jahre hinweg bei einem Arbeitgeber, sondern sind "E-Lancer", die als Freelancer[7] die neuen Kommunikationsmittel nutzen, um – räumlich flexibel – hochspezialisierte Projektarbeit zu leisten. Die resultierenden (Einkommens-)Cash Flows unterliegen daher meist einer hohen Varianz. Die Bedürfnisse dieser Kundengruppe können mittels standardisierter Finanzdienstleistungen kaum erfüllt werden, da diese i.d.R. von konstanten monatlichen Cash Flows ausgehen. Ebenso erfordert die räumliche und zeitliche Flexibilität dieser Zielgruppe die Ergänzung von Filiale und Berater um ort- und zeitunabhängige Kommunikationsmöglichkeiten mit dem Finanzdienstleister, bspw. über mobile Endgeräte. Die prognostizierte Vererbungswelle in den kommenden Jahren wird ebenfalls zu unregelmäßigen Einkünften und dadurch zum Bedarf hochqualitativer finanzwirtschaftlicher Beratung führen.[8]

C. Sophistication Banking – Ansätze für Multi-Channel/Customer Relationship Management mit kundenindividuellen Lösungen

Der von uns in der Folge vorgeschlagene Sophistication Banking-Ansatz berücksichtigt die geschilderten Marktherausforderungen für Finanzdienstleister. Wir werden darstellen, dass durch einen Wechsel von der segmentbasierten Einkommens- und Produktorientierung zur – die individuellen Eigenschaften des Kunden berücksichtigenden – Potenzial- und Lösungsorientierung die Anforderungen der Kunden erfüllt und damit zugleich der Wettbewerbsdruck reduziert werden kann.

I. Konzept I: Potenzialorientierung

Sophistication Banking soll als potenzialorientierte Strategie nicht nur auf die vermögenden Kunden von *heute*, sondern in erster Linie auf die mit hoher Wahrscheinlichkeit interessanten Kunden von *morgen* zielen. Die grundlegende Annahme dabei ist, dass der Customer Lifetime Value (CLV) bei interessanten Kunden durch eine frühe Gewinnung und auf (lebenslange) Dauer angelegte Kundenbeziehung maximiert werden kann und nicht durch die Verfolgung kurzfristiger Ertragsziele (vgl. *Dzienziol* et al. 2001b). Nach der Akquisition kann die frühe Phase der Kundenbeziehung – bei der oft nur Geschäfte geringen Volumens und mit geringen oder negativen Deckungsbeiträgen möglich sein werden – dazu dienen, die für die Erstellung von individuellen Finanzdienstleistungen notwendigen Informationen zu erfassen und gegenseitiges Vertrauen aufzubauen.[9] Der dabei entstehende Beratungsaufwand hat Investitionscharakter, können die dabei erfassten Daten doch in den folgenden Jahren der Kundenbeziehung bei geeigneter Speicherung, Pflege und Nutzung zu einer Steigerung des CLV im Rahmen von CRM-Strategien Nutzen stiften. Gleichzeitig erhöhen die (regelmäßigen) Beratungsgespräche die Bindung zwischen Kunde und Anbieter und es werden durch die Erstellung individueller Finanzdienstleistungslösungen Marktaustrittsbarrieren für den Kunden aufgebaut.

II. Konzept II: Lösungsorientierung

Betrachtet man die Qualität der Leistungen, die Finanzdienstleister Endkunden anbieten, so ergibt sich derzeit ein überwiegend schwaches Bild. Erschreckend ist bspw., dass selbst im Private Banking die privaten Investoren fast immer inadäquat über den Erfolg und Misserfolg der gemeinsam mit dem Berater vereinbarten Anlagestrategie informiert werden. Häufig wird lediglich die Portfolio(gesamt)rendite der letzten Periode mitgeteilt, anstatt eine Performanceattribution auf die verschiedenen Treiber der Performance, nämlich Allokation, Selektion und Währungserfolg durchzuführen (vgl. *Buhl* et al. 2000c). Falls diese doch durchgeführt wird, werden i.d.R. finanzwirtschaftlich problematische Verfahren der additiven Renditezerlegung mit unterschiedlicher Kreuzproduktzerlegung angewandt. Im Ergebnis gibt es im Private Banking Bereich keine Standards und damit auch keine Vergleichbarkeit für die Messung des Anlageerfolgs einer Periode. Aber auch im

| Sophistication Banking als erfolgreiche Strategie im Informationszeitalter |

Bereich der Beratungsqualität offenbaren sich im Finanzdienstleistungssektor Verbesserungsnotwendigkeiten. Tenhagen kommt zum Fazit, dass die ohnehin oft nicht befriedigende Qualität der Beratung durch die Finanzdienstleister im Zeitablauf sogar weiter abgenommen hat (vgl. *Tenhagen* 2000).

Ein wesentlicher Grund für die Schwäche der Finanzdienstleister im Bereich der Beratungsqualität und der vorgeschlagenen Lösungen liegt aus unserer Sicht in der nach wie vor vorherrschenden Produktorientierung der Finanzdienstleister. Hierbei steht der Verkauf des nicht oder nur unzureichend an die persönlichen Bedürfnisse angepassten Standardprodukts im Vordergrund. Beim Sophistication Banking ist im Gegensatz dazu das intelligente Generieren von individuellen finanzwirtschaftlichen Problemlösungen durch Anpassung und Konfiguration von Lösungskomponenten auf Basis der Präferenzen und Einstellungen des Kunden unter Berücksichtigung seiner derzeitigen und künftig erwarteten individuellen Lebens-/Vermögenssituation zentrales Ziel. Dies wird umso wichtiger als wir davon ausgehen, dass sich mit den verändernden Lebensarbeitsumständen auch die Anforderungen an die Finanzdienstleistungen stark individualisieren werden (vgl. auch Abschnitt B). Im Folgenden soll an zwei Beispielen exemplarisch verdeutlicht werden, welches Potenzial die Generierung von kundenindividuellen Lösungen den beiden Vertragsparteien bieten kann.

– Selbst bei scheinbar relativ einfachen Fragestellungen, wie der optimalen Disagiohöhe für ein Festdarlehen zum Kauf einer Immobilie, gibt es die Möglichkeiten, durch intelligentes Financial Engineering Vorteilhaftigkeitspotenziale aus Cash Flow Barwertgesichtspunkten nach Steuern auszuschöpfen (vgl. *Wolfersberger* 2002). Entgegen der oftmals angewendeten finanzwirtschaftlichen Daumenregel, im Falle der steuerlichen Anrechenbarkeit solle das Disagio maximiert, ansonsten minimiert werden, ist eine genaue Analyse der individuellen Kalkulationsgrundlagen des Kunden – wie bspw. persönlicher Steuersatz oder individueller Kalkulationszins – erforderlich, um zu einer finanzwirtschaftlich sinnvollen Lösung zu gelangen.

– *Buhl* et al. haben gezeigt, dass sich durch Leasing selbstgenutzter Wohnimmobilien im Vergleich zum kreditfinanzierten Kauf signifikante Barwertvorteile nach Steuern von ca. 30% generieren lassen (*Buhl* et al. 1999a). Grundidee dieser Lösung ist die Tatsache, dass Eigennutzer im Gegensatz zu Investoren keine Abschreibungen und Schuldzinsen geltend machen können. Verlagert man das Eigentum auf eine Leasinggesellschaft und vereinbart eine Leasingeinmalzahlung[10] können sich die Vertragspartner die entstehenden Vorteile teilen und damit für beide Barwertvorteile entstehen. Die Leasinggesellschaft kann dabei zusätzliche Vorteile durch Forfaitierung der Leasingeinmalzahlung ausschöpfen (vgl. *Schneider/Buhl* 1999). Als Faustregel gilt: Je komplexer das finanzwirtschaftliche Problem ist, desto größer sind die Vorteilhaftigkeitspotenziale durch Financial Engineering (vgl. *Buhl* et al. 1999a, *Buhl/Hinrichs* 2001).

Voraussetzung für die Erstellung von Lösungen, die eine gegebene Bewertungsfunktion optimieren (z.B. Barwert nach Steuern), ist möglichst vollständiges Wissen über alle relevanten Parameter (vgl. *Schackmann* et al. 2000). Dabei kann es sich bspw. um Informationen über die Einkommens- bzw. Vermögenssituation des Kunden, Steuerklasse, Anzahl der Kinder, etc. handeln als auch um Informationen über bereits bestehende Finanzdienstleistungslösungen, die über resultierende Zahlungsströme einen Einfluss auf die

Möglichkeiten bei der Generierung neuer Lösungen haben können. Neben der besseren finanzwirtschaftlichen Qualität der Lösung kann schon durch die Preisgabe der Informationen als solche ein Wettbewerbsvorteil für den Finanzdienstleister erzielt werden: Denn im Rahmen der Preisgabe (vertraulicher) Informationen investiert der Kunden gleichsam zum einen in Form von Zeit und zum anderen über den Aufbau von Vertrauen in die Beziehung zum Finanzdienstleister. Als Folge werden Marktaustrittsbarrieren für den Kunden aufgebaut, die bei entsprechender Pflege der (langfristigen) Kundenbeziehung einen Wechsel zu einer anderen Bank unwahrscheinlicher machen.

III. Umsetzung

Um das Ziel der Generierung kundenindividueller Lösungen erreichen und die genannten Vorteile hinsichtlich der Speicherung und der Wiederverwendung der Informationen über den Kunden nutzen zu können, müssen Informationen über den Kunden und seine Bedürfnisse mit Informationen über die beim Finanzdienstleister bereitstehenden Lösungskomponenten (Content- und Produktkomponenten) im Lösungsprozess zusammengeführt werden. Hierbei ist es erforderlich, alle Daten aus den für die Kommunikation mit dem Kunden zur Verfügung stehenden Interaktionskanälen zusammenzuführen, um Aktualität, Korrektheit und Konsistenz der Datenbasis gewährleisten zu können. Der von unserer Arbeitsgruppe gewählte Forschungsrahmen integriert deshalb Kunden-, Content-, Produkt- und Channelmodelle als Grundbausteine (siehe Abb. 1).

1. Kundenmodell

Das in *Fridgen* et al. entwickelte Konzept zur Kundenmodellierung befindet sich bereits bei unserem Praxispartner Deutsche Bank Private Banking im Einsatz (vgl. *Fridgen* et al. 2000a, *Fridgen* et al. 2000b). Dabei wird anders als bei bisherigen State-of-the-Art-Kundenmodellen zwischen der Erfassung der Einstellungen der Kunden – also der Ableitung von Wissen über den Kunden – und der Anwendung dieses Wissens für Aktionen im Ge-

Abb. 1: Forschungsrahmen

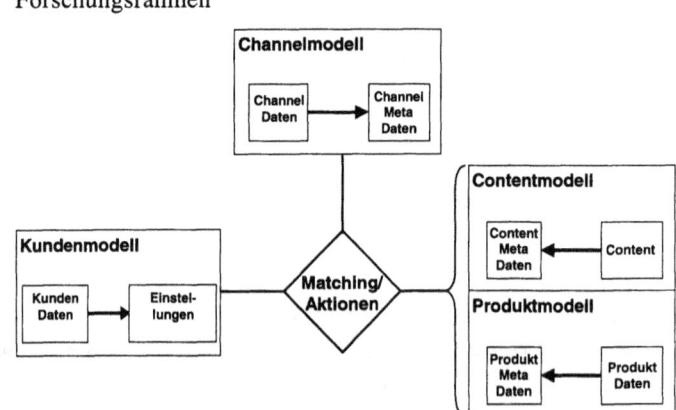

Abb. 2: Schematischer Prozess der Kundenmodellierung

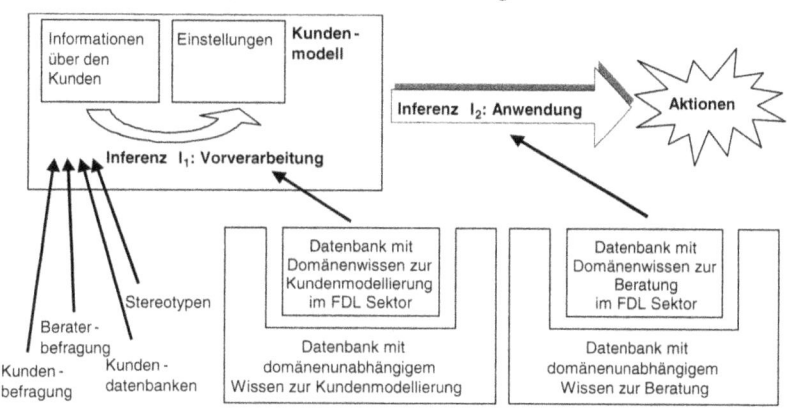

samtzusammenhang der Beratung und des Kundenservices getrennt (vgl. Abb. 2). Dies reduziert nicht nur die Komplexität und erhöht die Flexibilität, sondern erlaubt auch die Verwendung unterschiedlicher Paradigmen innerhalb der beiden Inferenzschritte.[11]

2. Content- und Produktmodell

Doch es reicht nicht, nur Wissen über den Kunden in einer konsistenten Datenbasis zusammenzuführen, sondern es müssen auch auf der Leistungsseite entsprechende Modelle entwickelt werden und zum Einsatz kommen. Ein Beispiel dafür ist das von *Kundisch* et al. entwickelte Contentmodell zur Beschreibung von finanzwirtschaftlichem Content (vgl. *Kundisch* et al. 2001b). Durch die IKS-unterstützte Beschreibung von finanzwirtschaftlichem Content mit aussagekräftigen Meta-Informationen wird es möglich, den für einen spezifischen Kunden relevanten Content zur richtigen Zeit über den richtigen Kommunikationskanal zur Verfügung zu stellen. Damit kann insbesondere innerhalb der Gruppe der Private Banking Kunden – die sich i.d.R. durch hohe Opportunitätskosten der Zeit auszeichnen – die Kundenbindung signifikant gesteigert und gleichzeitig die Aufmerksamkeit gegenüber Handlungsmöglichkeiten erhöht werden.

Dieser laufende Informations- und Beratungsprozess wird komplementiert durch die Generierung von kundenindividuellen, nicht-trivialen Financial Engineering Lösungen auf Basis des Produktmodells, an dessen Entwicklung derzeit gearbeitet wird. Dabei wird die Eigenschaft von Finanzprodukten genutzt, sich letztlich immer auf einen risikobehafteten Zahlungsstrom reduzieren zu lassen (vgl. *Roemer* 1998, S. 32ff.). Ziel dabei ist es, erwartete Cash Flows eines spezifischen Kunden so in dessen gewünschte Cash Flows zu transformieren, dass die Bewertungsfunktion des Kunden unter Berücksichtigung von Steuer-, Liquiditäts- und Risikoaspekten maximiert wird.

3. Multi-Channel-Modell

Aufgrund der multimedialen Eigenschaften des WWW haben internetbasierte Finanzdienstleistungsangebote inzwischen – wie eingangs erwähnt – z.T. ein sehr hohes Qualitätsniveau erreicht. Dennoch spielt der persönliche Berater im Rahmen unseres Sophistication Banking Konzepts weiterhin eine wichtige Rolle. Der Aufbau einer persönlichen Beziehung als Wechselbarriere kann durch ein technisches Medium nur schwer erreicht werden. Zudem dürfte die von uns betrachtete Zielgruppe der High Potentials aufgrund zeitlicher Restriktionen die Rolle eines kompetenten Beraters, der aktiv auf notwendige finanzielle Lösungen aufmerksam macht, begrüßen. Nichtsdestotrotz kann das Kundenmodell die Arbeit des Beraters entscheidend unterstützen.

Vor dem Hintergrund der Prognose, dass die große Mehrzahl der Kunden – insbesondere im Private Banking – von ihrem Finanzdienstleister unterschiedliche Zugangswege für verschiedene Finanzdienstleistungen erwarten (o.V. 2000, S. 16), wird das Management und Angebot eines intelligenten Kanalmixes zu einem entscheidenden Erfolgsfaktor für Finanzdienstleister. Dies zeigt sich bspw. im Aufwand, der trotz sinkender Margen von allen relevanten Anbietern geleistet wird, um den mobilen Zugangskanal in den bestehenden Kanalmix zu integrieren.

Dzienziol et al. haben in diesem Zusammenhang in einem ersten Schritt untersucht, welche Bepreisungsstrategien in einer Multi-Kanal-Strategie unter Einbezug von Cross-Selling-Effekten zwischen den einzelnen Kanälen vorteilhaft im Sinne eines Gewinnmaximierungskalküls aus Unternehmenssicht sind (vgl. *Dzienziol* et al. 2001a). Mit dem dort entwickelten Modell können nicht nur am Markt beobachtbare Phänomene erklärt werden[12], sondern finden sich auch wertvolle Gestaltungsansätze für das intelligente Multi-Channel-Management.

D. Zusammenfassung und Ausblick

In diesem Beitrag haben wir Sophistication Banking als erfolgreiche Strategie im Informationszeitalter vorgestellt. Unserer Überzeugung nach und gestützt auf empirische Beobachtungen am Markt für Finanzdienstleistungen werden in Zukunft Finanzdienstleister bessere Ertrags- und Überlebenschancen haben, die ihrer Kundenzielgruppe einen echten Mehrwert über integriertes Multi-Channel Customer Relationship Management bieten können, anstatt sich mit Nischenstrategien exklusiv auf E-, M- oder U-Commerce zu konzentrieren. Die systematische Beschäftigung mit den Eigenschaften von Kunden, Content, Produkten, Kommunikationskanälen sowie Matching-Prozessen und daraus abzuleitenden Aktionen im Rahmen einer umfassenden Finanzberatung wird daher zu einem zentralen Forschungsgegenstand der Wirtschaftsinformatik. Dem ökonomisch sinnvollen Einsatz von IT als „enabling technology" für die Unterstützung von (Beratungs-)Prozessen kommt dabei eine tragende Rolle zu. Visionäre Ansätze in diesem Gebiet wurden und werden seit mehreren Jahren im Rahmen der DFG geförderten Forschergruppe „Elektronische Dienstleistungswirtschaft" untersucht und erste Umsetzungsschritte in diese Richtung konnten u.a. bereits in einem Forschungsprojekt mit dem Private Banking Bereich der Deutschen Bank AG umgesetzt werden.

Anmerkungen

1 Schätzungen gehen davon aus, daß 50% der Ertragspotenziale von Banken im Privatkundengeschäft liegen im Vergleich zu 20% im Firmenkunden- und 30% im Eigengeschäft (vgl. *Adrian/Heidorn* 2000, S. 49).
2 Vgl. Veröffentlichungen der Forschergruppe Augsburg Nürnberg (FAN) „Effiziente elektronische Koordination in der Dienstleistungswirtschaft" unter http://www.wiso.uni-erlangen.de/WiSo/BWI/BuB/fan/.
3 Bspw. gab der NASDAQ COMPOSITE Index an der amerikanischen Hochtechnologie-Börse Nasdaq von März 2000 auf Juli 2001 um 68% nach, während sich im gleichen Zeitraum der NEMAX-ALL-SHARE-PERFORMANCE Index am Neuen Markt in Deutschland um 89% verringerte.
4 Vgl. www.advance-bank.de.
5 Im April 2001 waren laut einer Forsa-Studie in Deutschland 22,9 Mio. Bundesbürger (35,9%) ab 14 Jahren online.
6 Vgl. (*Kundisch* et al 2001a) für einen Überblick über die Möglichkeiten Finanzdienstleistungsangebote im WWW zu vergleichen. Momentan beschränken sich die durchaus sehr leistungsfähigen Vergleichsmöglichkeiten im allgemeinen auf (Standard-)Produkte.
7 Vgl. (*Abby* 1999).
8 So wird alleine für Deutschland geschätzt, dass sich der Wert der Erbschaften von DM 102 Milliarden in 1987 auf DM 415 Milliarden in 2002 mehr als vervierfacht. Der durchschnittlich vererbte Geldbetrag nimmt dabei von DM 199.100 in 1990 auf DM 471.600 in 2002 zu (vgl. o. V. 1998c).
9 Ein prominentes Beispiel für eine potenzialorientierte Finanzdienstleistungsstrategie ist die des Finanzdienstleisters MLP, der sich erfolgreich auf die frühe Gewinnung von Hochschulabsolventen bzw. Akademikern in zukunftsträchtigen Studienfächern spezialisiert hat.
10 Zur Vorteilhaftigkeit von Leasingeinmalzahlungen im Vergleich zu konstanten Raten vgl. (*Buhl/Erhard* 1991).
11 Eine ausführlichere Diskussion der Vorteile dieses Ansatzes findet sich in (*Fridgen* et al 2000a, S. 893f.). Problematisch erscheint, dass im Rahmen eines interaktiven Beratungsgesprächs laufend neue Informationen über den Kunden gewonnen werden, die in der Regel nicht sofort dem Inferenzprozess I1 zugeführt werden können (vgl. dazu auch (*Kundisch* et al 2001a)).
12 Bspw. die Strategie der HypoVereinsbank, die bei ihrem 3D-Konto für die Nutzung von neuen Telekommunikationsmedien bei der Erledigung von Banktransaktionen pro Transaktion 0,50 DM gutschreibt.

Literatur

Adrian, R.; Heidorn, T. (2000): Der Bankbetrieb, 15. Auflage, Wiesbaden.
Abby E. (1999): "A Generation of Freelancers". In: The New York Times, Aug 15, Sec. 3: Money and Business/Financial Desk, S. 13.
Buhl, H. U.; Erhard, N. (1991): „Steuerlich linearisiertes Leasing – Kalkulation und Steuerparadoxon". In: Zeitschrift für Betriebswirtschaft, 61. Jg., S. 1355–1375.
Buhl, H. U.; Roemer, M. (1996): „Das World Wide Web als Alternative zur Bankfiliale: Gestaltung innovativer IKS für das Direktbanking". In: Wirtschaftsinformatik, 38, 6, 1996, S. 565–577.
Buhl, H. U.; Hinrichs, J.-W.; Satzger, G.; Schneider, J. (1999a): „Leasing selbstgenutzter Wohnimmobilien". In: Die Betriebswirtschaft, 59. Jg., Nr. 3, S. 316–331.
Buhl, H. U.; Huther, A.; Reitwiesner, B.; Schroeder, N.; Schneider, J.; Tretter, B. (2000c): „Performanceattribution im Private Banking". In: Die Bank, Nr. 5, S. 318–323.
Buhl, H. U.; Hinrichs, J.-W. (2001): „Vorteilhafte Finanzierung der Renovierungsaufwendungen eigengenutzter Baudenkmale". Erscheint in: Zeitschrift für Betriebswirtschaft, 71, 2001.

Dzienziol, J.; Eberhardt, M.; Renz, A.; Schackmann, J. (2001a): „Multi-Channel Pricing for Financial Services", WI-94, Diskussionspapier des Instituts für Betriebswirtschaftslehre der Universität Augsburg.

Dzienziol, J.; Schröder, N.; Wolf, C. (2001b): „Kundenwertorientierte Unternehmenssteuerung", angenommener Beitrag für 3. Tagung Informationssysteme in der Finanzwirtschaft 2001.

Evans, P. B.; Wurster, T. S. (1997): „Strategy and the New Economics of Information". In: Harvard Business Review, Sept./Oct., S. 71–82.

Fridgen, M.; Schackmann, J.; Volkert, S. (2000a): „Preference Based Customer Models for Electronic Banking". In: Hansen, R.; Bichler, M.; Mahrer H. (Hrsg.): Proceedings of the 8th European Conference on Information Systems ECIS 2000, Wien (Austria), Volume 2, S. 819–825.

Fridgen, M.; Volkert, S.; Haarnagell, M.; Marko, D.; Zimmermann, S. (2000b): „Kundenmodell für eCRM – Repräsentation individueller Einstellungen", angenommener Beitrag für 3. FAN-Tagung 2000, Siegen (Deutschland).

Kundisch, D.; Dzienziol, J.; Eberhardt, M.; Pinnow, M. (2001a) „Vergleichsmöglichkeiten für Finanzdienstleistungsangebote im WWW". In: Wirtschaftsinformatik, 43, 3, 2001, S. 305–315.

Kundisch, D.; Wolfersberger, P.; Calaminus, D.; Klöpfer, E. (2001b): „Enabling eCCRM: Content Model and Management for Financial services". In: Proceedings of the 34th Annual Hawaii International Conference on System Sciences (HICSS) 2001, Maui (USA).

o.V. (1991): „The new battleground". In: Euromoney, September, S. 53.

o.V. (1998c): „Das goldene Los". In: Der Spiegel, N. 17, S. 78–96.

o.V. (2000), „ePrivate Banking 2000" Markt- und Wettbewerbsanalyse – Ergebnisversion, kpmg Consulting AG.

Roemer, M. (1998): Direktvertrieb kundenindividueller Finanzdienstleistungen, Physica-Verlag, Heidelberg.

Schackmann, J.; Steck, W.; Hummel, S.; Rödl, K. (2000): „Eine ökonomische Betrachtung von Customer Relationship Management und individuellen Finanzdienstleistungen", angenommener Beitrag für 3. FAN-Tagung, 2000, Siegen.

Schneider, J.; Buhl, H. U. (1999): „Simultane Optimierung der Zahlungsströme von Leasingverträgen und deren Refinanzierung". In: Zeitschrift für Betriebswirtschaft, 69. Jg., Ergänzungsheft 3, S. 19–39.

Tenhagen, H.-J. (2000): „Contra zu ‚Banken – ist der Kunde König?'". In: Die Bank, 8, 2000, S. 511.

Wolfersberger, P. (2002): „Individualisierung von Finanzdienstleistungen – die optimale Disagiovariante eines Festdarlehens". Erscheint in: Zeitschrift für Betriebswirtschaft, 2002.

Sophistication Banking als erfolgreiche Strategie im Informationszeitalter

Zusammenfassung

Die zunehmende Globalisierung der Finanzdienstleistungsmärkte in den letzten Jahren, die sowohl durch die Entwicklungen im Bereich der Informationstechnologie – und hier besonders durch die Internetstandards – als auch durch die Harmonisierung der rechtlichen Rahmenbedingungen ausgelöst wurde, hat das Marktumfeld für Finanzdienstleister stark verändert. In diesen Marktentwicklungen gewinnt Innovation an Bedeutung. Demgegenüber beobachtet man heute oft defensive Strategien und schlechte Beratungs- und Servicequalität. Im vorliegenden Beitrag schlagen wir deshalb eine Marktbearbeitungsstrategie vor, die basierend auf intelligenter Nutzung von Informationstechnologie die Banken beim Aufbau und der Pflege von langfristigen (Vertrauens-)Beziehungen zu wertvollen Kundenzielgruppen unterstützt. Während im traditionellen Geschäft der Banken die Margen durch den verschärften Wettbewerb weiter schrumpfen, trägt unser Sophistication Banking-Konzept zu einer Steigerung der wirtschaftlichen Stärke der Finanzdienstleister bei.

Summary

Globalization of financial markets resulting from both IT (particularly internet standards) and increasing homogeneity of regulation has strongly affected the environment, financial services companies are operating in. Given these changes on the market, innovation is not a choice, but a necessity to survive. Observable today, however, are defensive strategies and poor service quality. In this paper based on investments in trust relationships with customers we propose Sophistication (fit) Banking enabled by IT and qualified staff. While traditional markets are characterized by shrinking margins and declining shareholder values, which can easily be explained by considering the digital character of financial products, new intermediaries for customer-centered Sophistication (fit) Banking have the opportunity of becoming spiders in the web and increasing shareholder values constantly.

70: Allgemeine Fragen der Finanzwirtschaft (JEL G00)
21: Unternehmensführung (JEL M19)

Aus der Reihe
Schweizerische Gesellschaft für Organisation

Inhalt:

Motivation als Aufgabe des Managements

Motivation und Entlohnung

Motivation und Arbeitsgestaltung

Fallstudien

Fazit

Herausgeber:

Bruno S. Frey / Margit Osterloh (H
Managing Motivation
Wie Sie die neue Motivationsfors
für Ihr Unternehmen nutzen könne
2., akt. u. erw. Aufl. 2002. 327 S.
Geb. € 39,00
ISBN 3-409-21631-6

Leistungsmotivation jenseits des Pay-for-Performance-Konzepts steht Mittelpunkt dieses Buches. Umfassende Untersuchungen und Fallstud zeigen geeignete Maßnahmen. Die 2. Auflage ist aktualisiert und um z reiche Aspekte und empirische Befunde erweitert.

Prof. Dr. Dr. h.c. mult. Bruno S. Frey lehrt am Institut für Empirische Wi schaftsforschung der Universität Zürich.

Prof. Dr. Margit Osterloh ist Inhaberin des Lehrstuhls für Organisation, Innovations- und Technologiemanagement an der Universität Zürich.

Die Autoren sind Mitarbeiter an den Lehrstühlen von Prof. Frey bzw. Prof. Osterloh.

Bestellung

Fax: 06 11.78 78-420

Ja, ich bestelle:

____ Frey/Osterloh (Hrsg.)
Expl. **Managing Motivation**
2., akt. u. erw. Aufl. 2002.
Geb. € 39,00
ISBN 3-409-21631-6

Vorname und Name

Straße (bitte kein Postfach)

PLZ, Ort

Unterschrift

Änderungen vorbehalten.
Erhältlich beim Buchhandel oder beim Verlag.

Abraham-Lincoln-Str. 46, 65189 Wiesbaden, Tel.: 06 11.78 78-124, www.gabler.de

Angleichung der Finanzsysteme in Europa

Von Reinhard H. Schmidt, Andreas Hackethal und Marcel Tyrell*

Überblick

- Das Finanzsystem eines Landes ist mehr als dessen Finanzsektor; es umfasst auch die Art und Weise, wie Haushalte Vermögen bilden und halten und wie sich Unternehmen finanzieren, sowie das Corporate-Governance-System eines Landes.
- In diesem Beitrag wird untersucht, ob und wie sich die Finanzsysteme Deutschlands, Großbritanniens und Frankreichs in den letzten 20 Jahren verändert haben und insbesondere ob sie sich an einander angeglichen haben.
- Auf der Basis von gesamtwirtschaftlichen Finanzierungsrechnungen lässt sich zeigen, dass sich die Rolle der Banken als Finanzintermediäre zwischen den drei Ländern deutlich unterscheiden. Der Unterschied zwischen Deutschland und Großbritannien ist im Zeitablauf stabil, wenn nicht sogar zunehmend.
- Auch hinsichtlich der Finanzierungsstrukturen von Unternehmen und der Funktionsweisen der länderspezifischen Corporate-Governance-Systeme scheint es ähnliche grundlegende und stabile Unterschiede zu geben.
- Jedenfalls bis zur Einführung des Euro sprechen die empirischen Befunde eher gegen als für die häufig geäußerte Vermutung, dass die europäische Integration zu einer Angleichung der Finanzsysteme in Europa führen würde.

Eingegangen: 16. Oktober 2001

Reinhard H. Schmidt ist Professor für Betriebswirtschaftslehre, insbesondere Internationales Bank- und Finanzwesen und Inhaber der Wilhelm Merton-Professur für Internationales Bank- und Finanzwesen im Schwerpunkt Finanzen der Johann Wolfgang Goethe-Universität in Frankfurt am Main, Mertonstr. 17, 60054 Frankfurt/M.
Andreas Hackethal ist Habilitand an der Wilhelm Merton-Professur und außerdem Manager bei Accenture.
Marcel Tyrell ist Lehrbeauftragter im Schwerpunkt Geld, Kredit und Finanzwirtschaft der Universität Trier und an der Universität Frankfurt.

© Gabler-Verlag 2002

Reinhard H. Schmidt, Andreas Hackethal und Marcel Tyrell

A. Problemstellung

Schon in den 80er-Jahren und verstärkt seit Beginn der 90er-Jahre wurde von weiten Teilen der interessierten Öffentlichkeit und auch der Wirtschaftswissenschaften erwartet, dass sich die europäischen Finanzsysteme im Zuge des EG-Binnenmarktprojektes recht schnell aneinander angleichen würden. Es bestand ein weitgehender Konsens, dass sich die zu Beginn der 80er-Jahre noch prägnanten Unterschiede zwischen den Finanzsystemen der hoch industrialisierten Länder nicht würden halten können. Auch wenn in vielerlei Hinsicht Angleichungstendenzen unübersehbar sind, lässt sich die erwartete, grundlegende und strukturelle Angleichung jedenfalls bis heute nicht eindeutig beobachten. Trotz des Einflusses von sich verstärkender europäischer Integration und Globalisierung weisen die Finanzsysteme fortgeschrittener Industrieländer, besonders in Europa, immer noch große Unterschiede und erstaunlich starke Tendenzen zur Beibehaltung ihrer traditionellen Strukturen auf. Zu dieser These lassen sich jedenfalls die Hauptergebnisse unseres von der deutschen Forschungsgemeinschaft geförderten mehrjährigen Forschungsprojektes zusammenfassen, über die wir in diesem Beitrag berichten wollen. Aus Raumgründen beschränken wir uns in diesem Beitrag darauf, diese These anhand von drei Untersuchungen kurz zu entwickeln. Vorweg sei allerdings betont, dass dieser Befund stark geprägt ist von dem Untersuchungsansatz, den wir verfolgt haben, und von unserer Auswahl von Aspekten der Angleichung der Finanzsysteme. Ein umfassendes und abschließendes Urteil über ein so komplexes Phänomen wie die Angleichung der Finanzsysteme in Europa ist von der Sache her auch in einem größeren Forschungsprojekt – und erst recht in diesem kurzen Beitrag – nicht möglich.

In unserem Projekt haben wir die Finanzsysteme der drei größten europäischen Industrieländer Deutschland, Frankreich und Großbritannien unter den Gesichtspunkten verglichen, 1) wie unterschiedlich sie zu Anfang der 80er-Jahre waren, 2) welche wesentlichen Veränderungen es in den jeweiligen Finanzsystemen während der letzten zwanzig Jahre gegeben hat und 3) ob es in dieser Zeit zu einer Konvergenz der Finanzsysteme gekommen ist bzw. ob und gegebenenfalls in welcher Form in der näheren Zukunft eine Angleichung zu erwarten ist.

Im Abschnitt 2 stellen wir zuerst die Ergebnisse unserer Analysen von drei Kernelementen der drei Finanzsysteme, Finanzsektorstrukturen, Unternehmensfinanzierungsmuster und Corporate Governance, isoliert vor, um sie dann im Abschnitt 3 unter dem Aspekt der Gesamtkonfiguration zusammenzuführen. Dies lässt ein – wie gesagt: vorläufiges und sicher bestreitbares – Urteil darüber zu, ob es bisher zu einer Angleichung gekommen ist, und weist gleichzeitig auf eine mögliche Ursache für die von uns vermutete Sachlage hin.

B. Die drei Finanzsysteme im Vergleich

I. Begriffsdefinitionen: Finanzsektor und Finanzsystem

Wir haben in unseren Untersuchungen zwischen dem *engen* Begriff des Finanzsektors und dem *weiten* Begriff des Finanzsystems zu unterscheiden. Der Finanzsektor ist dabei derjenige Teil oder Sektor einer Ökonomie, der den Wirtschaftseinheiten der anderen Sektoren Anlage- und Finanzierungsmöglichkeiten und damit verbundene Beratungs- und Vermittlungsleistungen anbietet. Er umfasst insbesondere Banken, andere Finanzintermediäre und die Finanzmärkte, namentlich die Börsen als organisierte Finanzmärkte. Das Finanzsystem hingegen lässt sich generell als Interaktionssystem von Angebot und Nachfrage nach Kapitalüberlassung und anderen finanzbezogenen Leistungen kennzeichnen. Es schließt außer der sicherlich sehr wichtigen Angebotsseite, dem Finanzsektor, auch die Nachfrageseite ein. Dem Finanzsektor stehen als Nachfrager die Haushalte, die Vermögen bilden, und die Unternehmen gegenüber, die Kapital benötigen, um zu investieren. Die nichtfinanziellen Sektoren sind aber nicht nur insoweit Teil des Finanzsystems, als sie die Leistungen des Finanzsektors in Anspruch nehmen, sondern auch soweit sie *nicht* als Nachfrager auftreten oder zum Zuge kommen: Diese erweiterte Begriffsbildung macht zu Recht auch die gesamte, d. h. auch die nicht-monetäre, Vermögensbildung der Haushalte, die vorherrschenden Formen der Alterssicherung[1] und die Unternehmensfinanzierung zu Teilen des Finanzsystems. Zwischen den Überschusseinheiten, den Intermediären und den Defiziteinheiten fließen zudem nicht nur Finanzströme, sondern es verlaufen auch Informations- und Einflussbeziehungen. Da sich beide wechselseitig bedingen, gehören Letztere, die man unter dem Begriff Corporate Governance zusammenfassen kann, ebenfalls zum Finanzsystem.

II. Strukturen der Finanzsektoren und die Rolle der Banken

Bei unserem Vergleich von Finanzsektorstrukturen geht es um die Frage, welche Rolle unterschiedliche Typen von Finanzinstitutionen (Banken, Nichtbankfinanzintermediäre (NBFI) und organisierte Kapitalmärkte) in den betrachteten Ländern spielen.[2] Zur Beantwortung dieser Frage im Zeitablauf stützen wir uns hauptsächlich auf Intermediations- und Verbriefungsraten. Auf Basis der über mehrere Perioden hinweg akkumulierten Bestände messen Intermediationsraten den Anteil der Gesamtforderungen bzw. -verbindlichkeiten eines Sektors oder einer Gruppe von Sektoren gegenüber Finanzintermediären (Banken, Versicherungen, Pensionsfonds, Investmentfonds). Verbriefungsraten legen dagegen eine instrumentelle Perspektive an und messen den Anteil von Wertpapieren wie z.B. Aktien, Anleihen und Geldmarktpapieren am aktivischen bzw. passivischen Gesamtbetrag von Forderungen bzw. Verbindlichkeiten. Als Datengrundlage zur Berechnung der Raten eignen sich die gesamtwirtschaftlichen Finanzierungsrechnungen der nationalen Zentralbanken bzw. der statistischen Ämter in idealer Weise. Aus Platzgründen möchten wir nur auf die vier Hauptergebnisse unserer Untersuchung hinweisen:

(1) *Zunahme der Finanzintermediation:* Mit Ausnahme Frankreichs, wo in den achtziger und frühen neunziger Jahren eine deutliche Tendenz hin zu mehr direkten Finanzierungsbeziehungen zwischen Nichtfinanzsektoren zu erkennen ist, ist überall der Anteil finanzieller Forderungen und Verbindlichkeiten gegenüber Finanzintermediären kontinuierlich angestiegen oder zumindest konstant geblieben.[3] Hervorzuheben sind allerdings markante Niveauunterschiede zwischen den einzelnen Ländern, die auf grundsätzlich unterschiedliche Rollenverteilungen im Finanzsystem hindeuten.

(2) *Steigende Popularität von verbrieften Finanzierungstiteln:* In allen drei Ländern Europas hat die Verbriefung sowohl in Bezug auf die Forderungen als auch in Bezug auf die Verpflichtungen der Nichtfinanzsektoren in den letzten 25 Jahren stetig zugenommen. Weiterhin zeigt sich, dass Wertpapiere und damit organisierte Kapitalmärkte in Großbritannien eine größere Bedeutung bei der Finanzierung besitzen als in Deutschland. Frankreich stellt einen Sonderfall dar. Dort haben sich die Raten von einem eher deutschen Niveau zu einem angloamerikanischen hin entwickelt.

(3) *Passivseitige Bankendisintermediation*: Man kann feststellen, dass die Bedeutung der Bankintermediation aus *Anlegersicht* seit Beginn der achtziger Jahre in sämtlichen Ländern zurückgeht. Hingegen verloren aus *Kapitalnehmersicht* die Banken nur in den ohnehin als kapitalmarktorientiert geltenden Finanzsystemen Großbritanniens und in Frankreich an Boden, wo die Verbriefung am stärksten zugenommen hat und die Intermediation insgesamt zurückgegangen ist. Die unterschiedlichen Ausgangsniveaus und Entwicklungspfade legen nahe, dass deutsche Banken eine grundlegend andere Rolle spielen als in den beiden anderen Ländern und trotz weltweit vergleichbarer Veränderungen im Umfeld der Bankensektoren (Deregulierung, technologische Innovationen und Globalisierung) keine Konvergenztendenzen zu erkennen sind.

(4) *Verlängerung der Intermediationsketten:* In allen Ländern zeichnet sich seit den frühen achtziger Jahren ein deutlicher Trend hin zur Refinanzierung der Banken über NBFI-Mittel ab. Offensichtlich substituieren NBFI damit Banken überall in ihrer Funktion als Sammelstellen von Kapital der Überschusseinheiten. Gleichzeitig bleibt der Anteil, den nicht-amerikanische Banken ihrerseits an NBFI weitergeben, außerordentlich gering, so dass von einer Spezialisierung der beiden institutionellen Gruppen gesprochen werden kann.

III. Finanzierungsmuster von Unternehmen

Unternehmen stehen in allen betrachteten Ländern eine Vielzahl verschiedener Finanzierungsinstrumente und Finanzierungsquellen zur Verfügung. Ausgehend von den im letzten Abschnitt referierten Befunden sollte man erwarten, dass die Bankendominanz innerhalb des deutschen und japanischen Finanzsektors sich offensichtlich auf die Finanzierungsstrukturen des hypothetischen, durchschnittlichen Unternehmens übertragen lässt und gleiches für die Kapitalmarktdominanz in den USA und Großbritannien gilt. Eine Reihe von vielbeachteten Studien von Colin Mayer et al[4] stellt jedoch genau diesen Zusammenhang – und damit die gesamte „herkömmliche" Klassifikation von Finanzsystemen als entweder banken- oder kapitalmarktdominiert[5] – in Frage. Wenn diese sehr überraschenden Ergebnisse als richtig akzeptiert werden müssten, würden sie auch unserem Versuch, nach „wesentlichen" Systemunterschieden und einer eventuellen Systemangleichung zu fragen, den Boden entziehen.

Ausgehend von der Vermutung, dass Finanzsektorstrukturen und Finanzierungsmuster konsistent sein oder zusammenpassen müssten, hat nach unserer Einschätzung das Ergebnis von Mayer et al. vor allem eine methodische Ursache. Die Autoren treffen nämlich im Rahmen ihrer Untersuchung der Rolle verschiedener Finanzierungsquellen im Rahmen der Investitionsfinanzierung implizit folgende kritische Annahme: Sämtliche Finanzierungszuflüsse in den Unternehmenssektor würden zunächst dazu verwandt, Tilgungszahlungen vom selben Typ zu leisten und dienten erst dann zu Investitionszwecken. Bankkredite, die von einem Unternehmen explizit zu Investitionszwecken aufgenommen werden, werden bei dieser Art der Berechnung durch die Tilgungszahlungen anderer Unternehmen kompensiert, die in Vorperioden mit Bankkrediten finanzierte Investitionen vorgenommen haben. Der ausgewiesene Anteil der (Netto-)Bankfinanzierung hängt dann nicht mehr von der tatsächlichen Bedeutung von Krediten ab, sondern vom Wachstum der Kreditaufnahme im Zeitablauf. Da allein die Innenfinanzierungsmittel keinen entsprechenden „Gegenposten" aufweisen, fließen sie im vollen Umfang in die Finanzierung von Investitionen. Ihr Gewicht muss folglich, bedingt durch das Untersuchungsdesign, auf Kosten anderer Finanzierungsquellen sehr hoch ausfallen.

Ohne diese problematische Annahme, aber mit der selben Grundintention, haben wir deshalb ein alternatives Untersuchungsdesign entwickelt und auf einen vergleichbaren Datensatz angewendet.[6] Statt Mittelzuflüsse aus einzelnen Quellen „willkürlich" bestimmten Abflüssen kompensierend zuzuordnen, wurden von uns Bruttofinanzierungsströme rekonstruiert, die die Verwendung der Mittel offen lassen. Auf Grundlage unserer Berechnungen für die USA, Deutschland und Japan kommen wir zu dem Ergebnis, dass der Beitrag von organisierten Kapitalmärkten zur Investitionsfinanzierung in Deutschland (12%) und auch in Japan (13%) wesentlich geringer war als in den USA (45%). Das damit entstehende Gesamtbild der Finanzierungsmuster ist mit den Befunden zur Finanzsektorstruktur konsistent und zugleich grundverschieden von dem Bild, das die Berechnungen von Mayer et al. erwecken.

Leider war es uns aufgrund fehlender Daten nicht möglich, entsprechende Berechnungen für Großbritannien und Frankreich vorzunehmen. Es gibt jedoch eine Reihe von Gründen, warum die Befunde für die USA weitgehend auf Großbritannien übertragen werden können. In Bezug auf Frankreich liegt eine aktuelle Studie der Bundesbank und der Banque de France vor, die erstmals eine recht verlässliche Einschätzung der Finanzierungsmuster von deutschen und französischen Unternehmen verschiedener Größenklassen erlaubt. Sie zeigt auf, dass das Finanzierungsverhalten deutscher und französischer Unternehmen zunehmend divergiert: Im Durchschnitt aller Unternehmen eines Landes verharrt der Bankenanteil der Unternehmensfinanzierung in Deutschland im Zeitablauf auf einem hohen Niveau, während er im Falle Frankreichs deutlich gesunken ist.

IV. Corporate Governance-Systeme

Der Begriff der Corporate Governance bezeichnet die Gesamtheit der Sachverhalte und Regelungen, die bestimmen, wie in (großen) Unternehmen die wesentlichen Entscheidungen getroffen werden. Diese Definition von Corporate Governance ist wie unsere Definition des Finanzsystems weit und legt nahe zu thematisieren, welche Interessengruppen oder „Stakeholder" in welcher Weise und in welchem Ausmaß Unternehmensentscheidungen beeinflussen können und faktisch beeinflussen. Unsere Untersuchungen ergaben folgende Ergebnisse.[7]

Das Corporate-Governance-System in Deutschland ist ein „insider control system". Einfluss und Kontrolle werden von Akteuren ausgeübt, die privilegierten Zugang zu unternehmensinternen Informationen und Entscheidungsträgern haben. Die Beziehungen der einflussreichen Gruppen untereinander sind geprägt durch eine Mischung aus Konflikt und Konsens. Wenigstens im Prinzip besteht ein Machtgleichgewicht einerseits im Aufsichtsrat und andererseits zwischen Aufsichtsrat und Vorstand, und dies ist – wiederum wenigstens im Prinzip – ein Gleichgewicht mit einer potentiell hohen Konfliktintensität. Die Rekonstruktion des deutschen Corporate-Governance-Systems lässt die Vermutung zu, dass die Rollen der Stakeholdergruppen einerseits und die funktionale Bedeutung der verschiedenen Mechanismen und institutionellen Elemente der Corporate Governance andererseits gut aufeinander abgestimmt sind. Insofern kann man von einer konsistenten Konfiguration komplementärer Elemente sprechen. Nicht zuletzt deshalb ist dieses System im Zeitablauf auch auffallend stabil gewesen.

Das Corporate-Governance-System Großbritanniens unterscheidet sich von dem deutschen grundlegend. Keine Gruppe kann einen ausgeprägten direkten Einfluss ausüben, denn nicht Personen und Interessengruppen, sondern anonyme marktmäßige Mechanismen dominieren das britische System. Dieses System ist damit eindeutig durch „outsider" gesteuert, und es ist ebenfalls als ein Machtgleichgewicht deutbar, das aber im Gegensatz zum deutschen System durch eine niedrige Konfliktintensität gekennzeichnet ist. Auch das britische System ist konsistent und damit stabil, was besonders an der unzweifelhaften Orientierung an dem „eindimensionalen" Ziel der Shareholder-Value-Maximierung erkennbar wird.

Die Corporate Governance in Frankreich weist sowohl Elemente der „insider control" als auch der „outsider control" auf. Beide sind aber nicht eindeutig ausgeprägt, und sie passen unter funktionalen Aspekten nicht zusammen. Früher bildete der staatliche Einfluss und die „peer control" der Elite ein gewisses Gegengewicht gegenüber der machtvollen Stellung des PDG in den französischen Großunternehmen. Deshalb kann man rückblickend möglicherweise von einem annähernd konsistenten System sprechen, das sich allerdings der herkömmlichen Klassifikation entzieht. Heute hat sich der französische Staat – wie aus vielen anderen wirtschaftlichen Funktionen auch – weitgehend aus der Governance der Großunternehmen zurückgezogen, und das Gewicht der „peer control" scheint abgenommen zu haben. Dadurch ist ein Machtvakuum entstanden. Ob die zunehmende Bedeutung des Kapitalmarktes in Frankreich und die bisher eher halbherzigen Versuche, die interne Kontrolle zu stärken, an die Stelle des alten ein neues konsistentes System gesetzt haben, ist sehr fraglich.

C. Gesamtkonfiguration der Finanzsysteme

Dass sich in den drei bisher betrachteten Teilen der Finanzsysteme – der Bedeutung verschiedener Institutionen innerhalb des Finanzsektors, den Finanzierungsmustern nichtfinanzieller Unternehmen und den nationalen Corporate Governance-Systemen – keine empirischen Belege für eine Angleichung zwischen Deutschland, Großbritannien und Frankreich finden ließen, steht im Widerspruch zu den eingangs erwähnten, verbreiteten Erwartungen. Als Erklärungsansatz für diese festgestellte Stabilität wurde das Konzept der Komplementarität zwischen Systemelementen und damit verbunden das Konzept der Konsistenz von Systemen vorgeschlagen: Wenn eine notwendige Bedingung für die Funktionsfähigkeit von Finanzsystemen darin besteht, dass sämtliche oder zumindest die wichtigsten Systemelemente aufeinander abgestimmt sind, dann führen graduelle Veränderungen, wie sie für Konvergenzprozesse typisch sind, zwangsläufig zu Wohlfahrtsverlusten in der Übergangszeit hin zu einer neuen, typischerweise gänzlich anders strukturierten Konfiguration. Die (Aussichten auf) Wohlfahrtsverluste bedingen Gegenreaktionen derjenigen Wirtschaftssubjekte, die diese Verluste zu tragen haben und damit Verharrungstendenzen und Pfadabhängigkeiten im Gesamtsystem. Für ein Verständnis von Strukturveränderungen in Finanzsystemen treten somit neben den Merkmalsausprägungen einzelner Elemente und Subsysteme vor allem die Wirkungszusammenhänge zwischen den Systemkomponenten in den Vordergrund.

Die einzelnen Elemente des deutschen Finanzsystems sind untereinander weitgehend kompatibel: Die Bankendominanz im Finanzsektor spiegelt sich sowohl in den Finanzierungsmustern der Unternehmen als auch im vorherrschenden Modus der Corporate Governance wider. Ein zentrales Unterscheidungsmerkmal zwischen Banken und Kapitalmärkten ist die Art und Weise der Informationsverarbeitung.[8] Während Kapitalmärkte über den Preismechanismus Informationen externalisieren und damit der Öffentlichkeit zugänglich machen, zeichnen sich Banken dadurch aus, dass sie bewertungsrelevante Informationen internalisieren und damit in der Lage sind, auch in „schwierigen Fällen", die durch große Informationsasymmetrien gekennzeichnet sind, Finanzmittel bereitzustellen. In Deutschland ist die Art der Beziehungen zwischen Unternehmen und Finanzintermediären deshalb häufig eng, langfristig und im internationalen Vergleich wenig transparent. Vorteilhaft in Bezug auf den Abbau von Informationsasymmetrien wirkt sich oft auch das Faktum aus, dass nahezu alle Banken vom Typus her Universalbanken sind. Die Vielfältigkeit ihrer Beziehungen zu den Unternehmen erlaubt eine bessere Kontrolle der Risiken aus langfristigen Kreditbeziehungen mit Unternehmen und den damit verbundenen teilweise impliziten Kontrakten. Die Praxis der meist auf Konsensfindung basierenden deutschen Unternehmenskontrolle erleichtert dies und bindet die Arbeitnehmer und die Gewerkschaften wirksam in dieses System gegenseitiger Abhängigkeit ein. Das Arrangement wird dadurch stabilisiert, dass jeder der Stakeholder (Anteilseigner, Arbeitnehmer, Banken, Manager) Verhandlungsmacht besitzt und damit ein „Einigungszwang" besteht. Ein funktionsfähiger und aktiver Markt für Unternehmenskontrolle würde nicht in dieses Bild passen. Die Stakeholder müssten den Bruch von impliziten Kontrakten durch die neuen Eigentümer fürchten, was die ex ante-Anreize für firmenspezifische Investitionen reduzieren würde. Tatsächlich gilt der deutsche Kapitalmarkt nach wie vor und auch aufgrund des konzentrierten Anteilsbesitzes durch den Unternehmen nahe stehenden Personen und Institutionen als „unterentwickelt". Somit ist auch der Grad der Informationsexternalisierung gering, so dass Insider Vorteile gegenüber Outsidern, vor allem gegenüber privaten (Klein)-Aktionären, genießen.

Nahezu alle Elemente des britischen Finanzsystems nehmen im Vergleich zu Deutschland gegenteilige Ausprägungen an, wobei sich auch dieses System in der Gesamtschau als konsistentes System komplementärer Elemente deuten lässt: Die Beziehungen zwischen Unternehmen und Finanzintermediären sind tendenziell distanziert, von kurzfristigerer Natur und weitgehend transparent. Weder die Unternehmensfinanzierung noch die Corporate Governance wird durch Banken dominiert[9]; vielmehr spielen Marktmechanismen und damit die Informationsexternalisierung bei der Ausgestaltung der Beziehungen zwischen den Stakeholdern eine große Rolle. Outsider – und hier vor allem große Pensions- und Investmentfonds – haben generell einen ungleich größeren Einfluss auf das Unternehmensmanagement als in Deutschland. Die damit verbundene strenge Orientierung am Shareholder-Value gefährdet die Wirksamkeit von Bindungsmechanismen des Managements gegenüber den anderen Stakeholdern. Die Gefahr einer späteren Ausnutzung durch das Management oder die – möglicherweise wechselnden – Eigentümer als deren „Prinzipale" verringert die Anreize, firmenspezifische Investitionen zu tätigen. An die Stelle von impliziten Verträgen treten explizite in Verbindung mit Marktmechanismen. Funktionierende externe Arbeitsmärkte ersetzen so zum Beispiel die unternehmensinterne Mitbestimmung als ein Mittel zum Schutz der Interessen der Mitarbeiter. Unternehmen können im Umkehrschluss generell flexibler auf Umfeldveränderungen reagieren, müssen jedoch gleichzeitig den Nachteil in Kauf nehmen, sich weniger durch firmenspezifische Ressourcen differenzieren zu können.[10]

Das französische Finanzsystem lässt sich nicht so eindeutig und bezogen auf die letzten 20 Jahre zeitinvariant klassifizieren. Früher, d.h. bis ca. 1986, herrschte ein weitgehend durch staatliche Steuerungsinteressen und -aktivitäten geprägtes Finanzsystem mit einem stark fragmentierten Bankensystem als Kern vor – der französische „dritte Weg".[11]

Als Folge der Deregulierung und Öffnung der Geld- und Kapitalmärkte traten diese Mitte der achtziger Jahre einen Siegeszug an. „Désintermédiation" und „marchéisation" ließen Nichtbankfinanzintermediäre wie Versicherungen, Investment- und Geldmarktfonds als Kapitalsammelstellen und Finanzierungsquellen Marktanteile auf Kosten der (großen) Banken gewinnen. Gleichzeitig herrschen nach wie vor komplexe staatlich geförderte Konzernstrukturen vor. Die Unternehmenskontrolle ist wenig transparent und auf den Vorstandsvorsitzenden (PDG) zugeschnitten, dessen Machtbefugnisse weit reichen und kaum kontrollierbar sind. Insofern ist das französische gouvernement d'entreprise trotz eines steigenden Einflusses ausländischer institutioneller Anleger nach wie vor eher Insider-orientiert. Die Beziehungen zu Stakeholdern sind noch stark durch langfristige und zum Teil implizite Verträge geprägt. Die Banken sind zwar in die Unternehmensverflechtungen eingebunden, haben aber im Finanzierungsprozess und in der Unternehmenskontrolle keine herausgehobene Stellung mehr. Die Unternehmensfinanzierung erfolgt eher kurzfristig und „at arm's length", Pensionsfonds und Pensionsrückstellungen spielen bisher keine große Rolle.

Auf den ersten Blick scheint das französische System in einem Wechsel vom deutschen Typ zum angelsächsischen Typ begriffen zu sein. Allerdings ist die aus den Änderungen der letzten Jahre entstandene neue Struktur noch längst nicht konsistent, die Systemelemente passen häufig (noch) nicht zusammen. Die beobachtbare Instabilität deutet auf Probleme der Funktionalität und damit mittelbar auf Inkonsistenzen hin. An die Stelle der früheren eher direkten oder über die Banken vermittelten steuernden Funktion des Staates ist kein anderes staatliches oder dem Staatsapparat nahe stehendes Machtzentrum getreten; und mehr noch: an die Stelle des alten etatistischen Steuerungsprinzips und der früheren Form von Komplementarität und Konsistenz ist (noch) keine neue „logique" getreten.

Anmerkungen

* Dieser Beitrag fasst die Ergebnisse eines gleichnamigen Forschungsprojekts zusammen, das von der Deutschen Forschungsgemeinschaft gefördert worden ist. Eine wesentlich längere Fassung erscheint in „Schmalenbach Business Review" 2002. Weitere Arbeitsergebnisse des Forschungsprojekts sind auf der Internet-Seite des Schwerpunktes Finanzen der J. W.Goethe-Universität: http://finance.uni-frankfurt.de nachgewiesen und können dort als Working Papers heruntergeladen werden.
** Die Autoren danken der Deutschen Forschungsgemeinschaft herzlich für die langjährige finanzielle Unterstützung. Adresse: Mertonstr. 17, PF. 111932, 60054 Frankfurt am Main, Tel. 069-79828269, Fax 069-79828272, E-mail: rschmidt@wiwi.uni-frankfurt.de
1 Vgl. hierzu Tyrell/Schmidt (2002).
2 Vgl. zum Folgenden genauer Schmidt/Hackethal/Tyrell (1999).
3 Dies gilt auch für Japan und die USA, die wir in die Untersuchung einbezogen haben, um die Robustheit unserer Erkenntnisse zu überprüfen.
4 Vgl. neben Mayer (1988) insbesondere auch Corbett/Jenkinson (1997).
5 „[t]he celebrated distinction between the market based financial pattern of the United Kingdom and the United States and the bank-based pattern of Germany is inaccurate." (Corbett/Jenkinson 1997, S.85)
6 Zur Methodik siehe Hackethal/Schmidt (2001).
7 Vgl. Schmidt/Grohs (2001) und Mann (2002).
8 Vgl. Tyrell (2001).
9 Die Organisationsform „Universalbank" erscheint weniger vorteilhaft: Um im Wettbewerb mit hochspezialisierten NBFI bestehen zu können, ist auch für die britischen Banken ein höherer Spezialisierungsgrad erforderlich als in Deutschland. Durch die Fokussierung auf kurzfristige Finanzierung und auf Transaktionsleistungen („at arm's length") wird dem Aufbau langfristiger Beziehungen eine Grundlage entzogen.
10 Die für Systeme mit komplementären Elementen typische Existenz solcher Trade-offs führt dazu, dass wir aus unserer Analyse kein Urteil über die generelle Vorteilhaftigkeit eines markt-versus eines bankorientierten Finanzsystems ableiten können.
11 Zum gleichen Urteil kommt Walter (1993, S.24): „The French financial and industrial systems have traditionally been dominated by the strong influence of central government."

Literatur

Corbett, J./Jenkinson, J. (1997): How is Investment Financed? A Study of Germany, Japan, the United Kingdom and the United States, The Manchester School Supplement, S. 69–93
Hackethal, A., Schmidt, R. H. (2000): Finanzsystem und Komplementarität, in: H.-H. Francke et al (Hrsg.), Finanzmärkte im Umbruch, Beiheft 15 zu Kredit und Kapital, S. 53–102
Hackethal, A./Schmidt, R. H. (2001): Financing Patterns: Measurement Concepts and Empirical Results, Working Paper Series: Finance and Accounting, No. 33, Universität Frankfurt
Mann, A. (2002): Corporate Governance-Systeme: Funktion und Entwicklung am Beispiel von Deutschland und Großbritannien, Dissertation, Universität Frankfurt 2000, (erscheint Berlin)
Mayer, C. (1988): New Issues in Corporate Finance, European Economic Review, Vol. 32, S. 1167–1188
Schmidt, R. H. (1997): Comparing the French and German Financial System, in: Kossbiel, H. (Hrsg.), Internationale und Europäische Finanzsysteme, Frankfurt, S. 9–34
Schmidt, R. H./Grohs, St. (2000): Angleichung der Unternehmensverfassung in Europa – ein Forschungsprogramm, in: Grundmann, St. (Hrsg.), Systembildung und Systemlücken in Kerngebieten des Europäischen Privatrechts, Tübingen, S. 145–188
Schmidt, R. H./Hackethal, A./Tyrell M. (1999): Disintermediation and the Role of Banks in Europe: An International Comparison, Journal of Financial Intermediation, Vol. 8, S. 36–67

Schmidt, R. H./Tyrell, M. (1997): Financial Systems, Corporate Finance and Corporate Governance, European Financial Management, Vol. 3, S. 159–187

Tyrell, M. (2000): Kapitalmarkt und Banken – unterschiedliche Formen der Informationsverarbeitung als konstitutives Merkmal, Dissertation, Universität Frankfurt

Tyrell, M./Schmidt, R. H. (2002): Financial Systems and Pension Systems in Europe. A Comparison under the Aspect of Complementarity, erscheint in IfO-Studies

Walter, I. (1993): The Battle of the Systems: Control of Enterprises and the Global Economy, Kieler Vorträge, Neue Folge 122, Institut für Weltwirtschaft

Angleichung der Finanzsysteme in Europa

Zusammenfassung

Seit Beginn der neunziger Jahre wurde weithin erwartet, dass sich die europäischen Finanzsysteme im Zuge des EG-Binnenmarktprojektes schnell und grundlegend strukturell angleichen würden. Im vorliegenden Beitrag zeigen wir vor allem anhand eigener empirischer Untersuchungen auf, dass sich diese Erwartung zumindest bis zur Einführung der Gemeinschaftswährung ganz offenbar nicht bewahrheitet hat. Studien zur Bedeutung verschiedener Institutionen innerhalb der Finanzsektoren, zur Art und Weise, wie sich Unternehmen in verschiedenen Ländern finanzieren und zu den vorherrschenden Mechanismen der Corporate Governance lassen für das deutsche, das britische und das französische Finanzsystem kaum Anzeichen einer Konvergenz erkennen. Nach wie vor erscheint das deutsche Finanzsystem als banken- und das britische System als kapitalmarktdominiert. Das französische System war im Untersuchungszeitraum von 1980–1998 den größten Veränderungen unterworfen und lässt sich heute nur schwer klassifizieren. Für diese Beobachtungen sind unserer Meinung nach starke Pfadabhängigkeiten, bedingt durch komplementäre Beziehungen zwischen den einzelnen Systembausteinen, verantwortlich.

Summary

Since the beginning of the 1990s, it has generally been expected that in the course of European integration the financial systems of the different countries in Europe would converge rapidly and profoundly. The present article demonstrates that at least for the time until the advent of the common currency, this general belief is not supported by the facts. Empirical studies covering the role of banks in the intermediation process, the financing patterns of non-financial firms and of the prevailing type of corporate governance do not support the expectation of a structural convergence.

The German and the British financial systems are as different as they have been for a long time. The German financial system is still essentially bank-dominated, as much as the British financial system is clearly capital market-dominated. During the time between 1980 and 1998, the French financial system has undergone much more profound changes than those of the other two big economies; and it still is difficult to classify according to conventional standards.

All of these observations suggest that the development of financial systems is subject to a high degree of path dependence, which in turn can be explained by the important role of complementarity in the functioning of a financial system.

70: *Allgemeine Fragen der Finanzwirtschaft (JEL G00)*
03: *Bankwesen (JEL G21)*

Investition
mikroökonomisch fundiert

Wolfgang Breuer
Investition I
Entscheidungen bei Sicherheit
2000. XVIII, 492 S.
Br. € 39,00
ISBN 3-409-11648-6

Wolfgang Breuer
Investition II
Entscheidungen bei Risiko
2001. XVIII, 520 S.
Br. € 39,00
ISBN 3-409-11832-2

Inhalt: Problemstellung und Aufbau des Buches – Investitionsentscheidungen bei fehlendem Kapitalmarktzugang – Investitionsentscheidungen bei vollkommenem Kapitalmarkt – Investitionsentscheidungen bei unvollkommenem Kapitalmarkt – Ausblick

Das Lehrbuch umfasst den ersten Teil einer auf zwei Bände angelegten Darstellung des aktuellen Standes der betriebswirtschaftlichen Investitionstheorie.

Prof. Dr. Wolfgang Breuer ist Inhaber des Lehrstuhls für Betriebliche Finanzwirtschaft an der RWTH Aachen. Seine Interessenschwerpunkte liegen im Bereich der Investitions- und Finanzierungstheorie sowie des Portfolio- und Risikomanagements.

Inhalt: Problemstellung – Investitionsentscheidungen bei Quasi-Sicherheit – Investitionsentscheidungen bei fehlendem Kapitalmarktzugang – Investitionsentscheidungen bei vollkommenem Kapitalmarkt – Investitionsentscheidungen bei unvollkommenem Kapitalmarkt – Zusammenfassung und Ausblick

Das Lehrbuch bildet den zweiten Teil einer auf drei Bände angelegten Darstellung des aktuellen Standes der betriebswirtschaftlichen Investitionstheorie und beleuchtet umfassend Investitionsentscheidungen bei Risiko.

Bestellung

Fax: 06 11.78 78-420

Ja, ich bestelle:

___ Expl. **Investition I**
Wolfgang Breuer
Entscheidungen
bei Sicherheit
Br. € 39,00
ISBN 3-409-11648-6

___ Expl. **Investition II**
Wolfgang Breuer
Entscheidungen
bei Risiko
Br. € 39,00
ISBN 3-409-11832-2

Vorname und Name

Straße (bitte kein Postfach)

PLZ, Ort

Unterschrift   321 01 006   **GAB**

Änderungen vorbehalten. Erhältlich beim Buchhandel oder beim Verlag.   Abraham-Lincoln-Str. 46, 65189 Wiesbaden, Tel.: 06 11.78 78-124, www.gable

Evolution von Aktionärsstrukturen, Kontrolltransfers und Performanceunterschiede bei Börsengängen deutscher Familienunternehmen

Von Olaf Ehrhardt und Eric Nowak*

Überblick

- Neuere theoretische Modellansätze beschäftigen sich mit der Entscheidungssituation der Gründer, ob sie in Zusammenhang mit einer Börseneinführung Maßnahmen zur Sicherung ihrer privaten Kontrollrenten treffen oder erlösmaximierend ihre Stimm- und Cashflow-Rechte veräußern.

- Unsere empirischen Analysen zeigen, dass die meisten Familienunternehmen auch zehn Jahre nach dem IPO eine konzentrierte Eigentümerstruktur aufweisen.

- Der Verkauf der zur Kontrollmehrheit erforderlichen Stimmrechte durch die Familie erfolgt in den meisten Fällen en bloc nach Verhandlungen mit einem neuen kontrollierenden Großaktionär und nicht durch sukzessiven Verkauf am Sekundärmarkt.

- Minderheitsaktionäre profitieren nur von den erwarteten Renditen der Cashflow-Rechte, nicht aber von den privaten Kontrollrenten. Ihre Rendite ist besonders niedrig bei einer Trennung von Stimm- und Cashflow-Rechten durch Ausgabe von Vorzugsaktien und einem konzentrierten Anteilsbesitz, der mögliche Koalitionsbildungen zum Erreichen der Sperrminorität ausschließt.

- Die vorliegenden Ergebnisse deuten auf hohe private Kontrollrenten am deutschen Kapitalmarkt hin.

Eingegangen: 16. Oktober 2001

Dr. Olaf Ehrhardt ist Habilitand am Institut für Bank-, Börsen- und Versicherungswesen der Humboldt-Universität zu Berlin, Spandauer Straße 1, D-10178 Berlin, ehrhardt@wiwi.hu-berlin.de, und Projektleiter bei Aios Corporate Finance GmbH.
Dr. Eric Nowak ist Habilitand am Lehrstuhl für Internationales Bank- und Finanzwesen an der Johann Wolfgang Goethe-Universität Frankfurt am Main, Mertonstraße 17–24, D-60325 Frankfurt am Main, enowak@wiwi.uni-frankfurt.de.

A. Einführung

Der vorliegende Beitrag analysiert empirisch die Entwicklung von Aktionärsstrukturen in der Folge von Börsengängen deutscher Familienunternehmen. Wir untersuchen insbesondere die Erhaltung der Familienkontrolle durch Ausgabe von Vorzugsaktien, Kontrolltransfers und den Zusammenhang zwischen Stimmrechtsveränderungen und der langfristigen Performanceentwicklung.

B. Erkenntnisse aus der analytischen Literatur zur Entscheidungssituation der Alteigentümer

In der jüngeren theoretischen Literatur werden Börsengänge nicht einfach nur als Finanzierungsphase im Lebenszyklus des Unternehmens interpretiert, sondern primär als Methode des Verkaufs von Geschäftsanteilen, der zu einer Veränderung der Unternehmenskontrolle führt (Zingales, 1995, S. 425 f.). Dabei ist von besonderem Interesse, ob mit einer gezielten Gestaltung der Aktionärsstruktur bei der Börseneinführung eine Maximierung der Verkaufserlöse erreicht werden kann. Auf Grundlage von Überlegungen aus der analytischen Literatur leiten wir den Pfad möglicher Entscheidungen der Altaktionäre der Gründerfamilie ab und entwickeln daraus überprüfbare Hypothesen.

Aktionärsstrukturveränderungen beim IPO
Pagano (1993) argumentiert, dass Aktionäre ihre Aktien an der Börse dann verkaufen, wenn die Vorteile durch die Portefeuillediversifikation höher sind als die Kosten der Börseneinführung.

Ist der Entschluss zum Börsengang getroffen, so besteht nach Zingales (1995) erstens die Möglichkeit, die Unternehmung an ein breit gestreutes Anlegerpublikum zu verkaufen. In diesem Fall bestimmt sich der Emissionserlös durch den Wert der erwarteten zukünftigen Zahlungen (*Cash Flow Rights*). Diese Strategie ist dann sinnvoll, wenn die Mehrheit der Stimmrechte (*Control Rights*) für potenzielle Käufer keinen Nutzen in Form von *Private Benefits* hat. Private Benefits sind Renten, die nur der kontrollierende Großaktionär aus dem Unternehmen ziehen kann und stellen neben den Cashflow-Rechten eine zusätzliche Wertkomponente dar.[1] Die Private Benefits sind umso höher, je schwächer der rechtliche Schutz von Kleinaktionären ist, die expropriiert werden können.[2]

Das Unternehmen kann andererseits auch direkt an einen Investor (ohne Börseneinführung) verkauft werden. Dieser private Verkauf ist jedoch nur dann nutzenmaximierend, wenn der Erwartungswert der Cashflow-Rechte unter dem potenziellen Käufer verringert werden würde.[3]

In allen anderen Fällen können die Altaktionäre nach Zingales (1995) ihre Verkaufserlöse in einem mehrstufigen Verfahren maximieren. Bei dieser dritten Variante sollten die Altaktionäre nach der Börseneinführung über die Mehrheit der Stimmrechte verfügen ($\alpha > 0{,}5$) und zunächst nur Cashflow-Rechte an Kleinaktionäre veräußern, um dann in der zweiten Stufe die Mehrheit mit einer Kontrollprämie für die Private Benefits an einen neuen Großinvestor zu verkaufen, unter dessen Kontrolle der Wert der Cashflow-Rechte steigen wird.

Evolution von Aktionärsstrukturen, Kontrolltransfers und Performanceunterschiede

Bebchuk (1999) modelliert die Entscheidung eines Altaktionärs darüber, ob er die Kontrolle beim Börsengang behält oder abgibt. Dabei trifft er die Unterscheidung zwischen einer konzentrierten Eigentümerstruktur und einem breit gestreuten Anteilsbesitz in Abhängigkeit von der Größe der Private Benefits. Wenn die Private Benefits groß genug sind, lohnt es sich für den Altaktionär, durch Erhaltung der Kontrollmehrheit einen höheren Anteil der Wertsteigerung bei einem späteren Eigentumstransfer extrahieren zu können. Daraus leitet Bebchuk (1999) die überprüfbare Hypothese ab, dass zur Beibehaltung einer Aktionärsstruktur mit konzentrierter Kontrolle (*Controlling Shareholder Structure*) Cashflow-Rechte (Anteilsbesitz) und Stimmrechte (Kontrolle) getrennt werden (*Dual-Class Share Structure*), z.B. durch die Ausgabe von stimmrechtslosen Vorzugsaktien.[4] In diesem Fall müssen die Altaktionäre nur die Mehrheit der stimmberechtigten Stammaktien behalten, um das Unternehmen kontrollieren zu können.[5]

Je nach nutzenmaximierender Entscheidung der Altaktionäre wird das Unternehmen unmittelbar nach dem Börsengang eine von drei möglichen Aktionärsstrukturen aufweisen: (i) Streubesitz (S); (ii) kontrollierende Eigentümerstruktur (CS); oder (iii) kontrollierende Eigentümerstruktur mit Dual-Class-Share Structure (DCS).

Aktionärsstrukturveränderungen nach dem IPO
Behalten die Altaktionäre die Mehrheit, so stellt sich für sie in der zweiten Stufe nach dem Börsengang weiterhin die Entscheidung, ob sie diese behalten, um weiter Nutzen aus den Private Benefits zu ziehen, oder ob sie im Sinne des Zingales-Modells an einen neuen Großaktionär verkaufen (*Exit*). Ein solcher Kontrolltransfer wird nur dann stattfinden, wenn die Summe aus dem Wert der Cashflow-Rechte und der Private Benefits für den neuen Aktionär grösser ist als für die Altaktionäre. Dies ist dann gegeben, wenn der neue Aktionär in der Lage ist, den Wert der Cashflow-Rechte zu steigern oder höhere Private Benefits aus dem Unternehmen zu ziehen.[6]

Hypothesen
Aus den oben skizzierten Überlegungen ergeben sich die folgenden überprüfbaren Hypothesen: Unter der Annahme, dass die Private Benefits in Deutschland relativ hoch sind, erwarten wir, dass die meisten Unternehmen auch zehn Jahre nach dem IPO eine kontrollierende Eigentümerstruktur (CS oder DCS) aufweisen werden (H1). Die Ausgabe von Vorzugsaktien sollte zudem nur in Zusammenhang mit konzentriertem Anteilsbesitz (DCS) auftreten (H2). Änderungen der Unternehmenskontrolle sollten nur durch Blockverkäufe (*Block Trades*) und nicht durch sukzessiven Verkauf des Anteilsbesitzes am Sekundärmarkt erfolgen (H3). Beim Börsengang neu in das Unternehmen hinzutretende Kleinaktionäre profitieren nur von den erwarteten Renditen der Cashflow-Rechte, nicht aber von den Private Benefits. Daher erwarten wir, dass die Renditen für Kleinaktionäre bei DCS besonders niedrig sind (H4).[7]

C. Empirische Ergebnisse

Datensatz
In unsere Untersuchung werden alle 105 Familienunternehmen einbezogen, die im Zeitraum 1970 bis 1991 ihre Aktien erstmalig an einer der deutschen Wertpapierbörsen eingeführt haben (*echte* IPOs). Als Familienunternehmen gelten nach unserer Definition Unternehmen, in denen vor der Börseneinführung eines oder mehrere Mitglieder der (Gründer-)Familien zusammen mindestens 75% der stimmberechtigten Aktien besaßen. In Abgrenzung zu jungen Wachstumsunternehmen werden nur solche Unternehmen betrachtet, bei denen vor dem IPO eine Familientradition im Unternehmen von mindestens zehn Jahren erkennbar war.

Aktionärsstrukturveränderungen beim IPO
Die Familienaktionäre hielten vor dem IPO im Durchschnitt 98,2% (Median 100%) der Stimmrechte. Aufgrund der geringen anfänglichen Unterschiede in der Aktionärsstruktur der betrachteten Familienunternehmen ist dieser Datensatz in besonderer Weise geeignet, die Auswirkungen von Aktionärsstrukturveränderungen und der Einführung von Dual-Class Share Structures auf die Unternehmensperformance zu analysieren.

Durch das öffentliche Verkaufsangebot bei der Börseneinführung reduziert sich der Stimmrechtsanteil in den Unternehmen, die Stammaktien ausgeben, auf durchschnittlich 62,3% (Gesamtdurchschnitt: 77,1%). Die Analysen zeigen, dass die stimmberechtigten Stammaktien fast ausschließlich an ein breites Anlegerpublikum verkauft werden. Der Stimmrechtsanteil neuer Großaktionäre ist mit durchschnittlich einem Prozentpunkt zu diesem Zeitpunkt noch zu vernachlässigen.

Aktionärsstruktur zehn Jahre nach dem IPO
Zehn Jahre nach dem IPO ist der durchschnittliche Stimmrechtsanteil der Familienaktionäre auf 40,4% gesunken. Es bestehen jedoch statistisch signifikante Unterschiede in der Höhe des Stimmrechtsanteils, je nachdem ob beim IPO Stammaktien (31,7%) oder Vorzugsaktien (51,8%) ausgegeben wurden. Ist die Familie zehn Jahre nach dem IPO noch Anteilseigner des Unternehmens, so hält sie im Durchschnitt mit 63,1% die absolute Mehrheit der Stimmrechte, bei Ausgabe von Vorzugsaktien beim IPO mit durchschnittlich 76,8% sogar die Dreiviertel-Mehrheit (im Vergleich zu durchschnittlich 51,7% bei Ausgabe von Stammaktien). *Dies bedeutet Bestätigungen von H1 und H2.*

Bei der Analyse der Stimmrechtsanteile anderer Aktionärsgruppen fällt auf, dass sich der durchschnittliche Stimmrechtsanteil der neuen Großaktionäre (*Blockholders*) auf 33,5% erhöht hat, während der sich in Streubesitz befindliche Stimmrechtsanteil kaum verändert hat. Diese Beobachtung ist ein Indiz für Stimmrechtstransfers mittels Block Trades.

Unternehmensverkäufe
In ca. zwei Drittel (61,9%) der betrachteten IPOs sind Familienmitglieder auch zehn Jahre nach dem IPO noch Aktionäre im Unternehmen. In 33,3% der Beobachtungen haben Familienaktionäre ihre Aktienanteile vollständig verkauft (*Exit*), in 4,8% gab es einen konkursbedingten Verlust ihrer Anteile.

Tab. 1: Unternehmensperformance

Schätzwert für die Unternehmensperformance	Alle IPOs (N = 105)	Stammaktien (N = 61)	Dual-class equity (N = 44)	Dual-class equity $\alpha \geq 0{,}75$ (N = 37)
Size-Aktienportfolios	−8,1%	0,2%	−19,6%**	−22,3%***
Vorzugsaktienportfolios mit $\alpha < 0{,}75$	−9,3%	0,3%	−23,1%***	−26,1%***
Size-matched Operating Performance	−2,7%**	−2,0%	−3,7%**	−4,1%**

α = Stimmrechtsanteil der Familienaktionäre. *, **, *** statistisch signifikant auf dem 1%, 5% bzw. 10%-Niveau.

Der Verkauf der zur Unternehmensbeherrschung erforderlichen Stimmrechtsanteile (*Controlling Stake*) durch die Familie erfolgte in den meisten Fällen *en bloc* nach Verhandlungen mit dem neuen kontrollierenden Großaktionär. Die neuen Großaktionäre hielten zum betrachteten Stichtag (zehn Jahre nach dem IPO) im Durchschnitt 80,3% der Stimmrechte. Der beobachtete Verkauf des Controlling Stakes ist neben dem konzentrierten Anteilsbesitz zehn Jahre nach dem IPO ein starkes Argument für bestehende Private Benefits in Deutschland und steht in Übereinstimmung mit den Modellimplikationen von Bebchuk (1999) und Zingales (1995). *Dies bedeutet Bestätigung von H3.*

Unternehmensperformance
Die Unternehmensperformance in den ersten drei Jahren nach der Börseneinführung zeigt erhebliche Unterschiede in Abhängigkeit davon, ob zum Zeitpunkt des IPOs Stamm- oder stimmrechtslose Vorzugsaktien (DCS) ausgegeben wurden. Eine ökonomisch und statistisch signifikante Underperformance ist vor allem für Unternehmen mit DCS und Stimmrechtsanteilen der Familienaktionäre von über 75% drei Jahre nach dem IPO zu beobachten.

Nach den vorliegenden Ergebnissen scheint also eher die Höhe der Private Benefits als die bestehenden Cashflow-Rechte die Entscheidung der Familienaktionäre zur Ausgabe von stimmrechtslosen Vorzugsaktien und zur Abgabe des Controlling Stakes zu bestimmen. *Dies bedeutet Bestätigung von H4.*

Anmerkungen

* Wir bedanken uns bei Franklin Allen, Bruno Bias, Salvatore Cantale, Marco Da Rin, Andreas Dische, Julian Franks, Giancarlo Giudici, Marc Goergen, Alan Gregory, Oliver Hart, Dirk Jenter, Gunter Löffler, Ernst Maug, Enrico Perotti, Dirk Schiereck, Richard Stehle, Alexander Stomper, Deon Strickland, Eva Terberger und Christian Wulff für wertvolle Kommentare und bei Stefan Schröter für die Bereitstellung von Daten. Deutsche Kurzfassung des Vortrages auf der Jahrestagung vom Verband der Hochschullehrer für Betriebswirtschaft, Freiburg, 2001.

1 Private Benefits können in verschiedenen Formen direkten und indirekten Nutzen stiften. Direkt wäre z.B. die Möglichkeit, als kontrollierender Aktionär Managementpositionen selbst zu bekleiden oder mit Familienangehörigen zu besetzen und eine hohe Vergütung zu beziehen. Ein indirekter Nutzen stellt z.B. der soziale Status dar, der mit dem Eigentum an einem bedeutenden Familienunternehmen oder eben mit einer Vorstandsposition verbunden ist.
2 Daraus ergibt sich z.B., dass Private Benefits in Deutschland relativ höher sind als in den USA. Vgl. Johnson/La Porta/Lopez-de-Silanes/Shleifer (2000).
3 Die Erklärung ist, dass die Altaktionäre auf dem kompetitiven Kapitalmarkt für Kleinaktionäre immer den maximalen Preis (einschliesslich der erwarteten Cashflow-Verbesserungen durch den neuen Großaktionär) erzielen werden, der Preis bei einem privaten Verkauf aber das (inferiore) Ergebnis eines Verhandlungsspiel über die Summe aus Cashflow-Rechten und Private Benefits mit dem neuen Aktionär ist. Vgl. Zingales (1995).
4 Andere Möglichkeiten, die hier nicht im Zentrum der Untersuchung stehen, sind die Einrichtung von Mehrfachstimmrechten für die Familie, Pyramidalstrukturen, etc.
5 Grossmann/Hart (1988) zeigen, dass eine *Dual-Class Share Structure* in den Fällen optimal ist, in denen sowohl die Altaktionäre als auch ein potentieller neuer Großaktionär ähnlich hohe Private Benefits aus der Kontrolle des Unternehmens haben. Diese Annahme ist u.E. für den Fall von Familienunternehmen, die im Zentrum unserer Analyse stehen, zumindest diskussionswürdig.
6 Ersteres dürfte der intuitiv logische Regelfall sein, während die Annahme höherer Private Benefits des neuen Aktionärs eher als Extremfall anzusehen ist.
7 Dabei unterstellen wir, dass die Kleinaktionäre ex ante nicht antizipieren und dass sie durch das Herausziehen der Private Benefits durch den Großaktionär geschädigt werden. Vgl. Modigliani/Perotti (2000), S. 86.

Literatur

Bebchuk, L. A. (1999): A Rent-Protection Theory of Corporate Ownership and Control, John M. Olin Center for Law, Economics, and Business, Harvard University, Working Paper 260.
Grossman, S./Hart, O. (1988): One Share-One Vote and the Market for Corporate Control, Journal of Financial Economics 20, S. 175–202.
Johnson, S./La Porta, R./Lopez-de-Silanes, F./Shleifer, A. (2000): Tunneling, American Economic Review Papers & Proceedings, S. 22–27.
Modigliani, F./Perotti, E. (2000): Security versus Bank Finance: The Importance of a Proper Enforcement of Legal Rules, International Review of Finance 1, S. 81–96.
Pagano, M. (1993): The Flotation of Companies on the Stock Market. A Coordination Failure Model, European Economic Review 37, S. 1101–1125.
Zingales, L. (1995): Insider Ownership and the Decision to Going Public, Review of Economic Studies 62, S. 425–448.

Zusammenfassung

Wir untersuchen Börseneinführungen deutscher Familienunternehmen und Maßnahmen, welche die Gründer zur Sicherung ihrer privaten Kontrollrenten treffen. Unsere empirischen Analysen zeigen, dass die meisten Familienunternehmen auch zehn Jahre nach dem IPO eine kontrollierende Eigentümerstruktur aufweisen. Der Verkauf der zur Kontrollmehrheit erforderlichen Stimmrechte durch die Familie erfolgt in den meisten Fällen en bloc nach Verhandlungen mit einem neuen kontrollierenden Großaktionär und nicht durch sukzessiven Verkauf am Sekundärmarkt. Minderheitsaktionäre profitieren nur von den erwarteten Renditen der Cashflow-Rechte, nicht aber von den privaten Kontrollrenten. Ihre Rendite ist besonders niedrig bei einer Trennung von Stimm- und Cashflow-Rechten durch Ausgabe von Vorzugsaktien und einem konzentrierten Anteilsbesitz, der mögliche Koalitionsbildungen zum Erreichen der Sperrminorität ausschließt. Die vorliegenden Ergebnisse deuten auf hohe private Kontrollrenten am deutschen Kapitalmarkt hin.

Summary

Our study examines initial public offerings of German founding-family owned firms and the protection of private benefits of control. In our empirical analysis we find that, even ten years after the IPO, family owners, in the cross section, continue to exercise considerable control. If the founding families want to give up control of the firm, they sell their controlling stake en bloc via direct bargaining with a large buyer, but they never sell their holdings piecemeal in the secondary market. Minority shareholders only benefit from the cash flow rights but do not participate in the private benefits of control. We find a significant underperformance, when dual-class share are used to create controlling shareholder structures in order to preserve private benefits. This can be explained by ex ante unanticipated expropriation of minority shareholders due to poor investor protection and a high value of private benefits of control in the German capital market.

76: Beteiligungsfinanzierung (JEL G34)
21: Unternehmensführung (JEL M19)

Die wichtigsten Fachbegriffe für Studium und Beruf

Inhalt:

Die 2.700 wichtigsten Wirtschafts-Begriffe aus:

Management

Finanzen

Marketing

Bilanzierung und Controlling

Produktion und Logistik

Volkswirtschaft

Recht und Steuern

eCommerce u.v.m.

Gabler Kompakt-Lexikon Wirtschaft

2.700 Begriffe nachschlagen, verstehen, anwenden
8., vollst. überarb. u. erw. Aufl.
2001. VIII, 368 S.
Br. € 19,50
ISBN 3-409-89161-7

Ob in der Ausbildung, im Beruf oder einfach nur beim Lesen der Zeitung – jeder von uns begegnen täglich die verschiedensten Wirtschaftsbegriffe.
Doch nicht jeder kann auf eine breite wirtschaftliche Vorbildung zurückgreifen Das Gabler Kompakt-Lexikon Wirtschaft bietet in mehr als 2.700 Stichwörtern das wichtigste Wirtschaftswissen zum Nachschlagen, Verstehen und Anwenden.
Es erklärt leicht verständlich die gebräuchlichsten Wörter der Betriebs- und Volkswirtschaft. Die 8. Auflage erläutert vor allem die neuen Entwicklungen de eCommerce, des zukünftigen Europas sowie aktuelle Tendenzen in Marketing, Steuern und Finanzen.
Zahlreiche Graphiken und Übersichten sowie das durchdachte Verweissysten machen dieses Lexikon zu einer wertvollen Arbeitshilfe für jedermann.

Bestellung

Fax: 06 11.78 78-420

321 01 00

Ja, ich bestelle:

Expl. **Gabler Kompakt-Lexikon Wirtschaft**
2001. VIII, 368 S.
Br. € 19,50
ISBN 3-409-89161-7

Vorname und Name

Straße (bitte kein Postfach)

PLZ, Ort

Unterschrift

Änderungen vorbehalten. Erhältlich beim Buchhandel oder beim Verlag. Abraham-Lincoln-Str. 46, 65189 Wiesbaden, Tel.: 06 11.78 78-124, www.gabler.de GABLE

Die Kosten der externen Eigenkapitalbeschaffung und Skaleneffekte im Emissionsgeschäft – Eine empirische Perspektive

Von Thomas Bühner und Christoph Kaserer*

Überblick

- Zahlreiche Quellen in der Literatur gehen von positiven Skalenerträgen bei den direkten Emissionskosten aus. Dies ist aus ökonomischer Sicht nicht offensichtlich

- Für Deutschland wurde noch keine Untersuchung veröffentlicht, die Einflussfaktoren auf die direkten Emissionskosten ermittelt und das marginale Verhalten dieser Kostenfunktion untersucht

- Für eine Stichprobe von 120 Kapitalerhöhungen im Zeitraum 1993–1998 wird eine Emissionskostenfunktion mittels einer Querschnitts-Regressionsanalyse geschätzt

- Können keine positiven Skalenerträge im Emissionsgeschäft nachgewiesen werden, dann haben die Kosten der externen Eigenkapitalbeschaffung keinen Einfluss auf die optimale Unternehmensgröße

- Erweisen sich die theoretisch abgeleiteten Einflussfaktoren auf die Emissionskosten als statistisch signifikant, so widerlegt dies die These, dass die Gebühren der Emissionskonsortien um einen fixen Prozentsatz gruppiert sind

Eingegangen: 16. Oktober 2001

Prof. Dr. Christoph Kaserer, Lehrstuhl für Internationales Management/Internationale Kapitalmärkte, Technische Universität München, Leopoldstr. 145, 80804 München
Dipl.-Kfm. Thomas Bühner, Seminar für Finanzmanagement und Rechnungswesen, Universität Freiburg/CH.

© Gabler-Verlag 2002

A. Problemstellung

Die Finanzierungskosten eines Unternehmens lassen sich grob einteilen in periodisch anfallende Kapitalkosten und einmalige, so genannte direkte Kosten im Zusammenhang mit Kapitalbeschaffungsmaßnahmen, wie etwa der Emission von Wertpapieren. Der vorliegende Beitrag setzt sich mit der Frage auseinander, ob die direkten Emissionskosten im Bereich der externen Eigenkapitalfinanzierung Skaleneffekte aufweisen. Für eine Stichprobe von 120 Kapitalerhöhungen im Zeitraum 1993–1998 auf dem deutschen Kapitalmarkt wird daher im Folgenden eine Emissionskostenfunktion spezifiziert, die ökonomisch relevanten Einflussfaktoren auf die Emissionskosten Rechnung trägt und gleichzeitig eine Analyse der Grenzkosten erlaubt.

In der Literatur finden sich zahlreiche Untersuchungen, die übereinstimmend zu dem Ergebnis kommen, dass die durchschnittlichen Emissionskosten mit zunehmendem Emissionsvolumen fallen.[1] Diese „größer ist billiger"-Regel schien weithin akzeptiert zu sein, bis sie in einem jüngst erschienen Beitrag von Altinkiliç/Hansen (2000) hinterfragt wurde.

Allgemein können Skaleneffekte bei der Kapitalbeschaffung verursacht werden durch einen hohen Fixkostenblock oder durch fallende Grenzkosten. Beide Faktoren führen zu geringeren durchschnittlichen Emissionskosten bei steigendem Emissionsvolumen. Die Existenz von Fixkosten ist unbestritten. Um allerdings beurteilen zu können, welche ökonomische Wirkung diese Fixkosten auf das Verhalten der durchschnittlichen Emissionskosten haben, gilt es, die relative Größe des Fixkostenblocks im Verhältnis zu den gesamten Emissionskosten abzuschätzen. Weniger eindeutig hingegen ist die Ausgangsposition bezüglich des Verhaltens der Grenzkosten. Aus theoretischer Sicht ist es keineswegs offensichtlich, warum größere Kapitalerhöhungen geringere variable Kosten verursachen sollten als kleinere Emissionen. Beispielhaft sei hier nur erwähnt, dass sich mit steigendem Emissionsvolumen die Kosten adverser Selektion erhöhen und damit das Risiko, das die Emissionsbegleiterin durch die Zertifizierung der Emission eingeht. Will sie dieses Risiko begrenzen, entstehen ihr höhere Informationskosten, die sie an den Emittenten weitergeben wird.

Es stellt sich daher die Frage, ob die geringeren Durchschnittskosten bei hohen Emissionsvolumina, die in früheren Studien dokumentiert wurden, tatsächlich auf das höhere Emissionsvolumen zurückzuführen sind, oder ob in der Gruppe der großen Emissionen nicht etwa überdurchschnittlich viele Emittenten mit hoher Qualität und damit niedrigeren Zertifizierungskosten zu finden sind. Wäre Letzteres der Fall, dann wäre der beobachtete Größeneffekt in Wirklichkeit ein Qualitäts-Effekt. Dieser Beitrag setzt sich mit dieser Problematik aus einer empirischen Sicht auseinander.

B. Datenbasis und Modell

Die Stichprobe umfasst 120 Kapitalerhöhungen deutscher Unternehmen in den Jahren 1993 bis 1998, deren Aktien im Amtlichen Handel oder am Geregelten Markt notiert waren. Eine detaillierte Beschreibung findet sich in der nachstehenden Tab.1.

Tab.1: Deskriptive Statistik der Stichprobe der Kapitalerhöhungen

Variable		Gesamte Stichprobe	Bezugsrechts-emissionen		Ausschluss des Bezugsrechts	
			Nicht-Banken	Banken	Nicht-Banken	Banken
Stichprobenumfang		120	95	20	4	1
Gesamte Kosten (in Prozent)	Durchschnitt	1,61	1,65	0,72	4,61	3,47
	Median	1,27	1,39	0,63	3,25	
Bankgebühren (in Prozent)	Durchschnitt	1,32	1,34	0,53	4,11	3,31
	Median	1,00	1,11	0,54	3,19	
Emissionsvolumen (in Mio. DM)	Durchschnitt	304,5	256,0	329,7	946,1	1.960,0
	Median	75,0	71,1	107,4	233,9	
Marktkapitalisierung (in Mio. DM)	Durchschnitt	3.818,8	2.361,0	6.673,7	17.983,2	10.918,7
	Median	625,3	462,4	1.694,4	5.733,7	
Erhöhung des EK (in Prozent)	Durchschnitt	32,9	37,7	16,7	7,2	7,0
	Median	20,0	20,0	14,8	7,4	
Streubesitz (in Prozent)	Durchschnitt	43,5	44,1	35,7	60,5	65,4
	Median	40,9	42,0	27,8	54,7	
Kursabschlag (in Prozent)	Durchschnitt	31,0	30,9	36,6	9,0	2,5
	Median	26,5	26,7	29,5	5,3	
Aktienkursvolatilität (in Prozent p. a.)	Durchschnitt	30,2	31,2	25,8	28,5	27,1
	Median	27,2	27,5	20,4	31,6	

Die durchschnittlichen Emissionskosten belaufen sich auf 1,61 Prozent des Emissionsvolumens (Median 1,27 Prozent). Ein wesentlicher Anteil dieser Kosten entfällt auf die Bankgebühren, die durchschnittlich 1,32 Prozent (Median 1,00 Prozent) betragen. Damit liegen die Emissionskosten deutlich unter den Werten, die für andere internationale Kapitalmärkte berichtet werden.[2] Darüber hinaus sind Kapitalerhöhungen unter Ausschluss des Bezugsrechts wesentlich teurer als Bezugsrechtsemissionen. Für diese Teilstichprobe beliefen sich die Bankgebühren auf 4,11 Prozent für Nichtbanken (Median 3,19 Prozent).[3]

Teilt man die Kapitalerhöhungen in verschiedene Größenklassen ein, so zeigt sich tatsächlich ein Bild, das auf Skalenerträge im Emissionsgeschäft hindeutet. Die Darstellung in Tab.2 vernachlässigt allerdings die Wirkung anderer potentieller Einflussfaktoren auf die Emissionskosten. Insbesondere berücksichtigt dieses Vorgehen keine Qualitätsunterschiede auf Seiten der einzelnen Emittenten.

Tab.2: Durchschnittliche Emissionskosten bei Barkapitalerhöhungen in Deutschland (1993–1998)

Emissionsvol. (in Mio. DM)	N	Gesamte Kosten in DM	Bankgebühren in DM	Durchschnittl. Gesamtkosten in Prozent	Durchschnittl. Bankgebühren in Prozent
0 bis 20	20	272.179	196.263	2,83	1,99
20 bis 60	29	575.533	470.300	1,54	1,26
60 bis 120	26	1.139.720	979.400	1,40	1,20
120 bis 300	22	1.980.364	1.756.909	1,05	0,93
300 bis 1.000	14	4.015.000	3.681.667	0,88	0,81
1.000 +	9	9.892.778	9.284.444	0,84	0,78

Zur Abschätzung des Größeneffektes wurden verschiedene Regressionsmodelle entwickelt, die ökonomisch relevante emissions- und emittentenspezifische Parameter berücksichtigen und gleichzeitig die Analyse von Skaleneffekten ermöglichen. Modell 1 stellt die Emissionskosten (c) ausgedrückt als Anteil am Emissionsvolumen als Funktion des Emissionsvolumens (GP), des Anteils der Aktien in Streubesitz (FF), des Anteils am Emissionsvolumen für den das Bezugsrecht ausgeschlossen wurde (NOSR), der Zugehörigkeit zur Finanzbranche (FI, Dummyvariable), des Kursabschlags (OPD) und der Volatilität der Aktienkurse (VOL) dar.

Modell 1: $c = \beta_0 + \beta_1 \text{GP} + \dfrac{\beta_2}{\text{GP}} + \beta_3 \text{FF} + \beta_4 \text{NOSR} + \beta_5 \text{FI} + \beta_6 \text{OPD} + \beta_7 \text{OPD}^2 + \beta_8 \text{VOL}$

Während die Volatilität als Maß für die Informationsasymmetrie in Modell 1 nur einen Einfluss auf die Lage der Grenzkostenfunktion hat, ist Modell 2 so definiert, dass sie einen Einfluss auf die Höhe der Fixkosten hat.

Modell 2: $c = \beta_0 + \beta_1 \text{GP} + \dfrac{\beta_2 + \gamma_2 \text{VOL}}{\text{GP}} + \beta_3 \text{FF} + \beta_4 \text{NOSR} + \beta_5 \text{FI} + \beta_6 \text{OPD} + \beta_7 \text{OPD}^2$

C. Ergebnisse der Regressionsanalyse

Als abhängige Variable wurde unterschieden zwischen den Bankengebühren, die an das Emissionskonsortium bezahlt wurden und den gesamten Emissionskosten.[4] Es zeigt sich, dass die Gesamtkosten mit der Höhe des Streubesitzes steigen, was auf größere Platzierungsanstrengungen zurückzuführen ist. Ein deutlicher Kostenanstieg wird auch dadurch verursacht, dass man von einer Bezugsrechtsemission auf eine Emission unter Ausschluss des Bezugsrechts übergeht. Ceteris paribus steigen die gesamten Emissionskosten dadurch um 2,6%. Dies ist hauptsächlich auf einen Anstieg der Bankgebühren zurückzuführen, die bei diesem Wechsel der Emissionsmethode um 2,3% höher liegen.

Ist der Emittent ein Finanzdienstleistungsunternehmen, so sinken die Emissionskosten um 0,67 Prozent. Der größte Teil dieser Ersparnis wird mit 0,63 Prozent im Bereich der Bankgebühren erzielt. Dies ist darauf zurückzuführen, dass für Finanzinstitute das Verbot der Selbstemission nicht gilt und in den Emissionsprospekten lediglich pekuniäre Kosten ausgewiesen werden, nicht aber Opportunitätskosten.

Der Einfluss des Kursabschlags verläuft U-förmig. Zunächst reduziert ein größerer Kursabschlag die Emissionskosten aufgrund verminderter Platzierungsrisiken. Steigt der Kursabschlag weiter über ein kritisches Niveau, so führt dies aber zu höheren Emissionskosten. Dies kann mit einem aus der Literatur bekannten Signalmodell erklärt werden, wonach die Unternehmen den Kursabschlag als Instrument verwenden, um ihre Qualität zu signalisieren. Emittenten hoher Qualität wählen geringe Kursabschläge, während dieses Signal für Unternehmen geringer Qualität zu kostspielig ist.

Tab.3: Ergebnisse der OLS-Schätzungen für Modelle 1 und 2

	Modell	1	VIF	2	VIF
		Abhängige Variable: Gesamte Emissionskosten			
β_0	Konstante	**0.01119** (0.001)		**0.01221** (0.000)	
β_1	GP	**−1.99E-6** (0.020)	1.132	**−1.68E-6** (0.046)	1.153
β_2	1/GP	**0.111** (0.000)	1.284	**0.09197** (0.000)	1.634
γ_2	VOL/GP			**0.00148** (0.004)	1.391
β_3	FF	**0.00981** (0.002)	1.180	**0.00948** (0.002)	1.181
β_4	NOSR	**0.02513** (0.000)	1.266	**0.02613** (0.000)	1.259
β_5	FI	**−0.00665** (0.000)	1.116	**−0.00672** (0.000)	1.105
β_6	OPD	**−0.03255** (0.012)	17.469	**−0.03069** (0.015)	17.405
β_7	OPD^2	**0.03987** (0.002)	17.475	**0.03895** (0.002)	17.442
β_8	VOL	0.00007 (0.091)	1.027		
N		120		120	
adj. R^2		0.696		0.711	
F-Stat.		35.00		37.54	

Die Aktienkursvolatilität als Maß für die Informationsasymmetrie und damit die Qualität des Unternehmens hat einen positiven Einfluss auf Emissionskosten. Je höher die Volatilität ist, umso größer das Platzierungsrisiko der Bank. Bemerkenswerterweise zeigt sich, dass der Einfluss der Volatilität in signifikanter Weise bei den Fixkosten nachgewiesen werden kann. Dies bestätigt die ökonomisch plausible Überlegung, dass die bei der Zertifizierung anfallenden Informationskosten einen starken Fixkostencharakter haben.

Hinsichtlich des Verhaltens der Grenzkosten lassen die Ergebnisse keine eindeutigen Rückschlüsse zu. In der oben präsentierten Modellspezifikation sind die Grenzkosten signifikant fallend. Einfache Berechnungen zeigen aber, dass der Einfluss dieser fallenden Grenzkosten auf die gesamten Emissionskosten sehr gering ist. Zu erwähnen ist in diesem Zusammenhang noch, dass sich die Höhe der Fixkosten im Durchschnitt auf 14 bis 23% des Emissionsvolumens belaufen. Bei größeren Emissionen reduziert sich diese Zahl auf unter 10%.

D. Schlussfolgerungen

Die empirischen Ergebnisse deuten darauf hin, dass die Kosten der externen Eigenkapitalfinanzierung auf dem deutschen Kapitalmarkt nur in schwachem Masse durch Skaleneffekte gekennzeichnet sind. Dies ist erstens darauf zurückzuführen, dass die Fixkosten relativ niedrig sind und damit eine Fixkostendegression wenig bedeutsam ist. Zweitens sind keine fallenden Grenzkosten von ökonomisch bedeutsamem Ausmaß feststellbar. Zusammenfassend kann damit gefolgert werden, dass die direkten Kosten der externen Eigenkapitalfinanzierung keinen Einfluss auf die optimale Unternehmensgröße haben.

Darüber hinaus kann aus der statistischen Signifikanz verschiedener erklärender Variablen – zumindest für Kapitalerhöhungen in Deutschland – die These widerlegt werden, dass die Gebühren der Emissionskonsortien um einen fixen Prozentsatz gruppiert sind. Aus dem gleichen Grund sind auch die in der Literatur bislang diskutierten Emissionskostenmodelle zu verwerfen.[5]

Anmerkungen

* Dieser Kurzfassung liegt unser gemeinsamer Aufsatz "The Structure of External Financing Costs and the Economics of Scale View – New Evidence for Seasoned Equity Offerings in Germany" zugrunde, erscheint in: European Financial Management, Vol. 8, 2002. Verwiesen sei auch auf eine zweite Studie, die sich mit den Emissionskosten bei Erstemissionen in Deutschland beschäftigt: Kaserer, Ch./Kraft, M.: How Issue Size, Risk, and Complexitiy are Influencing External Financing Costs – German IPOs Analysed from an Economies of Scale Perspecitve, erscheint in: Journal of Business Finance and Accounting, Vol. 29, 2002.

1 Vgl. Smith (1977), Eckbo/Masulis (1992), Lee et al. (1996).
2 Vgl. für die USA: Smith (1977), Hansen (1989), Eckbo/Masulis (1992), Lee et al. (1996), Altinkiliç/Hansen (2000). Für europäische Kapitalmärkte vgl. Bøhren/Eckbo/Michalsen (1997) und Armitage (2000).
3 Für eine Auseinandersetzung mit der Frage des Bezugsrechtsausschlusses vor dem hier dokumentierten Hintergrund vgl. Kaserer/Bühner (2000).

4 Die nachfolgende Tabelle stellt die Ergebnisse der Regressionsanalyse mit den gesamten Emissionskosten als abhängige Variable dar. Für eine detaillierte Analyse der Bankgebühren vgl. den Originalaufsatz.
5 Vgl. zu dieser Problematik Kaserer/Bühner (2000) und Torstilla (2000).

Literatur

Altinkiliç, O./Hansen, R. (2000): Are There Economies of Scale in Underwriting Fees? Evidence of Rising External Financing Costs; Review of Financial Studies, Vol. 13, S. 191–218.
Armitage, S. (2000): The Direct Costs of UK Rights Issues and Open Offers; European Financial Management, Vol. 6, S. 57–68.
Bøhren, Ø./Eckbo, E./Michalsen, D. (1997): Why Underwrite Rights Offerings? Some New Evidence; Journal of Financial Economics, Vol. 46, S. 233–261.
Eckbo, B./Masulis, R. (1992): Adverse Selection and the Rights Offer Paradox; Journal of Financial Economics, Vol. 32, S. 293–332.
Hansen, R. (1989): The Demise of the Rights Issue; The Review of Financial Studies, Vol. 1, S. 289–306.
Kaserer, Ch./Bühner, T. (2000): Direkte Emissionskosten bei Barkapitalerhöhungen, vereinfachter Bezugsrechtsausschluss und die Rolle der Banken. Finanzbetrieb, 2. Jg., S. 483–493.
Lee, I. et al. (1996): The Costs of Raising Capital; The Journal of Financial Research, Vol. 19, S. 59–74.
Smith, C. (1977): Alternative Methods for Raising Capital – Rights versus Underwritten Offerings; Journal of Financial Economics, Vol. 6, S. 273–307.
Torstilla, S. (2000): What Explains the Clustering of IPO Gross Spreads? Working Paper W-236, Helsinki School of Economics and Business Adminsitration.

Thomas Bühner und Christoph Kaserer

Zusammenfassung

Der Beitrag beschäftigt sich mit der Frage, in wieweit die Kosten der externen Eigenkapitalbeschaffung durch Skaleneffekte gekennzeichnet sind. Zur Analyse der Struktur der direkten Emissionskosten werden für eine Stichprobe von 120 Kapitalerhöhungen auf dem deutschen Kapitalmarkt zwischen 1993 und 1998 verschiedene Emissionskostenfunktionen getestet. Dabei erweisen sich insbesondere der Streubesitz, der Anteil am Emissionsvolumen für den das Bezugsrecht ausgeschlossen wurde, die Zugehörigkeit zur Finanzbranche, der Kursabschlag und die Volatilität der Aktienkurse als relevante Einflussfaktoren. Die Analyse der Grenzkosten führt zu der Schlussfolgerung, dass die Kosten der externen Eigenkapitalfinanzierung keine ökonomisch bedeutsamen Skaleneffekte aufweisen und damit keinen Einfluss auf die optimale Unternehmensgrösse haben.

Summary

The article addresses the issue whether the cost of raising external equity capital are governed by economies of scale. To analyze the structure of direct flotation costs, several flotation cost functions are estimated for a sample of 120 SEOs on the German capital market over the years 1993–1998. Particularly the variables (1) free float, (2) share of stocks offered without subscription rights, (3) affiliation to the financial industry, (4) offering price discount and (5) stock price volatility turned out to have significant explanatory power. The analysis of marginal cost behavior leads to the conclusion that the costs of raising external equity capital do not show economies of scale to an economically significant degree and consequently do not influence optimal firm size.

76: Beteiligungsfinanzierung (JEL G34)

Zur Bewertungsrelevanz firmenspezifischer Aktienkurssprünge

Von Bernhard Nietert*

Überblick

- Kombinierte Diffusions- und Sprungprozesse, also die Aufteilung der Dynamik von Zufallsvariablen in normale und außerordentliche Änderungen, stellen heutzutage ein weithin anerkanntes Modell für Aktienkurse dar.

- Umso erstaunlicher ist die Tatsache, dass die Literatur keine konsistenten Aussagen bezüglich der Bewertungsrelevanz firmenspezifischer Aktienkurssprünge enthält. Es scheint sogar ein Konflikt zwischen Merton (1976) und Ahn/Thompson (1988) zu bestehen.

- Ohne theoretische Führung ist es aber für die Praxis kaum möglich, korrekte Preise für Kurssprüngen unterworfenen Aktien und Optionen zu ermitteln.

- Über Ableitung eines Sprung-CAPM und Zerlegung der Portfolio-Varianz gewinnen wir folgende Lösung des theoretisch und praktisch bedeutsamen Bewertungsproblems: Der Ausdruck „firmenspezifischer Sprung", der lediglich eine verbale Beschreibung eines bestimmten Ereignisses darstellt, darf nicht mit der Phrase „firmenspezifisches Risiko", also einer Bewertungsaussage verwechselt werden. Demzufolge enthalten firmenspezifische Sprünge sowohl systematische als auch unsystematische Risikobestandteile und sind aus diesem Grund bewertungsrelevant, eine Tatsache, die sich in „eigenen" Bewertungsfaktoren im Sprung-CAPM niederschlägt. Firmenspezifisches Risiko auf der anderen Seite ist vollständig unsystematisch und hat deshalb einen Preis von null.

Eingegangen: 16. Oktober 2001

Dr. Bernhard Nietert, wissenschaftlicher Assistent am Lehrstuhl für Betriebswirtschaftslehre mit Schwerpunkt Finanzierung von Prof. Dr. Jochen Wilhelm, Universität Passau, Innstr. 27, 94032 Passau.

A. Einleitung

Kombinierte Sprung- und Diffusionsprozesse bedeuten eine bewusste und modellexogene Aufteilung von Aktienkursbewegungen in zwei disjunkte Gruppen, nämlich „normale" Preisbewegungen – dargestellt mittels Diffusionsprozessen – und außerordentliche Bewegungen – eingefangen mit Hilfe von Sprungteilen. Sie stellen darüber hinaus ein heutzutage weithin verwandtes Aktienkursmodell dar. Deshalb überrascht es nicht, dass sich die Literatur mit den Bewertungskonsequenzen dieses Kursmodells, insbesondere seiner Sprungkomponente, beschäftigt hat.

Allerdings erstaunt es doch, wie wenig bisherige Bewertungsaussagen der Literatur auf Konsistenz überprüft wurden. So argumentiert Merton (1976), firmenspezifische Sprünge würden nicht bepreist, wenn das „klassische" CAPM gilt und firmenspezifische Sprünge unkorreliert mit dem Markt-Portfolio und von daher unsystematisches Risiko sind. Auf der anderen Seite entwickeln Ahn/Thompson (1988) eine Risikoprämien-Formel unter nicht näher spezifizierten Kurssprüngen, die mehrere Sprungterme enthält. Nun ist aber in einem Mehr-Faktor-Modell nicht ohne weiteres garantiert, dass sich diese mehreren Sprungterme unter firmenspezifischen Sprüngen immer aufheben und auf diese Weise Mertons Bewertungsergebnis resultiert. Außerdem: Wenn es mehrere Bewertungsfaktoren gibt, dann ist auch die Kategorisierung firmenspezifischer Sprünge als unsystematisches Risiko nicht mehr allein auf Basis des Markt-Portfolios möglich.

Mit anderen Worten: Es scheint ein verborgener Widerspruch in der Literatur zu existieren bezüglich der Bewertungsrelevanz firmenspezifischer Aktienkurssprünge, der sich in zwei Fragen niederschlägt:

1. Was ist die korrekte Anzahl von Markt-Faktoren in einem Sprung-CAPM und wie sind sie ökonomisch zu interpretieren?
2. Was ist die wahre Natur firmenspezifischer Sprungrisiken (systematisches oder unsystematisches Risiko)?

B. Bewertungsrelevanz firmenspezifischer Aktienkurssprünge: Sprung-CAPM

Da wir Merton (1976) und Ahn/Thompson (1988) miteinander vergleichen wollen, müssen wir einen möglichst einfachen Modellrahmen finden, in den sich beide Modelle integrieren lassen. Verwenden wir dazu das Grundmodell der zeitstetigen Finanzierungstheorie unter firmenspezifischen Kurssprüngen, wie es in Merton (1976) skizziert wird. Dann entsteht aber ein Neuberechnungsbedarf für die von Ahn/Thompson (1988) entwickelte Formel der Risikoprämien.

Risikoprämien werden grundsätzlich, d.h. auch unabhängig von Kurssprüngen, basierend auf folgender Überlegung errechnet: Man betrachtet die notwendigen Bedingungen der optimalen Wertpapieranteile und löst sie nicht nach den Anteilen, sondern nach den Risikoprämien auf. Setzen wir im Weiteren dieses verbale Programm in einem didaktischen und einem allgemeineren Fall um.

I. Nur die Aktie j unterliegt firmenspezifischen Sprüngen

Beginnen wir mit dem didaktischen Fall, nämlich dem Extremszenario, dass nur die Aktie j Kurssprüngen unterliegt. Dann[1] erhalten wir als Risikoprämien-Formel

(1) $\quad \alpha - 1r = A\Omega w_M + B_j \Omega H_j$

Der Vektor der Risikoprämien $\alpha - 1r$ für alle Papiere ergibt sich als Kombination zweier Elemente: erstens, dem Kovarianz-Vektor Ωw_M zwischen der Diffusionskomponente der Wertpapier-Renditen und der des Markt-Portfolios und, zweitens, dem Kovarianz-Vektor ΩH_j zwischen der Diffusionskomponente der Wertpapier-Renditen und der des Korrektur-Portfolios[2] H_j. Beide Risikobestandteile werden noch mit den investorindividuellen Gewichtungsfaktoren A und B_j multipliziert, die die Relevanz des jeweiligen Risikos zum Ausdruck bringen.

Diese Risikoprämien-Formel (1) verkörpert die Anpassung des Modells von Ahn/Thompson (1988) an den Modellrahmen von Merton (1976) unter der zusätzlichen Annahme, dass nur die Aktie j Sprüngen unterworfen ist. Wir nennen die Risikoprämien-Formel (1) deshalb das modifizierte Modell von Ahn/Thompson.

Das modifizierte Ahn/Thompson Modell stellt freilich noch kein Sprung-CAPM dar; es enthält nämlich am Markt nicht beobachtbare investorspezifische Komponenten A und B_j. Um ein Sprung-CAPM abzuleiten, müssen wir alle investorspezifischen Größen allein mittels beobachtbarer Markt-Faktoren ausdrücken. Dies geschieht durch Übertragung einer von der Herleitung des "klassischen" CAPM bekannten Prozedur auf den Fall mehrerer Unbekannter, d.h. wir multiplizieren die Risikoprämien-Formel (1) mit den Portfolio-Anteilen des Markt- und des Korrektur-Portfolios. Auf diese Weise schaffen wir eine lineare Beziehung zwischen Risikoprämien und Varianzen/Kovarianzen von Markt- und Korrektur-Portfolio auf der einen und den Unbekannten A und B_j auf der anderen Seite. Anschließend lösen wir dieses Gleichungssystem bezüglich A und B_j, setzen die Lösung in die Risikoprämien-Formel (1) ein und erhalten für die

Risikoprämie der springenden Aktie j:

(2a)
$$\alpha_j - r = \frac{\text{var}_D(R_{H_j}) \cdot \text{cov}_D(R_j, R_M) - \text{cov}_D(R_M, R_{H_j}) \cdot \text{cov}_D(R_j, R_{H_j})}{\text{var}_D(R_M) \cdot \text{var}_D(R_{H_j}) - \text{cov}_D^2(R_M, R_{H_j})} \cdot E_D\{R_M - r\}$$
$$+ \frac{\text{var}_D(R_M) \cdot \text{cov}_D(R_j, R_{H_j}) - \text{cov}_D(R_M, R_{H_j}) \cdot \text{cov}_D(R_j, R_M)}{\text{var}_D(R_M) \cdot \text{var}_D(R_{H_j}) - \text{cov}_D^2(R_M, R_{H_j})} \cdot E_D\{R_{H_j} - r\}$$

Risikoprämien aller anderen Aktien i:

(2b)
$$\alpha_i - r = \frac{\text{var}_D(R_{H_j}) \cdot \text{cov}_D(R_i, R_M)}{\text{var}_D(R_M) \cdot \text{var}_D(R_{H_j}) - \text{cov}_D^2(R_M, R_{H_j})} \cdot E_D\{R_M - r\}$$
$$+ \frac{-\text{cov}_D(R_M, R_{H_j}) \cdot \text{cov}_D(R_i, R_M)}{\text{var}_D(R_M) \cdot \text{var}_D(R_{H_j}) - \text{cov}_D^2(R_M, R_{H_j})} \cdot E_D\{R_{H_j} - r\}$$

Laut Gleichung (2), dem Sprung-CAPM, sind die Risikoprämien sowohl der springenden Aktie j als auch aller nicht Sprüngen unterworfenen Aktien i eine Funktion von zwei Markt-Faktoren: der Risikoprämie des Markt-Portfolios und der Risikoprämie des Korrektur-Portfolios H_j. Folglich übersetzt sich der Sprung von Wertpapier j in einen eigenen Markt-Faktor und es resultiert – im Gegensatz zum „klassischen" CAPM – eine Wertpapiermarkt-Ebene. Diese Markt-Faktoren werden kombiniert mit Gewichtungsfaktoren, die den speziellen Eigenarten jeder Aktie Rechnung tragen: Unterschieden im „normalen" Risiko eingefangen über $cov_D(R_i, R_M)$ und Unterschieden im Sprungrisiko eingefangen über $cov_D(R_i, R_{H_j})$. Schließlich verdeutlicht Gleichung (2), dass Sprünge des Markt-Portfolios nicht bewertungsrelevant sind, weil sie nicht im Sprung-CAPM erscheinen. Stattdessen wird Sprungrisiken über einen eigenen Markt- samt Gewichtungsfaktor Rechung getragen, wobei beide Faktoren durch die Diffusionskomponenten von Renditen bestimmt werden – dies bedeutet der Index D (wie Diffusion) an den Erwartungswerten, Varianzen und Kovarianzen.

II. k Aktien unterliegen firmenspezifischen Sprüngen

Übertragen wir nun unsere im didaktischen Fall gewonnenen Erkenntnisse auf den allgemeineren Fall k springender Aktien.

Offensichtlich treten in der Risikoprämien-Formel (1) bei k springenden Aktien k Kovarianz-Risiken zwischen den Diffusionskomponenten der Wertpapier-Renditen und der von k Korrektur-Portfolios auf. Von daher haben wir es mit insgesamt k + 1 Unbekannten zu tun (A und k Faktoren B_i), die durch Größen des Markt-Portfolios und der k Korrektur-Portfolios ausgedrückt werden. Das Sprung-CAPM (2) besteht deshalb für alle (springenden oder nicht Sprüngen unterworfenen) Aktien aus einem k + 1-Faktor-Modell, also einer Wertpapiermarkt-Hyperebene, mit Markt-Faktoren: Risikoprämie des Markt-Portfolios und Risikoprämien der k Korrektur-Portfolios.

C. Bewertungsrelevanz firmenspezifischer Aktienkurssprünge: Varianz-Zerlegung

Die wahre Natur des Sprungrisikos folgt aus seiner Bewertungsrelevanz, denn das definierende Merkmal von Risiko ist der Preis, den man für seine Reduzierung zahlen muss. Unsystematisches Risiko kann kostenlos beseitigt werden, systematisches Risiko dagegen nicht. Deshalb definieren wir systematisches Risiko als bewertungsrelevantes Risiko und unsystematisches Risiko als nicht bewertungsrelevantes Risiko.

Um diese Definition umsetzen zu können, müssen wir zwischen diesen beiden Arten von Risiken unterscheiden. Dafür bietet es sich an, eine Standardprozedur der Kapitalmarkttheorie auf Mehr-Faktoren-Modelle zu übertragen: Die Gesamt- (Sprung/Diffusions-) Rendite-Varianz einer jeden Aktie i soll bestmöglich erklärt werden durch die Varianz der Summe der (Sprung/Diffusion-)Renditen der aus dem Sprung-CAPM bekannten Markt-Faktoren. Als Ergebnis dieser Varianz-Zerlegung erhalten wir zwei disjunkte Gruppen von Risiken: Risiko, das durch die Varianz der Markt-Faktoren erklärt werden kann – systematisches Risiko – und Risiko, das durch die Varianz der Markt-Faktoren nicht erklärt werden kann – unsystematisches Risiko. Allerdings sei explizit betont, dass die beiden disjunkten Gruppen von Risiken das Ergebnis der Varianz-Zerlegung darstellen und insofern modellendogen sind. Diese Tatsache sollte nicht verwechselt werden mit der modellexogenen Aufteilung von Risiken in eine Sprung- und eine Diffusionskomponente.

Für die konkrete Umsetzung der Varianz-Zerlegung unterscheiden wir wiederum zwischen unserem didaktischen und dem allgemeineren Fall.

I. Nur die Aktie j unterliegt firmenspezifischen Sprüngen

Im Fall nur einer von Sprüngen betroffenen Aktie j soll die (Gesamt-)Rendite-Varianz einer jeden Aktie i bestmöglich durch die (Gesamt-)Rendite-Varianz der Summe von Markt- und Korrektur-Portfolio j erklärt werden.

Da sowohl das Markt- als auch das Korrektur-Portfolio Aktie j enthalten ist, führt ein Rendite-Sprung bei Aktie j automatisch zu einem Rendite-Sprung sowohl des Markt- als auch des Korrektur-Portfolios. Unter dem von uns betrachteten speziellen Sprungszenario unterliegt freilich keine andere Aktie als Aktie j einem Sprung. Insofern erzielt die Kombination mehrerer Aktien keinen Diversifikations-Effekt und der Sprung der Aktie j schlägt voll auf Markt- und Korrektur-Portfolio durch. Weil demnach die erklärenden Faktoren immer dann springen, wenn die zu erklärende Aktienrendite springt, muss das Sprungrisiko der Aktie j vollständig systematisches Risiko sein.

II. k Aktien unterliegen firmenspezifischen Sprüngen

Im Fall k springender Aktie wird die (Gesamt-)Rendite-Varianz einer jeden Aktie i bestmöglich erklärt durch die (Gesamt-)Rendite-Varianz der Summe von k + 1 Markt-Faktoren. Da unter diesem Szenario mehrere Aktien springen können, kann jede dieser Aktien einen Sprung von Markt- und Korrektur-Portfolios auslösen, während eine konkrete Aktie nur ihrem jeweiligen Sprungrisiko unterliegt. Von daher verliert eine Kombination von Markt- und Korrektur-Portfolios, die dem Sprungrisiko mehrerer Aktien ausgesetzt sind, klarerweise an Erklärungskraft. Firmenspezifisches Sprungrisiko unter mehreren springenden Aktien ist insofern nicht mehr vollständig systematisches Risiko, sondern enthält nur noch systematische Bestandteile.

D. Zusammenfassung

Ausgangspunkt unserer Überlegungen war die Beobachtung, dass die Literatur offensichtlich keine eindeutige Antwort auf die Frage nach der Bewertungsrelevanz firmenspezifischer Aktienkurssprünge hat. Dies zeigte sich in den widersprüchlichen Ergebnissen bei Merton (1976) und Ahn/Thompson (1988). Genauer gesagt existieren zwei ungelöste Probleme: Erstens, was ist die korrekte Anzahl von Markt-Faktoren in einem Sprung-CAPM und wie sind sie ökonomisch zu interpretieren? Zweitens, was ist die wahre Natur firmenspezifischer Sprungrisiken (systematisches oder unsystematisches Risiko)?

Um die erste Frage zu beantworten, haben wir ein Sprung-CAPM abgeleitet – unseres Wissens zum ersten Mal in der Literatur. Dabei konnten wir zeigen, dass der Sprung einer jeden Aktie sich in einem eigenen Markt-Faktor niederschlägt. Deshalb erhalten wir eine Wertpapiermarkt(hyper)-Ebene mit Markt-Faktoren Risikoprämie des Markt-Portfolios und Risikoprämien aller Korrektur-Portfolios. Zur Beantwortung der zweiten Frage haben wir die Risiko-Klassifikation „systematisches und unsystematisches Risiko" auf das Multi-Faktor-Sprung-CAPM übertragen – unseres Wissens ebenfalls zum ersten Mal in der Literatur. Darauf aufbauend wiesen wir systematische Risikobestandteile in firmenspezifischen Sprünge nach, im Falle nur einer springenden Aktie j ist dieses Sprungrisiko sogar völlig systematisch.

Mit diesen Ergebnissen im Hinterkopf können wir nun der Widerspruch zwischen Merton (1976) und (dem modifizierten Modell von) Ahn/Thompson (1988) auflösen: Merton (1976) stellt generell auf Spezialfälle ab. Unter speziellen Parameter-Konstellationen kann das „klassische" CAPM unter firmenspezifischen Kurssprüngen gelten, aber es ist nicht der Regelfall. Der firmenspezifische Sprung der einzigen springenden Aktie j kann niemals unsystematisches Risiko sein, bei mehreren springenden Aktien ist dies jedoch möglich. Aber, wiederum, es ist nicht der Regelfall.

Oder, um den gesamten Beitrag in einem Satz zusammenzufassen: Man darf den Ausdruck „firmenspezifischer Sprung", der lediglich eine verbale Beschreibung eines bestimmten Ereignisses darstellt, nicht mit der Phrase „firmenspezifisches Risiko", also einer Bewertungsaussage, verwechseln.

Anmerkungen

* Die Langfassung des Beitrags ist elektronisch erreichbar unter: http://papers.ssrn.com/sol3/papers.cfm?abstract_id = 268546
1 Für die notwendigen Bedingungen, die dann zur Risikoprämien-Formel umgewandelt werden, vgl. z.B. Nietert (1999), S. 861.
2 Das Korrektur-Portfolio ist dabei ein Bestandteil des optimalen Portfolios unter Kurssprüngen, das aus dem μ–σ–effizienten Portfolio bezüglich des Diffusionsrisikos besteht und eben Sprung induzierten Korrekturtermen, die sich zu Korrektur-Portfolios normieren lassen (vgl. Nietert (1999)).

Literatur

Ahn, C. M.: Thompson, H. E. (1988): Jump-Diffusion Processes and the Term Structure of Interest Rates. In: Journal of Finance, Vol. 43, S. 155–174.
Merton, R. C.: (1976): Option Pricing when Underlying Stock Returns are Discontinuous. In: Journal of Financial Economics, Vol. 3, S. 125–144.
Nietert, B. (1999): Dynamische Portfolio-Selektion unter Berücksichtigung von Kurssprüngen. In: Schmalenbachs Zeitschrift für betriebswirtschaftliche Forschung, 51. Jg., S. 832–866.

Zur Bewertungsrelevanz firmenspezifischer Aktienkurssprünge

Zusammenfassung

Es scheint ein verborgener Widerspruch in der Literatur zwischen Merton (1976) und Ahn/Thompson (1988) zu existieren bezüglich der Bewertungsrelevanz firmenspezifischer Aktienkurssprünge: Beide Beiträge divergieren zum einen bezüglich der korrekten Anzahl von Bewertungsfaktoren im Sprung-CAPM (1. Problem) und zum anderen bezüglich der wahren Natur firmenspezifischer Sprungrisiken (2. Problem).

Als Antwort auf das erste Problem identifizieren wir die Risikoprämien von Aktien als eine lineare Funktion der Anzahl springender Aktien, weshalb wir ein Mehr-Faktor-CAPM erhalten. Das zweite Problem erschließt sich mittels einer Varianz-Zerlegung basierend auf allen Bewertungsfaktoren des Sprung-CAPM. Wir zeigen, dass firmenspezifische Sprünge im Allgemeinen sowohl aus systematischen als auch aus unsystematischen Risikobestandteilen bestehen.

Summary

There seems to be a hidden conflict in the finance literature between Merton (1976) and Ahn/Thompson (1988) with respect to the pricing relevance of stock price jumps: they diverge, first, on the correct number of pricing factors in a jump CAPM (1st problem) and, second, on the true nature of jump risks (2nd problem).

In answering the first question, we find that stocks' risk premiums are a linear function of the number of stocks subject to jumps, leading to a multi-factor jump CAPM. The answer to the second question lies in a variance decomposition on the basis of all the pricing factors involved in the jump CAPM. We show that, in general, firm-specific jumps have systematic and unsystematic components.

78: Kapitalmarkttheorie (JEL G10)

Das Übungsbuch zur internationalen Rechnungslegung

Inhalt:

Aufgaben mit Lösungen zu allen Fragen der Konzernrechnungslegung unter Berücksichtigung von HGB, EG-Richtlinien, IAS, US-GAAP

Walter Busse von Colbe
Dieter Ordelheide
Konzernabschlüsse
Übungsaufgaben zur Bilanzierung nach HGB, IAS und US-GAAP
8., vollst. überarb. Aufl. 2001.
VIII, 242 S.
Br. € 34,50
ISBN 3-409-06757-4

Der Gesetzgeber hat 1998 die Konzernrechnungslegung für international anerkannte Grundsätze geöffnet. Danach können unter Berücksichtigung der EG-Richtlinien und HGB Vorschriften kapitalmarktorientierte Mutterunternehmen einen mindestens gleichwertige Konzernabschluss und -lagebericht nach IAS und US-GAAP aufstellen. Das Übungsbuch berücksichtigt in der 8. Auflage diese aktuellen Entwicklungen. Die zahlreichen Übungsaufgaben sind vielfach erprobt und sehr gut verständlich. Die ausführlichen Musterlösungen einiger Aufgaben erleichtern das Selbststudium.

Die Autoren:

Prof. Dr. Dr. h.c. mult. Walther Busse von Colbe (em.), Direktor des Instituts für Unternehmungsführung und Unternehmensforschung, Ruhr-Universität Bochum.
Prof. Dr. Dieter Ordelheide (†) war Inhaber des Lehrstuhls für Rechnungswesen und Kon Johann Wolfgang Goethe-Universität Frankfurt am Main.
Unter Mitarbeit von: Prof. Dr. Günther Gebhardt, Inhaber des Lehrstuhls für Betriebswirtschaftslehre, insbes. Wirtschaftsprüfung, Johann Wolfgang Goethe-Universität Frankfurt Main. Prof. Dr. Bernhard Pellens, Inhaber des Lehrstuhls für Internationale Unternehmen rechnung, Ruhr-Universität Bochum. Prof. Dr. Carsten Theile, Lehrgebiet Unternehmensr nung und Internationale Rechnungslegung, FH Bochum.

Bestellung

Fax: 06 11.78 78-420

Ja, ich bestelle:

____ Expl. Walter Busse von Colbe
Dieter Ordelheide
Konzernabschlüsse
Br. € 34,50
ISBN 3-409-06757-4

Vorname und Name

Straße (bitte kein Postfach)

PLZ, Ort

Unterschrift

Änderungen vorbehalten. Erhältlich beim Buchhandel oder beim Verlag. Abraham-Lincoln-Str. 46, 65189 Wiesbaden, Tel: 06 11.78 78-124, www.gabler.de

Anreize in internen Kapitalmärkten

Von Roman Inderst und Christian Laux*

Überblick

- Über die Allokation von Kapital wird zu einem Großteil nicht auf dem Kapitalmarkt sondern innerhalb von Unternehmen, dem „internen Kapitalmarkt", entschieden.
- Unser Beitrag analysiert die Wirkung eines unternehmensinternen Wettbewerbs um Kapital auf die Anreize von Bereichsmanagern, profitable Investitionsalternativen zu generieren.
- Grundlage der Analyse ist ein Moral Hazard Problem zwischen der Unternehmenszentrale und den Bereichsmanagern.
- Ein besseres Verständnis der Allokations- und Anreizwirkung interner Kapitalmärkte ist für die Beurteilung von Fusionen und Ausgliederungen (Spin-offs) wichtig.

Eingegangen: 16. Oktober 2001

Dr. Roman Inderst ist Lecturer am Department of Accounting and Finance sowie am Department of Economics an der London School of Economics, St. Clement's Building, Houghton Street, London WC2A 2AE, UK. Seine Tätigkeits- und Forschungsschwerpunkte sind Unternehmensfinanzierung, Industrieökonomie und Verhandlungstheorie.
Dr. Christian Laux ist Wissenschaftlicher Assistent bei Professor Martin Hellwig am Lehrstuhl für Volkswirtschaftslehre, Wirtschaftstheorie an der Universität Mannheim, 68131 Mannheim. Seine Tätigkeits- und Forschungsschwerpunkte sind Unternehmensfinanzierung, Vertragstheorie und Organisation.

A. Einleitung

In Unternehmen mit mehreren Bereichen entscheidet im Allgemeinen eine „Zentrale" über die Allokation der zur Verfügung stehenden finanziellen Ressourcen. Eine solche Allokation ist insbesondere dann von Bedeutung, wenn die einzelnen Bereiche keinen direkten Zugang zum externen Kapitalmarkt haben und aufgrund von Informations- und Anreizproblemen internes Kapital die wichtigste Finanzierungsquelle darstellt. Einer zentralen Kapitalallokation (einem internen Kapitalmarkt) kommt dann insbesondere die Aufgabe zu, die internen Finanzierungsmittel in die Bereiche mit der besten Verwendung zu lenken. In der Literatur wird die Möglichkeit einer verbesserten Kapitalallokation aufgrund geringerer Informations- und Anreizprobleme als wesentlicher Vorteil eines internen Kapitalmarkts gegenüber einer externen Finanzierung genannt. Hierauf aufbauend analysieren wir die Anreizwirkung eines internen Kapitalmarkts auf Bereichsmanager, deren Nutzen (Prestige, Reputation, Private Benefits u.s.w.) mit dem Investitionsvolumen in ihrem Bereich steigt.[1] Es scheint auf den ersten Blick plausibel, dass Manager stärkere Anreize haben, die Profitabilität ihrer Investitionsalternativen zu erhöhen, wenn sie in einem internen Kapitalmarkt mit anderen Bereichsmanagern um die knappe Ressource Kapital konkurrieren. Wie gezeigt wird, gilt dies allgemein jedoch nur dann, wenn zwei Bereiche hinsichtlich der potentiellen Investitionsmöglichkeiten und der Kapitalausstattung symmetrisch sind. Werden dagegen asymmetrische Bereiche kombiniert, so können die Anreize eines Bereichsmanagers nach Integration sinken, und auch eine Erhöhung der finanziellen Ressourcen des Unternehmens kann sich negativ auf die Anreize der Bereichsmanager auswirken.

Unsere Analyse der Anreizwirkung interner Kapitalmärkte liefert wichtige Einsichten für die klassische Frage nach den „Grenzen des Unternehmens". Es zeigt sich, dass die Charakteristika einzelner Bereiche einen erheblichen – über Synergieeffekte hinausgehenden – Einfluss auf die Vorteilhaftigkeit von Fusionen und Ausgliederungen (Spin-offs) haben: Eine Fusion symmetrischer Bereiche führt aufgrund positiver Anreizeffekte zu einer Erhöhung des Unternehmenswerts (über den Vorteil einer verbesserten Kapitalallokation oder positiver Synergieeffekte hinaus). Bei asymmetrischen Bereichen kann es dagegen zu negativen Anreizeffekten kommen, die eine Separation von Bereichen vorteilhaft werden lassen können. Interessant ist, dass eine Fusion asymmetrischer Bereiche mit einem Diversifikationsabschlag einhergehen kann, selbst wenn es zu keinen Fehlinvestitionen kommt und kein Kapital „verschwendet" wird. Verantwortlich sind in diesem Fall allein die aus der Kapitalallokation resultierende Anreizeffekte. Sie sind damit eine mögliche Ursache für die häufig in der Praxis geäußerte und durch empirische Arbeiten bestätigte Meinung, dass Fusionen tendenziell wenig problematisch sind und der Unternehmenswert stärker steigt, wenn symmetrische Bereiche kombiniert werden, während Spin-offs gerade bei asymmetrischen Bereichen besonders vorteilhaft sind.

B. Modellrahmen

Unterstellt wird die folgende (stilisierte) Situation: Ein Unternehmen besteht aus einer Zentrale und n Bereichen, die jeweils von einem Bereichsmanager geleitet werden. Alle

Akteure sind risikoneutral und die Bereichsmanager verfügen über kein eigenes Kapital (beschränkte Haftung). Die Bereichsmanager sollen die erwartete Profitabilität der Investitionsalternativen ihres Bereichs erhöhen. Die Investitionsalternativen eines Bereichs können zwei Typen $t \in \{g, b\}$ („gut", „schlecht") annehmen, wobei die Typen der verschiedenen Bereiche $i = 1$ bis n unkorreliert sind. Der Grenzkapitalwert der Investitionsalternativen fällt mit steigendem Investitionsvolumen K_i und ist für $t = g$ strikt größer als für $t = b$. Die Wahrscheinlichkeit für den Typ g im Bereich i hängt vom Aktivitätsniveau $e_i \in \{e_i^h, e_i^l\}$ („hoch", „niedrig") des Bereichsmanagers i ab, wobei $1 > p_i^h > p_i^l > 0$ gilt. Das hohe Aktivitätsniveau steigert also die erwartete Profitabilität der Investitionsalternativen, ist jedoch mit Arbeitsleid in Höhe von c verbunden und nicht beobachtbar. Daraus resultiert ein Anreizkonflikt, der im Vordergrund der Analyse steht. Es wird unterstellt, dass es für die Zentrale optimal ist, durch eine monetäre Belohnung $w_i(g)$, Bereichsmanager zu motivieren, das hohe Aktivitätsniveau zu wählen.

Neben der Festlegung des monetären Anreizsystems ist die wesentliche Aufgabe der Zentrale die Kapitalallokation. Die Zentrale beobachtet die Typen der Investitionsalternativen der einzelnen Bereiche und entscheidet – unter Berücksichtigung der verfügbaren finanziellen Ressourcen – über das Investitionsvolumen der einzelnen Bereiche. Die Zentrale maximiert den Kapitalwert der Investitionsalternativen, wobei angenommen wird, dass sie Kapital auch in Finanzinvestitionen mit einem Kapitalwert in Höhe von null anlegen kann. Bereichsmanager verbinden mit den Investitionen unter ihrer Kontrolle (in ihrem Bereich) einen privaten nicht-monetären Nutzen in Höhe von aK_i.

Auf einem vollkommenen Kapitalmarkt würde in jeden Bereich derjenige Betrag investiert werden, der den Kapitalwert der Investitionsalternativen maximiert. Der entsprechende Betrag für den Bereich i wird mit $K_i^*(t)$ bezeichnet. In diesem Fall macht es keinen Unterschied, ob ein Unternehmen aus mehreren oder nur einem Bereich besteht; die Kapitalallokation innerhalb des Unternehmens durch die Zentrale ist dann irrelevant. Interessant wird die Fragestellung, wenn die finanziellen Ressourcen beschränkt sind. Hier wird angenommen, dass jeder Bereich i über finanzielle Ressourcen in Höhe von $X_i < K_i^*(g)$ verfügt.[2] Diese stehen der Zentrale zur Finanzierung von Investitionen zur Verfügung. In einem Unternehmen mit mehreren Bereichen kann die Zentrale die finanziellen Ressourcen der Bereiche umverteilen und den Investitionen mit dem höchsten Kapitalwert zuführen. In einem Unternehmen mit nur einem Bereich ist dies nicht möglich. Der Beitrag analysiert die Auswirkungen der Umverteilungsmöglichkeit in einem internen Kapitalmarkt auf die Anreize der Bereichsmanager, ein hohes Aktivitätsniveau zu wählen.

C. Zur Anreizwirkung der Kapitalallokationsentscheidung

Existiert nur ein Bereich, so investiert die Zentrale $K_i(t) = \max\{X_i, K_i^*(t)\}$. Der Manager antizipiert die Kapitalallokationsentscheidung der Zentrale und wählt das hohe Aktivitätsniveau, wenn

$$w_i(g) + a[K_i(g) - K_i(b)] \geq c/(p_i^h - p_i^l).$$

Es bestehen also zwei potentielle Quellen von Anreizen für Manager: eine monetäre Belohnung und zusätzliches Kapital in Höhe von $K_i(g) - K_i(b)$, wenn die Investitionsalternativen des Bereichs vom Typ g sind. Die Zentrale wird die aus der Kapitalallokationsentscheidung resultierenden Anreize bei der Festsetzung der Belohnung berücksichtigen. Je höher bei gegebenem α die zusätzliche Kapitalallokation und damit die Sensitivität der Kapitalallokation bezüglich des Bereichstyps ist, desto niedriger ist die notwendige Belohnung. Die Sensitivität der Kapitalallokation hängt unter anderem von der Höhe der Ressourcenausstattung X_i ab. Wenn $K_i^*(b) \leq X_i < K_i^*(g)$, so steigt (in einem Unternehmen mit einem Bereich) die Sensitivität und damit die Anreize der Kapitalallokation mit steigendem X_i. Eine Ressourcenbeschränkung hat daher neben dem offensichtlichen Nachteil, dass nicht alle Investitionen mit positivem Kapitalwert durchgeführt werden können, auch den negativen Effekt, dass die Anreize des Managers aus der Kapitalallokation niedriger sind und daher eine höhere monetäre Belohnung gezahlt werden muss.

Existieren zwei Bereiche, so hängt die Kapitalallokation prinzipiell von den Typen der Investitionsalternativen beider Bereiche ab, wobei die Kapitalallokation zum Bereich i mit $K_i(t_i, t_j)$ bezeichnet werde. Der Manager des Bereichs i wählt das hohe Aktivitätsniveau, wenn

$$w_i(g) + \alpha[p_j^h(K_i(g, g) - K_i(b, g)) + (1 - p_j^h)(K_i(g, b) - K_i(b, b))] \geq c/(p_i^h - p_i^l).$$

Die Sensitivität der Kapitalallokation hängt jetzt auch vom Typ des Bereichs j ab. Ausschlaggebend für die Anreize des Managers ist die *erwartete* Sensitivität der Kapitalallokation. Übersteigt diese die Sensitivität der Kapitalallokation, wenn der Bereich alleine steht, so erhöht Wettbewerb die aus der Kapitalallokation resultierenden Anreize des Bereichsmanagers und die monetäre Belohnung kann entsprechend gesenkt werden. Ob dies der Fall ist oder nicht, hängt insbesondere von den Kapitalwertfunktionen der Investitionsalternativen in den unterschiedlichen Zuständen und den Ressourcenausstattungen der Bereiche ab.

D. Ergebnisse

Wenn zwei symmetrische Bereiche mit identischen Kapitalwertfunktionen für die beiden Typen und den gleichen Ressourcenausstattungen kombiniert werden, so wirkt sich der daraus resultierende Wettbewerb immer positiv auf die Anreize der Bereichsmanager aus. In diesem Fall kommt es nur dann zu einer Umverteilung von finanziellen Ressourcen, wenn die Investitionsalternativen unterschiedliche Typen aufweisen, wobei Kapital von dem Bereich mit den schlechteren Investitionsalternativen in den Bereich mit den besseren Alternativen gelenkt wird. Dies erhöht die aus der Kapitalallokation resultierenden Anreize der Bereichsmanager und erlaubt es, die monetäre Belohnung zu reduzieren. Eine Integration symmetrischer Bereiche ist daher eindeutig vorteilhaft.

Sind die Bereiche dagegen asymmetrisch, so erhöht ein durch Integration ausgelöster Wettbewerb nicht mehr zwingend die Anreize beider Manager. Beispielhaft sei angenommen, dass sich die beiden Bereiche mit $X_1 > X_2$ lediglich hinsichtlich ihrer Ressourcenausstattung unterscheiden. Die Anreize des Managers 2 steigen bei Integration. Der Grund ergibt sich unmittelbar aus der Beobachtung, dass im Ein-Bereich Unternehmen eine Erhöhung der Kapitalausstattung mit einer Erhöhung der Anreize verbunden ist. Da die Investitionsalternativen beider Bereiche identisch sind, führt die Integration dazu, dass der Manager 2 (im Erwartungswert) mehr Kapital erhält. Anreizverstärkend wirkt sich aus, dass die Erhöhung des Investitionsvolumens typabhängig erfolgt: Ist die Profitabilität seines Bereichs relativ höher, so erhält er mehr Kapital. Ist der Bereich hingegen relativ weniger profitabel, so erhält er unter Umständen sogar weniger Kapital als ohne Integration. Für die Anreize des Managers 1 ist der Effekt dagegen nicht eindeutig. Vielmehr gibt es zwei gegenläufige Effekte: Eine Integration der Bereiche ist für Manager 1 (im Erwartungswert) mit einer Reduktion der Kapitalausstattung verbunden. Wäre diese zustandsunabhängig, so würde dies immer zu einer Reduktion der Anreize führen. Der Umstand, dass der Kapitalentzug dann hoch ist, wenn die Qualität der Investitionsalternative niedrig ist, wirkt anreizsteigernd und kann den negativen Effekt überkompensieren.

Während für ein Unternehmen mit nur einem Bereich eine Erhöhung der Kapitalausstattung nie negativ sein kann, gilt diese nicht mehr für ein Unternehmen mit mehreren Bereichen. Bereits bei einem Unternehmen mit zwei symmetrischen Bereichen kann eine (marginale) Erhöhung der Ressourcenausstattung mit negativen Anreizeffekten für beide Bereichsmanager einhergehen, wenn der größere Teil der zusätzlichen finanziellen Mittel in den Bereich fließt, dessen Investitionsalternativen vom Typ b sind.[3] Die Integration einer „cash cow" kann daher die Anreize der Manager reduzieren.

Bisher wurde (implizit) unterstellt, dass die Kapitalallokation nicht bereits ex ante zustandsabhängig vertraglich spezifiziert werden kann. Vielmehr entscheidet die Zentrale zum Zeitpunkt der Investition unter Berücksichtigung der dann vorliegenden Informationen über die Kapitalzuteilung. Dies scheint für viele praktische Situationen eine sinnvolle Approximation des Capital Budgeting Prozesses, da es nur schwer möglich ist, für alle zukünftigen Konstellationen die ex ante optimale Kapitalzuteilung für die verschiedenen Unternehmensbereiche vertraglich so zu vereinbaren, dass Bereichsmanager diesen Anspruch auch gerichtlich durchsetzen können. Es ist jedoch interessant darauf hinzuweisen, dass es für die Zentrale aus Anreizgründen ex ante optimal sein kann, die monetäre Belohnung teilweise durch Kapital als Anreizinstrument zu substituieren und die Sensitivität der Kapitalallokation zu erhöhen. Dies geschieht, indem vereinbart wird, weniger als den zum Zeitpunkt der Kapitalvergabe optimalen Betrag zu investieren, wenn der Typ b eintritt und (sofern möglich) mehr, wenn $t = g$.[4] Zum Zeitpunkt der Kapitalzuteilung ist diese Allokation jedoch nicht mehr optimal, da der Aspekt der Anreizgewährung entfällt. Es stellt sich daher die Frage, inwiefern sich die Zentrale tatsächlich an die ex ante optimale Kapitalallokation binden kann. Unter Umständen können Reputationseffekte (z.B. in Verbindung mit beobachtbaren und nachvollziehbaren Capital Budgeting Regeln) als Bindungsmechanismen fungieren. Sofern die Kapitalallokation jedoch primär auf vertraglichen Vereinbarungen beruht, besteht prinzipiell ein Nachverhandlungsproblem. Beide Parteien profitieren davon, die Kapitalzuteilung zu erhöhen, wenn ex ante ein Investitionsvolumen vereinbart wurde, das unter demjenigen liegt, das den Kapitalwert maximiert (wenn die Investitionsalternativen vom Typ b sind) und noch Kapital zur Verfügung steht. Man wird sich daher immer einigen, das Investitionsvolumen zu erhöhen. In diesem Fall besteht ein weiterer Vorteil einer Integration darin, dass in den Fällen, in denen die Ressourcenbeschränkung bindet, eine Kapitalerhöhung zu einem Bereich nur durch eine Reduktion des Investitionsvolumens zu einem anderen Bereich möglich ist. Hierfür ist jedoch bei Nachverhandlung das Einverständnis des Managers dieses Bereichs notwendig. Integration reduziert daher das Nachverhandlungsproblem, wenn aus Anreizgründen von der ex post optimalen Kapitalallokation abgewichen werden soll.

Anmerkungen

* Vortrag anlässlich der Pfingsttagung des Verbandes der Hochschullehrer für Betriebswirtschaft in Freiburg, basierend auf dem Beitrag „Incentives in Internal Capital Markets: Capital Constraints, Competition, and Investment Opportunities" (http://www.ssrn.com).
1 Eine Abgrenzung unseres Beitrags zu anderen theoretischen Beiträgen sowie eine Diskussion der empirischen Literatur findet man in Inderst und Laux, 2001, oder auch in Hellwig, Laux und Müller, 2001. Stein, 2001, gibt eine ausführliche allgemeine Übersicht über die Literatur zu internen Kapitalmärkten.
2 Sie setzen sich beispielsweise aus dem Cash Flow und der freien Beleihungskapazität der (existierenden) Vermögensgegenstände der Bereiche zusammen.
3 Dies ist der Fall, wenn die Grenzkapitalwertfunktion der Investitionsalternativen des Typs b flacher verläuft als die des Typs g.
4 Lohn und Kapital sind deshalb keine perfekten Substitute, wenn es um die Wahl des Anreizinstruments geht, weil der Vorteil einer zusätzlichen Einheit Kapital für den Manager α beträgt, während die Opportunitätskosten für die Zentrale dem Kapitalwert der Investitionsalternative entsprechen.

Literatur

Hellwig, M., C. Laux und H. Müller (2001): Conglomeration: Good, Bad, or Unavoidable?, erscheint in Schmalenbach Business Review.
Inderst, R. und C. Laux (2001): Incentives in Internal Capital Markets: Capital Constraints, Competition, and Investment Opportunities, Arbeitspapier Universität Mannheim.
Stein, J. (2001): Agency, Information and Corporate Investment, erscheint in G. Constantinides, M. Harris, and R. Stulz (Hrsg.): Handbook of the Economics of Finance, Amsterdam: North Holland.

Zusammenfassung

Eine der wichtigsten Entscheidungen in einem Unternehmen betrifft die Kapitalallokation. Ebenso wichtig ist natürlich die Generierung von Investitionsmöglichkeiten. Unser Beitrag analysiert die Verbindung zwischen beiden. Hierzu wird der Einfluss des Kapitalallokationsmechanismus auf den Anreiz von Bereichsmanagern untersucht, profitable Investitionsmöglichkeiten zu generieren. Es wird gezeigt, dass die Stärke und Richtung der Anreizwirkung eines unternehmensinternen Wettbewerbs um Kapital von den Charakteristika der einzelnen Unternehmensbereiche abhängt.

Summary

One of the most important decisions made within the firm is the capital allocation decision. Also important is of course the generation of profitable investment opportunities. Our paper investigates the link between the two. We analyze the effect of the capital allocation mechanism on division managers' incentives to generate profitable investment opportunities. It is shown that the effect of an internal competition for capital on the level and the direction of incentives critically depends on the characteristics of a firm's divisions.

73: Investitionsplanung (JEL G31)

Leicht und erfolgreich durch die Statistikprüfung

Inhalt:

Deskriptive Statistik

Wahrscheinlichkeitsrechnung

Induktive Statistik

Hans-Friedrich Eckey/
Reinhold Kosfeld/Christian Dreger
Statistik
Grundlagen – Methoden – Beispiele
3., aktualisierte Auflage 2002.
XXXIV, 564 S.
Br. € 34,00
ISBN 3-409-32701-0

Dieses Lehrbuch führt anwendungsorientiert in die Grundlagen der Statistik ein. Mit seinen drei Teilen deskriptive Statistik, Wahrscheinlichkeitsrechnung und induktive Statistik umfasst es den gesamten Prüfungsstoff im Grundstudium.

Die Autoren:

Prof. Dr. Hans-Friedrich Eckey lehrt Empirische Wirtschaftsforschung und Ökonometrie an der GH Kassel.

Dr. Reinhold Kosfeld ist Akademischer Rat an der GH Kassel.

Dr. Christian Dreger ist wissenschaftlicher Assistent am Institut für Wirtschaftsforschung in Halle, Abteilung Arbeitsmarkt

Bestellung

Fax: 06 11.78 78-420

Ja, ich bestelle:

Eckey/Kosfeld/Dreger
Statistik
Expl. 3., aktualisierte Auflage 2002.
Br. € 34,00
ISBN 3-409-32701-0

Vorname und Name

Straße (bitte kein Postfach)

PLZ, Ort

Unterschrift

Änderungen vorbehalten.
Erhältlich beim Buchhandel oder beim Verlag.

Abraham-Lincoln-Str. 46, 65189 Wiesbaden, Tel.: 06 11.78 78-124, www.gabler.de

GABLER

Whither Economic Organization?

By Nicolai J Foss*

Überblick

- The emergence of the knowledge impacts strongly on economic organization; in fact, so strongly that many have argued that the traditional firm will wither, as firm boundaries blur and authority relations break down.

- Analytically, this may be interpreted as a claim the Coasian firm will break down under the impact of knowledge becoming increasing distributed and controlled by specialists, as discussed by Hayek more than five decades ago.

- However, this note argues that this conclusion goes too far: The Coasian firm is consistent with Hayekian knowledge conditions.

- The challenge ahead is to carefully model the changes in economic organization prompted by the knowledge economy. Austrian economics and the modern economics of organization are particularly useful theoretical inputs.

Eingegangen: 16. Oktober 2001

LINK; Department of Industrial Economics and Strategy
Copenhagen Business School; Howitzvej 60; 2000 Frederiksberg;
Denmark
njf.ivs@cbs.dk

A. Introduction

Arguments and observations that strong economy-wide transformations in economic organization are taking place have been steadily accumulating in sociology and business administration for about two decades, but economists have only relatively recently joined the discussion (e.g., Siebert 1995). While early discussions emphasized the increasing importance of various kinds of network governance, recent discussion appears to have predominantly cast the theme of transforming economic organization in the context of the emerging *knowledge economy* (e.g., Zucker 1991; Liebeskind et al, 1995; Grant 1996; Cowen and Parker 1997; Miles et al 1997; Hodgson 1998; Mendelsson and Pillai 1999). Thus, firms are argued to adopt "network organization" and engage in "corporate disaggregation," so as to become "information age organizations" that may build the "dynamic capabilities" required for competing in an environment characterized by changes in the composition of inputs toward knowledge inputs, an increase of the "knowledge-content" in outputs, a stepping up of innovative activity, an increasing differentiation of demand, increasing globalization, and increasingly inexpensive networked computing – that is, the "knowledge economy" (Prusak 1998; Neef 1998). Very strong claims with respect to economic organization are often made. An overall theme is that firms need to become much more *market-like* in order to survive and prosper in the emerging knowledge economy. A theoretical implication of this is that the traditional distinction between "firm"-transactions and "market"-transactions is becoming increasingly irrelevant.

In keeping with the theme of this conference – "Unternehmensentwicklung im Wettbewerb" – I shall critically address these issues from a perspective that is strongly, if not exclusively, informed by Austrian economics (Hayek 1948; Mises 1949; Kirzner 1997). An Austrian perspective is a particularly fitting starting point for such an exercise. Austrian economists have always been occupied with analyzing the discovery, dispersion and use of knowledge; indeed, to Austrians, all economies are, in a broad sense, "knowledge economies." And many recent changes in economic organization may fruitfully be analyzed in an Austrian way as a matter of changing firm organization in response to a changed external environment in such a way that knowledge may better be grown, utilized and transferred. As Hayek (1948: 77–8) noted:

> The peculiar character of the problem of a rational economic order is determined precisely by the fact that the knowledge of the circumstances of which we must make use never exists in concentrated or integrated form but solely as the dispersed bits of incomplete and frequently contradictory knowledge which all the separate individuals possess. The economic problem of society is thus not merely a problem of how to allocate "given" resources – if "given" is taken to mean given to a single mind which deliberately solves the problem set by these "data".... Or, to put it briefly, it is a problem of the utilization of knowledge which is not given to anyone in its totality.

Clearly, this is a problem that is not only characteristic of "society"; it is also a very pressing one, and increasingly so, for modern firms. However, Austrian insights into these issues need to be supplemented with insights from new institutional economics (Williamson 1996) and contract theory (Hart 1995) in order to provide a full picture. In generic terms, I discuss the implications for the Coasian firm of the Hayekian notion that the dispersal of economically relevant knowledge is a strongly binding constraint on the use of planned coordination. I take the increasing importance of such dispersed (or, if you like, "distributed") knowledge in production to be an important characteristic of the knowledge economy (Coombs and Metcalfe 2000; Foss 2001, 2002). Given this, I argue that contrary to many writers on economic organization in the knowledge economy, it does *not* follow that firms should emulate markets as far as possible in order to thrive – even in the presence of those radical knowledge conditions identified by these writers as well as Austrian economists.

B. Economic Organization in the Knowledge Economy

A consensus seems to be emerging that tasks and activities in the knowledge economy need to be coordinated in a manner that is very different from the management of traditional manufacturing activities, with profound transforming implications for the authority relation and the internal organization and boundaries of firms. There are several reasons for this.

Because of the increasing importance in knowledge-intensive industries of combining knowledge inputs, sourcing knowledge for this purpose, and keeping sourcing options open, knowledge-based networks increasingly become the relevant dimension for understanding the organization of economic activities. Such networks typically cut across the legal boundaries of the firm. Networks are particularly useful organizational arrangements for sourcing and transferring knowledge because of the comparatively higher costs of pricing knowledge in a market or transferring it in a hierarchy (Liebeskind et al 1995: 7). The increased reliance on knowledge networks tends to erode authority-based definitions of the boundaries of the firm, because authority increasingly shifts to expert individuals who control crucial information resources and may not be employees of the firm (e.g., Zucker 1991: 164). Also, knowledge worker gain increased bargaining power stemming from their control over critical knowledge assets. Finally, the specialist nature of knowledge work (Hodgson 1998) implies that principals/employers become ignorant about (some of) the actions that are open to agents/employees, thus making the exercise of authority through direction increasingly inefficient.

The combined effect of the increased importance of knowledge assets that are controlled by knowledge workers themselves and of the increasingly specialist nature of knowledge work is to wreck the traditional economist's criterion of what distinguishes market transactions from hierarchical transactions. Thus, whether direction by means of order giving (Coase 1937) and backed up by the ownership of alienable assets (Hart 1995) obtains or not is increasingly irrelevant for understanding the organization of economic activities in a knowledge economy. Not only does the emerging knowledge economy profoundly change the authority relation, and the boundaries of firms; it also influences the design of firms' internal organization, that is, their allocation of decision rights. As Miles et al (1997: 7) point out, a "...number of leading companies today are experimenting with a new way of organizing – the cellular form. Cellular organizations are built on the principles of entrepreneurship, self-organization, and member ownership. In the future, cellular organizations will be used in situations requiring continuous learning and innovation." By suggesting that radical internal hybrids, "built on the principles of entrepreneurship, self-organization, and member ownership," are emerging as stable organizational modes, this quotation (and others like it) suggests that mechanisms for coordinating economic activities are more combinable, and that the set of stable discrete governance structures is larger, than what is conventionally assumed in much of organization theory and in the economics of organization (e.g., Coase 1937; Williamson 1996). These new governance structures are increasingly often referred to as "new organizational forms." To the extent that new organizational forms represent new ways of combining mechanisms that have traditionally been seen as characteristic of governance structures that are polar opposites, they also exemplify the fading boundaries between markets and firms (Helper, MacDuffie and Sabel 2000).

C. Whither Economic Organization?

It is no coincidence that so many of those who write on economic organization in the emerging knowledge economy approvingly cite Hayek's work, particularly his 1945 paper, "The Use of Knowledge in Society" (e.g., Nonaka and Takeuchi 1995). Hayekian (and Austrian) themes such as the coordination problem introduced by dispersed knowledge, competition as a discovery procedure, and entrepreneurship are very clearly mirrored in much recent work on economic organization in the knowledge economy. The main difference relative to Hayek and the other Austrians is that recent writers have taken these themes *inside the firm*, (particularly Jensen and Meckling 1992; Cowen and Parker 1997). They argue that detailed planning is as problematic inside firms as it is at the level of the economy at large. In the process, they have come to the conclusion that knowledge economy firms are very different indeed from the kind of firms that are seen as typical of the industrial society (e.g., Miles et al 1997). They, too, need to foster an entrepreneurial discovery process comparable to that generated by the market (Kirzner 1997). In fact, knowledge economy firms are so market-like (because of their need to cope with dispersed knowledge) as to wreck havoc with the conventional distinction between firms and markets. At best, the difference is a matter of contractual details. However, as I shall argue this does not necessarily follow, even if we assume "Austrian conditions," that is, widespread ignorance in the face of dispersed knowledge (Hayek 1948; Kirzner 1997).

D. Authority

One reason why authority is (allegedly) waning in importance is that it is becoming increasingly more difficult to monitor and direct workers, because of the specialist nature of knowledge work. In terms of agency theory, what is being asserted is that the problem facing a principal is not just that he is uninformed about what state of nature has been revealed or of the realization of the agent's effort (i.e., hidden information), as in the agency model (Holmström 1979), but that he may be ignorant about members of the set of possible actions open to the agent, or the agent may be better informed than the principal with respect to how certain tasks should (optimally) be carried out, or both. However, even in such a setting, it is possible to provide efficiency explanations of authority.

The Need for Urgent Coordination. Coordinated adaptation or action may be required when actions or activities are complementary (Milgrom and Roberts 1990), for example, when it is important to make *some* urgent choice (possibly highly inefficient), because doing nothing is worse. In such cases, it may be better to give somebody the authority to pick a strategy and make everybody play this strategy, if the inefficiencies from picking a bad strategy are smaller than the inefficiencies from delaying a coordinated solution.

Decisive Information. Although the centralized decision-maker does not possess at least some local information, he may still hold the information that is *decisive*. Loosely, information is (strongly) decisive if – in a setting involving many cooperating individuals – a decision can reasonably be made on the basis of this information without involving other pieces of information (Casson 1994). Such decisiveness and the cost at which knowledge can be communicated helps to explain the allocation of decision rights (ibid.), including authority. If the knowledge possessed by, for example, middle-managers is not decisive, if the knowledge possessed by the CEO is decisive, and if it is costly to communicate the CEO's knowledge, then overall decision rights should be concentrated in the hands of the CEO, that is, he should assume ultimate authority in the firm.

Economies of Scale in Decision-Making. There may be economies of scale as well as learning economies in managing the internal relations between agents inside the firm and managing relations to outside agents (customers, suppliers, government agencies). Other agents may be happy to let a central agent incur the effort costs of negotiating, learning about potential suppliers, etc., and compensate him accordingly.

Defining Incentive Systems. Arguably, the emergence of the knowledge economy does pose special problems for the use of monitoring mechanisms and incentive pay because knowledge problems are likely to go beyond the asymmetric paradigm (Foss 1999). It may be conjectured that the more we depart from simple settings where employees are very easily monitored, and the more complicated the control problem becomes, the more likely is it that the entrepreneur will choose to rely on multiple incentive instruments to influence employee behavior. In a dynamic economy, maintaining coherence between such instruments is a recurrent task. Economies of scale dictate this activity to be centralized. Moreover, centralization is required to the extent that externalities arise when the instruments are controlled by separate firms and transaction costs hinder the internalization of these externalities. Both arguments point towards the centralization of decision rights, that is, towards authority.

E. Delegation

The reason that firms can thrive even though they (like whole economies) also confront the kind of problems relating to the efficient use of dispersed knowledge that Hayek (1948) identified is that they have recourse to delegation of decision rights (Mises 1949: 305; Jensen and Meckling 1992). However, in firms delegation is circumscribed in an attempt to cope with the control problem that follows from delegation. An organizational equilibrium obtains where decision rights are delegated in such a way that the benefits of delegation in terms of better utilizing local knowledge are balanced against the costs of delegation in terms of agency losses. This provides a useful perspective on many of those new organizational forms that are argued to be characteristic of the knowledge economy (cf. Cowen and Parker 1997), such as team-organization, "molecular forms", and other manifestations of organizational delegation and decentralization: These are prompted by a market-driven pressure to delegate decision rights (e.g., to better serve customer preferences) and structure reward schemes in such a way that optimal tradeoffs are reached. Thus, decision rights are delegated inside firms, but they are delegated as means to an end, their use is monitored (Jensen and Meckling 1992), and top-management reserves ultimate decision rights for itself (Baker, Gibbons, and Murphy 1999).

F. The Boundaries of Firms and Ownership

Some writers (e.g., Zucker 1991; Helper et al 2000) argue that as knowledge assets become relatively more important in production, and as learning becomes increasingly important as a source of competitive advantage, the boundaries of firms will blur, at least to the extent that these are defined in terms of legally recognized ownership of the firm's alienable assets. The relevant *loci* for economic activities are networks – and the boundaries of the firm as being defined by ownership of assets are merely a distraction. However, it is easy to see that even if firms that have no physical assets, the boundaries of the firm may be crucially important.

Thus, assume a purely "knowledge-based" team, consisting of two agents and two strictly complementary knowledge assets. The "entrepreneur" owns a knowledge asset that is "inside his head" (e.g., an entrepreneurial idea) and the "scientist" owns a "patent." It is prohibitively costly to communicate the knowledge embodied in the entrepreneurial idea. Moreover, it is not possible to write a comprehensive contract, governing the use of the assets in all contingencies. Given this, we may ask who should own the (alienable) patent. Now, if the entrepreneur makes an effort investment, that is, elaborates on his idea and creates extra value, the scientist can effect a hold-up on the entrepreneur, since the latter needs access to the patent to create value (and the contract is incomplete). Of course, the reverse also holds. One can show (details in Brynjolfsson 1994) that because of the externality problem that the hold-up threat creates, every agent invests too little; specifically, each party invests to the point where the marginal cost of effort investment equals 1/2 of the marginal value (because they are assumed to split the extra surplus 50 : 50). Suppose now that the entrepreneur owns *both* the patent and the entrepreneurial idea. This will strengthen the entrepreneur's incentives (the scientist cannot hold him up anymore) and it will leave the scientist's incentives unaffected. Rational agents will choose this arrangement.

The conclusion is that it *is* possible to speak of the boundaries of the firm in terms of ownership – even in a situation where all relevant productive assets are knowledge assets. Similar reasoning allows us to see why authority and ownership usually go together. Assume that one of the agents, the entrepreneur, has decisive information (in the sense discussed earlier). While it had been argued earlier that it would be rational to give this agent authority, should he also be an owner? Consider a bigger knowledge-based firm, with a group of n scientists ($n >1$) who each owns a patent. The entrepreneur aggregates information from the messages of the scientists and exercises authority by directing their efforts. His knowledge is decisive in the sense that without it, all actions of the other agents produce zero value. The entrepreneur may improve on this decisive knowledge. Each agent needs access to his own patent and to the entrepreneur's direction in order to be productive. Given these assumptions, the hold-up problem is still present: Any one of the scientists can hold up the entrepreneur on his investment, making the entrepreneur choose inefficient investments. However, if the entrepreneur is given ownership to the alienable assets, that is, the patents, the hold-up problem disappears. Rational agents will choose this arrangement.

G. The Combinability of Coordination Mechanisms

It is a prevalent theme in recent work on economic organization in the knowledge economy that coordination mechanisms (direction, routines, teams, prices, etc.) are basically combinable at will. Notably, mechanisms characteristic of the market may be introduced into the internal organization of firms, for example, in order to foster entrepreneurship. However, theoretical arguments suggest that emulating market organization inside firms, for example, by radically decentralizing the firm and allocating far-reaching decision rights to employees, may be hard to accomplish in a successful manner. Unlike independent agents in markets, corporate employees never possess ultimate decision rights. They are not full owners. This means that those who possess ultimate decision rights can always overrule employees. Thus, there are incentive limits to the extent to which market mechanisms can be applied inside firms, and delegation, while not exactly a rare flower, is certainly a very delicate one (Williamson 1996; Baker et al 1999).

Other means of introducing market mechanisms inside firms are also problematic, if for somewhat different reasons. Thus, multi-task agency theory suggests that there are quite rational reasons for the "low-powered" incentives one typically observes inside firms (in contrast to the "high-powered" incentives of the marketplace) (Holmström and Milgrom 1994). This is because managers wish employees to undertake multiple tasks, some of which may be very costly to observe and measure, but which may nevertheless be vital to the firm (e.g., sharing knowledge with colleagues, handling calling customers in a polite manner, etc.). Providing incentives that are only tied to those tasks that can be measured (at low cost) risks twisting efforts away from the costly-to-measure tasks.

Taken together the reasoning above suggests that coordination mechanisms are not simply combinable in an arbitrary fashion. Rather, they are complementary (another favorite Austrian theme). Ultimately, this is because authority and ownership will continue to be important in the knowledge economy, as argued earlier. First, it has been argued that there is an inherent tension between ownership and delegated rights. Second, delegation is often necessary, but equally often needs to be backed up by a strengthening of incentives because of the agency problem. However, under multi-tasking, there are limits to how much incentives can be strengthened. Thus, rather than being combinable at will, coordination mechanisms, such as authority, delegation, pricing, etc., tend to cluster in predictable ways – reflecting underlying complementarities – in "governance structures" (Williamson 1996). In particular, concentrated ownership, authority, circumscribed decision rights, and incentives that are less "powered" than those of the marketplace are all complementary elements of a system, namely, the Coasian firm, and they will continue to be so, even in the knowledge economy.

H. Conclusions

There can be little doubt that the collection of changes that we often refer to as the "knowledge economy" impact upon economic organization. In particular, the strong increase in strategic alliances, the trend towards corporate (re-)focusing, the increasing number of spin-offs, and the many attempts to change internal organization towards more team-based organization arguably reflect attempts to better utilize knowledge and stimulate learning, while making use of the high-powered incentives of the market. However, theoretical reasoning, drawn from both Austrian economics and organizational economics, does not support some of the more radical claims with respect to economic organization that are sometimes put forward. In essence, it is often argued that what may be called the "Coasian firm," characterized by authority, boundaries defined in terms of asset ownership and complementary coordination mechanisms will wither in the knowledge economy. In contrast, theoretical reasoning suggests that even though specialist knowledge workers may become increasingly important in production and even though knowledge may become increasingly distributed, there is no reason to suppose that authority will wither, the boundaries of firms will blur and coordination mechanisms will be combinable at will. Thus, although the Coasian firm will undergo changes, for the knowledge-related reasons identified by the Austrians, it will persist in its basic constitution.

Acknowledgement

* This paper is my keynote speech to 63. Jahrestagung des Verbandes der Hochschullehrer für Betriebswirtschaft e.v., 5–8 Juni in Freiburg i. Br. I am grateful for comments from the audience. More elaborate statements of the positions in this paper can be found in Foss (1999, 2001, 2002).

References

Baker, George, Robert Gibbons, and Kevin J. Murphy. 1999. "Informal Authority in Organizations," Journal of Law, Economics and Organization 15: 56–73.
Brynjolfsson, Erik. 1994. "Information Assets, Technology, and Organization," Management Science 40: 1645–1662.
Casson, Mark. 1994. "Why are Firms Hierarchical?," International Journal of the Economics of Business 1: 47–76.
Coase, Ronald H. 1937. "The Nature of the Firm," in Nicolai J. Foss, ed. 1999. The Theory of the Firm: Critical Perspectives in Business and Management, Vol II. London: Routledge.

Coombs, Rod and Stan Metcalfe. 2000. "Organizing for Innovation: Co-ordinating Distributed Innovation Capabilities," in Nicolai J Foss and Volker Mahnke, eds. Competence, Governance, and Entrepreneurship. Oxford: Oxford University Press.

Cowen, Tyler and David Parker. 1997. Markets in the Firm: A Market Process Approach to Management. London: The Institute of Economic Affairs.

Foss, Nicolai J. 1999. "The Use of Knowledge in Firms", Journal of Institutional and Theoretical Economics 155: 458–486.

Foss, Nicolai J. 2001. "Misesian Ownership and Coasian Authority in Hayekian Settings: The Case of the Knowledge Economy," forthcoming in Quarterly Journal of Austrian Economics.

Foss, Nicolai J. 2002. "Coase vs Hayek: Economic Organization in the Knowledge Economy," forthcoming in International Journal of the Economics of Business.

Grant, Robert M. 1996. "Prospering in Dynamically-Competitive Environments: Organizational Capability as Knowledge Integration," Organization Science 7: 375–387.

Hart, Oliver. 1995. Firms, Contracts, and Financial Structure. Oxford: Oxford University Press.

Hayek, Friedrich A. von 1948. Individualism and Economic Order. Chicago: University of Chicago Press.

Helper, Susan, John Paul MacDuffie, and Charles Sabel. 2000. "Pragmatic Collaborations: Advancing Knowledge While Controlling Opportunism," Industrial and Corporate Change 9: 443–487.

Hodgson, Geoff. 1998. Economics and Utopia. London: Routledge.

Holmström, Bengt. 1979. "Moral Hazard and Observability," Bell Journal of Economics 10: 74–91.

Holmström, Bengt. 1999. "The Firm as a Subeconomy," Journal of Law, Economics, and Organization 15: 74–102.

Holmström, Bengt and Paul Milgrom. 1994. "The Firm as an Incentive System," American Economic Review 84: 972–991.

Jensen, Michael C. and William H. Meckling. 1992. "Specific and General Knowledge and Organizational Structure," in Lars Werin og Hans Wijkander, eds. 1992. Contract Economics. Oxford: Blackwell.

Kirzner, Israel M. 1997. "Entrepreneurial Discovery and the Competitive Market Process: An Austrian Approach," Journal of Economic Literature 35: 60–85.

Liebeskind, Julia Porter, Amalya Lumerman Oliver, Lynne G. Zucker, Marilynn B. Brewer. 1995. Social Networks, Learning, and Flexibility: Sourcing Scientific Knowledge in New Biotechnology Firms. Cambridge: NBER Working Paper No. W5320.

Mendelson, Haim and Ravindran R. Pillai. 1999. "Information Age Organizations, Dynamics, and Performance," Journal of Economic Behavior and Organization 38: 253–281.

Miles, Raymond E., Charles C. Snow, John A. Mathews, Grant Miles and Henry J. Coleman, Jr. 1997. "Organizing in the Knowledge Age: Anticipating the Cellular Form," Academy of Management Executive 11: 7–20.

Mises, Ludwig von. 1949. Human Action. San Francisco: Fox and Wilkes.

Neef, Dale, ed. 1998. The Knowledge Economy. Boston: Butterworth-Heinemann.

Nonaka, Ikujiro and Takeuchi. 1995. The Knowledge-Creating Company. Oxford: Oxford University Press.

Prusac, Laurence. 1998. "Introduction to Series – Why Knowledge, Why Now?," in Dale Neef, ed. 1998. The Knowledge Economy. Boston: Butterworth-Heinemann.

Siebert, Horst, ed. 1995. Trends in Business Organization: Do Participation and Cooperation Increase Competitiveness? Tübingen: J C B Mohr.

Williamson, Oliver E. 1996. The Mechanisms of Governance. Oxford: Oxford University Press.

Zucker, Lynne. 1991. "Markets for Bureaucratic Authority and Control: Information Quality in Professions and Services," Research in the Sociology of Organizations 8: 157–190.

Zusammenfassung

Es wurde schon behauptet, dass die traditionelle „Coasian firm", die durch Autoritätsbeziehungen, komplementäre organisatorische Elemente und klar definierte Grenzen gekennzeichnet ist, in der entstehenden Wissensgesellschaft untergehen wird. Um diese Behauptung kritisch zu prüfen, konzentriert sich der vorliegende Beitrag auf Kernelemente wie die Autorität, die interne Organisation und die Grenzen der Unternehmung unter „Austrian knowledge conditions", die als eine Annäherung an die Wissensökonomie verstanden werden können. Es wird gezeigt, dass auch unter diesen Bedingungen eine „Coasian firm" ohne weiteres erklärt werden kann.

Summary

The argument has been made that the traditional "Coasian firm," characterized by autority relations, complementary organizational elements and well-defined boundaries, will wither in the emerging knowledge economy. In order to critically discuss this claim, the present focuses on such key issues as authority, internal organization and the boundaries of the firm under "Austrian knowledge conditions", which are taken as an approximation of the knowledge economy. It is argued that it perfectly possible to explain the Coasian firm under these conditions.

20: Allgemeine Fragen der Organisationstheorie (JEL M19)
21: Unternehmensführung (JEL M19)

Evolutorische Ansätze in der Organisationstheorie – eine kritische Bestandsaufnahme

Von Alfred Kieser

Überblick

- Darwins *On the Origin of Species* löste bei seinem Erscheinen einen beispiellosen Enthusiasmus aus, von dem heutige evolutorische Ansätze in der Organisationstheorie immer noch profitieren.

- Die Rechtfertigung evolutorischer Ansätze wird darin gesehen, dass Organisationsgestalter Änderungen von Organisationen letztlich nur in Form von Trial-und-Error-Prozessen durchführen können.

- Es gibt viele evolutorische Ansätze in der Organisationstheorie, die auf sehr unterschiedlichen Konzepten und Methoden basieren.

- Der populäre Ansatz des „evolutorischen Managements" ist theoretisch nur schwach fundiert, spricht aber die Psyche von Managern an.

Eingegangen: 16. Oktober 2001

Prof. Dr. Dr. h.c. Alfred Kieser, Fakultät für Betriebswirtschaftslehre, Universität Mannheim, 68131 Mannheim, kieser@bwl.uni-mannheim.de.

© Gabler-Verlag 2002

A. Darwins Erkenntnisse und ihre Rezeption

Das 1859 erschienene Buch *On the Origin of Species by Means of Natural Selection, or the Preservation of Favoured Races in the Struggle of Life* von Charles Darwin (1967) präsentiert eine Theorie – die Theorie der Evolution, die im Wesentlichen zwei Prozesse umfasst: (1) *den Prozess der Variation*, demzufolge es bei der Reproduktion von Individuen zu Variationen kommt, so dass kein Individuum einem anderen gleicht, wobei sich die Unterschiede sich durch Vererbung zumindest teilweise auf die Nachkommen übertragen; (2) *den Prozess der Selektion*, demzufolge in einer sich wandelnden Umwelt diejenigen Individuen eine erhöhte Chance haben, sich fortzupflanzen („*natürliche Zuchtwahl*"), den „*Kampf ums Dasein*" erfolgreich zu bestehen, die infolge ihrer Abweichung an die jeweilige Umwelt besser angepasst sind. Im Generationenwechsel findet eine Akkumulation vorteilhafter Abweichungen statt.

Die Idee der Evolution war bereits in Werken angelegt, die der Veröffentlichung Darwins weit voraus gingen, sowohl in philosophischen (Aristoteles, Augustinus, Rousseau, Smith) als auch naturwissenschaftlichen (z.B. Lamarck) oder wirtschaftswissenschaftlichen (Malthus, auf dessen Einfluss Darwin selbst hinweist). Dennoch löste Darwins „*On the Origin*" einen „*beispiellosen Enthusiasmus*" (Hettlage, 1982, S. 111) aus. Dies lag vor allem daran, dass die Theorie Darwins dem *Zeitgeist* entsprach und sich in hervorragender Weise dazu eignete, diesem eine wissenschaftliche Legitimation zu verleihen. Begriffe wie „Kampf ums Dasein", „natürliche Auslese", „Überleben des Tüchtigsten" usw. ließen sich leicht auf soziale Verhältnisse übertragen und aktivierten dabei ein gewisses Vorverständnis (Lefèbre, 1984).

B. Die Macht der Metaphern

Dass Darwin eine enorme Wirkung erzielte, lag nicht zuletzt auch an der Kraft der von ihm eingesetzten Metaphern „Kampf ums Dasein" und „natürliche Auslese" (Fellmann, 1977, S. 286). Eigentlich gibt es, sieht man vom Menschen ab, Kampf und Auslese in der organischen Welt gar nicht. Obwohl die *Metaphern eine höchst ungenaue Beschreibung des Evolutionsprozesses* geben, entfalteten sie eine äußerst wirksame Heuristik. Sie ermöglichten es bspw. Darwin, seine Theorie zu entwickeln, obwohl er nie auf einen zentralen Begriff kam, ohne den die Evolutionstheorie nicht auskommt: auf den der Gene, welche die Grundlage des Erbmechanismus bilden.

Darwins Metapher vom Kampf ums Dasein *orientierte sich am liberalistischen Wirtschafts- und Gesellschaftsmodell des freien Spiels der individuellen Kräfte*. Die Vorstellung, die schon bei Adam Smith angelegt war, dass unsichtbare egoistische Hände Ordnung schaffen können, erfuhr eine nachdrückliche, eine mit den höheren Weihen der Naturwissenschaft ausgestattete Bestätigung.

C. Biologische und kulturelle Evolution sind unterschiedliche Prozesse

Die kulturelle Evolution ist anders zu konzipieren als die biologische (Dennett, 1997). Der Mensch als sich selbst reflektierendes Lebewesen ist fähig, seine Erkenntnisse, seine Erfahrungen festzuhalten, Wissen weiterzugeben und sich Symbole zu schaffen. Kurz: Er ist in der Lage, in Form der Kultur sich einen Überbau zu seinem biologischen Erbe zu schaffen. Demzufolge ist die häufig geäußerte Kritik an evolutorischen Ansätzen der kulturellen oder organisationalen Evolution, sie befänden sich nicht in Übereinstimmung mit der biologischen Evolutionstheorie, nicht gerechtfertigt.

D. Die Vielfalt evolutorischer Ansätze in der Organisationstheorie und in der praxisorientierten Literatur

I. Zur Begründung der Notwendigkeit evolutorischer Konzeptualisierungen

In ihren Begründung, weshalb evolutorische Ansätze erforderlich sind, stimmen die Vertreter solcher Ansätze weitgehend überein: Organisationen sind zu komplex, um durch intentionale Eingriffe in berechenbarer Weise in einem gewünschten Zustand überführt werden zu können. Gestalter setzten folglich häufig Änderungsprozesse in Gang, die sie nur teilweise kontrollieren können: Ihre Pläne enthalten unrealistische Annahmen; ihre Maßnahmen zeitigen Konsequenzen, die sie nicht vorhersahen; ihre Maßnahmen lösen u.U. andere Probleme als diejenigen, die sie ursprünglich lösen sollten, usw. Gestalter verfügen nur über „begrenzte Rationalität" und somit sind Erklärungen des organisatorischen Wandels, die allein auf die Rationalität der Gestalter abstellen, zwangsläufig unvollständig. Intentionale Eingriffe von Gestaltern sind nichts weiter als Variationen. Die Auslese durch die Umwelt entscheidet letztlich darüber, welche organisatorischen Variationen von Nutzen sind und überleben. Übereinstimmung besteht auch darüber, dass Mechanismen von *Variation, Selektion und Retention* (Bewahrung) Bestandteile der Modellierung evolutionärer Prozesse sein müssen. In der Art der Modellierung unterscheiden sich die verschiedenen Ansätze jedoch erheblich.

Die folgende Skizzierung der Ansätze (zu einer ausführlicheren Darstellung s. Kieser und Woywode 2001) geht von folgenden Fragen aus: (1) Welches ist in dem jeweiligen Ansatz die Basiseinheit der Evolution? (2) Wie sind die Mechanismen von Variation, Selektion und Retention modelliert? (3) Wie stark ist die Affinität zur biologischen Evolutionstheorie? (4) Welche Kritik lässt sich an dem jeweiligen Ansatz anbringen?

II. Theorieorientierte Ansätze

1. Der Population Ecology-Ansatz

Innerhalb der verschiedenen Varianten des Population Ecology-Ansatzes ist diejenige von Hannan und Freeman die mit Abstand erfolgreichste.

(1) Einheiten der Evolution sind in diesem Ansatz als *ganze Organisationen* konzipiert. Alle Organisationen einer Form bilden eine *Population*. Organisatorische Formen weisen ein bestimmtes Grundmuster auf, dessen Veränderung gravierende Effizienznachteile nach sich zieht und damit das Überleben der jeweiligen Organisation in Frage stellt (Carroll/Hannan 2000, S. 64 ff.).

(2) *Variationen* kommen infolge von Neugründungen von Organisationen zu Stande (Hannan/Freeman, 1984, S. 150). Imitationen bestimmter Organisationsformen führen zu *Variationen innerhalb bestehender Populationen*. Die *Entstehung neuer Organisationsformen und Populationen* wird durch unterschiedliche Faktoren begünstigt: technologischer Wandel, Änderungen der institutionellen Rahmenbedingungen, Entdeckung neuer Rohstoffe, ökonomische Schwankungen sowie politische Umstürze. Aber auch als Folge eines Abspaltungsprozesses können neue Organisationsformen entstehen – bspw. indem sich stärker spezialisierter Unternehmen herausbilden.
Variationen liefern das „Rohmaterial" für den Prozess der *Selektion* durch die Umwelt (natural selection). Die Selektion erfolgt durch *Elimination ganzer Organisationen*: Weniger effiziente Organisationen unterliegen im Konkurrenzkampf (struggle for existence) und gehen in Konkurs bzw. lösen sich auf oder werden von anderen Organisationen übernommen (Hannan/Freeman, 1989, S. 13 ff., 143 ff.). Die Konstruktionsprinzipien organisatorischer Formen sind in Lehrbüchern, Ausbildungsprogrammen, Beschreibungen guter Praktiken in der Managementliteratur usw. gespeichert, was *Retention* gewährleistet.

(3) Die *Bezugnahme auf die biologische Evolutionstheorie ist im Laufe der Zeit immer schwächer* geworden. In den frühen Veröffentlichungen war man offensichtlich bemüht, Analogien zur Evolution von Lebewesen aufzuzeigen. Noch 1989 legten Hannan und Freeman (1989, S. 19 f.) ein nachdrückliches Bekenntnis der Übertragbarkeit Darwinistischer Modelle auf die Erklärung des Wandels organisatorischer Populationen ab. In dem 2000 erschienen Buch von Carroll und Hannan ist diese Analogie fast vollständig verschwunden. Der Name Darwin fehlt im Index; auf den Begriff der *selection* wird nur einmal hingewiesen, auf den der *variation* kein einziges Mal.

(4) Es ist das Verdienst des Population Ecology-Ansatzes, auf evolutionäre Aspekte im Wandel von Organisationen aufmerksam gemacht zu haben. Begrenzte Rationalität der Gestalter hat zur Folge, dass Zufall, Kopierfehler, Trägheit der Organisation und Selektion durch die Umwelt in Erklärungen des organisationalen Wandels einbezogen werden müssen. Positiv ist auch zu werten, dass die Populationsökologen ihre Hypothesen empirischen Tests unterwerfen. Der Population Ecology-Ansatz ist in der Vergangenheit von zahlreichen Autoren teilweise heftig kritisiert worden (z.B. von Young, 1988; zu den dadurch ausgelösten Weiterentwicklungen s. Weibler und Deeg 1984).

2. Die Evolution organisatorischer Regeln im Konzept von March

(1) March (1994, S. 93 ff.) und seine Schüler (March et al. 2000) konzentrieren sich auf die *Evolution organisatorischer Regeln*. Ihr Konzept ist so angelegt, dass es ohne Populationen auskommt.

(2) Die *Variation* von Regeln kommt zu Stande, wenn Organisationen Regeln anderer Organisationen falsch kopieren oder wenn Individuen von den vorgegebenen Regeln bewusst abweichen (March, 1994, S. 94) oder wenn Organisationsmitglieder miteinander – und gegeneinander – um eine Lösung ringen (garbage can-Situationen). Die *Selektion* beruht auf unterschiedlichen Überlebensraten von Regeln.
(3) March (1994, S. 93) weist ausdrücklich darauf hin, dass sich biologische Evolution und Evolution organisatorischer Regeln gravierend unterscheiden.
(4) Die empirische Analyse der Dynamik von Regeländerungen steht erst am Anfang. Sie konzentrierte sich bislang auf formale (schriftlich fixierter) Richtlinien über die Zeit. Man weiß noch sehr wenig über die Prozesse, durch die Regeländerungen zu Stande kommen und auch darüber, wie Organisationsmitglieder mit Regeln umgehen, insbesondere mit solchen, die nicht völlig mit ihren tagtäglich auftretenden Problemen korrespondieren.

3. Weitere evolutorische organisationstheoretische Ansätze

Es gibt u.a. evolutorische Ansätze zu organisatorischen Routinen (Nelson/Winter, 1982), zu Wahrnehmungen, Kognitionen und Symbolen in Organisationen (Weick, 1979), zur Evolution und Koevolution organisatorischer Formen (Lewin et al, 1999) zur Strategie (Barnett et al, 1994), zur Entstehung und Entwicklung von Systemen der Personalverwaltung (Baron et al, 1996), zur Entwicklung von Techniken in Organisationen (Rosenkopf/Tushman, 1994), zur Innovation in Organisationen (Ebeling, 1990), zur Unternehmensberatung (Königswieser/Lutz, 1992), zum historischen Wandel von Bürokratien (Langton, 1984), zum Wandel von Stellenbeschreibungen (Miner, 1991), zur Führung (Romanelli/Tushman, 1988), zu Systemen der Qualitätssicherung (Winter, 1994) und zur Systementwicklung (Budde, 1992).

III. Evolutionäres Management

Das klassische Konzept der rationalen Organisationsgestaltung, in dem eine sorgfältige Problemanalyse in die Konzipierung neuer organisatorischer Lösungen und in die Implementierung der am besten geeigneten Lösung mündet, wird von den Befürwortern eines evolutionären Managements in Frage gestellt. Diese argumentieren, ein solches Vorgehen sei angesichts einer nicht beherrschbaren Komplexität der Organisationsgestaltung nicht angemessen. Erforderlich sei eine andere Art – eine *neue Rationalität* – des Managements: evolutionäres Management. Dem „evolutionären Manager" wird vor allem geraten, sich angesichts einer nicht beherrschbaren Komplexität der Managementprobleme auf die Schaffung günstiger Rahmenbedingungen für eine „Selbstorganisation" und Evolution der Unternehmung zu beschränken (Gerken, 1992; Malik, 2000; Probst, 1987; Probst/Gomez, 1991).

E. Kritische Würdigung evolutorischer Ansätze in der Organisationstheorie

Die Metaphern der biologischen Evolution haben eine starke Attraktivität auf alle möglichen Wissenschaften, insbesondere aber auch auf Sozial- und Wirtschaftswissenschaften, ausgeübt. Die Metaphern vom Kampf ums Dasein, von der natürlichen Auswahl, von Variation, Selektion und Retention, lassen sich relativ umstandslos auf alle möglichen Entwicklungsprozesse übertragen. Kein Wunder also, dass es eine Fülle von Ausformulierungen evolutorischer Prozesse in der Organisationstheorie gibt.

In der Organisationstheorie hat sich – vielleicht im Gegensatz *zu evolutionary economics*, die allerdings auch nicht ohne heftige Kritik geblieben ist (z.B. Rosenberg, 1998) – kein übergreifendes evolutorisches Paradigma herausgebildet. Die verschiedenen evolutoorischen Ansätze der Organisationstheorie sind untereinander kaum anschlussfähig.

Der Erfolg des Population Ecology-Ansatzes ist nicht unbedingt ein Ausweis seines hochwertigen theoretischen Gehalts. Wie Pfeffer (1993) argumentiert, kann dies auch daran liegen, dass er dem Bild, das die *scientific community* von Wissenschaftlichkeit am besten entspricht (bspw. durch höchst komplexe empirische Analysen). Die (anfängliche) Affinität zur biologischen Evolutionstheorie vermittelt diesem Ansatz weiterhin die Legitimität der in der Hierarchie der Wissenschaften höher angesiedelten Naturwissenschaften. Es ist dem Population Ecology-Ansatz gelungen, eine Schule zu begründen und viele Schlüsselpositionen in der scientific community der Organisationstheorie zu besetzen. Die Ironie liegt darin, dass die Vertreter dieses Ansatzes die Metaphern der Evolution fast nicht mehr benutzen.

Was den praxisorientierten evolutorischen Ansatz anbelangt, so bringen evolutorische Metaphern und Analogien für diejenigen Manager nichts Neues, die – und das dürfte die Mehrheit sein – schon immer davon ausgegangen sind, dass nicht jeder Versuch gelingt, dass es so etwas wie *trial and error* gibt, dass eine Politik kleiner Schritte häufig besser ist als eine Politik des großen Wurfs. Früher sagte man Durchwursteln dazu, jetzt heißt es evolutorisches Management.

Literatur

Aldrich, H. E. (1999): Organizations Evolving. Thousand Oaks, CA.
Barnett, W. H./Greve, H./Park, D. (1994): An evolutionary model of organizational performace, Strategic Management Journal, 15, S. 11–28.
Baron, J. N./Hannan, M. T./Burton, D. M. (1996): The road taken: Origins and evolution of employment systems in emerging companies, Industrial and Corporate Change, 5, S. 239–275.
Budde, R. (1992): Prototyping – An Approach to Evolutionary Systems Development. Berlin/Heidelberg.
Carroll, G. R./Hannan, M. T. (2000): The Demography of Corporations and Industries. Princeton NY.
Darwin, C. (1967): Über die Entstehung der Arten durch natürliche Zuchtwahl oder die Erhaltung der begünstigten Rassen im Kampfe um's Dasein. Nach der letzten englischen Ausgabe wiederholt durchgesehen von J. Victor Carus, Stuttgart.
Dennett, D. C. (1997): Darwins gefährliches Erbe. Die Evolution und der Sinn des Lebens. Hamburg.

Ebeling, W. (1990): Instabilität, Mutation, Innovation, Erneuerung aus evolutionstheoretischer Sicht, Selbstorganisation, Jahrbuch für Komplexität in den Natur-, Sozial- und Geisteswissenschaften 1, S. 55–62.

Fellmann, F. (1977): Darwins Metaphern, Archiv für Begriffsgeschichte 21, S. 285–297.

Gerken, G. (1994): Manager... die Helden des Chaos. 3. Aufl. Düsseldorf.

Hannan, M. T./Freeman, J. (1989): Organizational Ecology. Cambridge, MA.

Hettlage, R. (1982): Variationen des Darwinismus in der Soziologie, Evolutionstheorie und ihre Evolution, Bd. 7 der Schriftenreihe der Universität Regensburg. Regensburg, S. 109–125.

Kieser, A./Woywode, M. (2001): Evolutionstheoretische Ansätze, in: Organisationstheorien, hrsg. von A. Kieser, 4. Aufl., Stuttgart, S. 253–286.

Königswieser, R./Lutz, C. H. (1992): Das systemisch evolutionäre Management. 2. Aufl. Wien.

Langton, J. (1984): The ecological theory of bureaucracy: The case of Josiah Wedgwood and the British pottery industry, Administrative Science Quarterly, 29, S. 330–334.

Lefèvre, W. (1984): Die Entstehung der biologischen Evolutionstheorie. Frankfurt a. M..

Lewin, A. Y./Long, C. P./Carroll, T. N. (1999): The coevolution of new organizational forms, Organization Science, 10, S. 535–550.

Malik, F. (2000): Systemisches Management, Evolution, Selbstorganisation. 2. Aufl. Bern.

March, J. G. (1994): A Primer on Decision Making: How Decisions Happen. New York.

March, J. G./Schulz, M./Zhou, X. (2000): The Dynamics of Rules: Change in Written Organizational Codes. Stanford.

Miner, A. (1991): Organizational evolution and the social ecology of jobs, American Sociological Review, 56, S. 772–785.

Nelson, R. R./Winter, S. G. (1982): An Evolutionary Theory of Economic Change. Cambridge.

Pfeffer, J. (1993: Barriers to the advancement of organization science: Paradigm development as a dependent variable, Academy of Management Review 18, S. 599–620.

Probst, G. (1987): Selbstorganisation: Ordnungsprozesse in sozialen Systemen aus ganzheitlicher Sicht. Berlin.

Probst, G. J. B./Gomez, P. (Hrsg.) (1991): Vernetztes Denken. Ganzheitliches Führen in der Praxis. 2. Aufl. Wiesbaden, S. 331–340.

Romanelli, E./Tushman, M. L. (1988): Executive leadership and organizational outcomes: An evolutionary perspective, in: Hambrick, D. C. (Hrsg.): The Executive Effect: Concepts and Methods for Studying Top Managers. Greenwich, CT, S. 129–140.

Rosenberg, A. (1998): Does evolutionary theory give comfort or inspiration to economics?, in: Mirowski, P. (Hrsg.): Natural Images in Economic Thought. Cambridge, S. 384–407.

Rosenkopf, L./Tushman, M. L. (1994): The coevolution of technology and organization, Baum, J. A. C./Singh, J. V. (Hrsg.): Evolutionary Dynamics of Organizations. New York, S. 403–425.

Weibler, J./Deeg, J. (1999): Und noch einmal: Darwin und die Folgen für die Organisationstheorie. Die Betriebswirtschaft 59, S. 297–315, 1999.

Weick, K. E. (1979): The Social Psychology of Organizing. 2. Aufl. Reading, MA.

Winter, S. G. (1994): Organizing for Continuous Improvement: Evolutionary Theory Meets the Quality Revolution, in: Baum, J. A. C./Singh, J. V. (Hrsg.): Evolutionary Dynamics of Organizations. New York, S. 90–108.

Young, R. C. (1988): Is population ecology a useful paradigm for the study of organizations? In: American Journal of Sociology, 94, S. 1–24.

Alfred Kieser

Zusammenfassung

Evolutorische Ansätze in den Wirtschaftswissenschaften profitieren von der Popularität, welche die Evolutionstheorie seit Darwin genießt. Mit evolutorischen Metaphern lassen sich viele soziale Prozesse auf eine anregende Weise beschreiben. Trotz ihrer Vielfalt greifen evolutorische Ansätze in der Organisationstheorie auf die gleiche Begründung zurück: Organisationen sind zu komplex, um intentional gestaltet werden zu können. Zwei Ansätze werden dargestellt: der Population Ecology-Ansatz, der sich relativ eng an die biologische Evolutionstheorie anlehnt, und das Konzept von March, das die Evolution von Regeln in Prozessen organisatorischen Lernens in den Vordergrund stellt. Das praxisorientierte Konzept des evolutorischen Managements ist vor allem deshalb populär, weil es „Durchwursteln" zu einer angemessenen Strategie erklärt.

Summary

Evolutionary approaches in economics and management science profit from the popularity that evolutionary theory enjoys in general since Darwin. With the help of evolutionary metaphors many social processes can be described in inspiring ways. In spite of their variety, evolutionary approaches refer to the same justification: organizations are too complex to be designed in a purely intentional way. Tow approaches are presented: the population ecology theory that has been developed in close analogy to biological evolution, and the approach of March that concentrates on the evolution of rules in processes of organizational learning. The popularity of the praxis-oriented approach of evolutionary management is largely due to declaring muddling through as an appropriate strategy.

20: Allgemeine Fragen der Organisationstheorie (JEL M19)

Strategischer Wandel auf mehreren Ebenen im Lichte evolutionärer Prinzipien

Von Sybille Sachs und Edwin Rühli*

Überblick

- In verschiedenen Untersuchungen wurde gezeigt, dass sich der strategische Wandel von Unternehmungen auf mehreren interdependenten Ebenen vollzieht.
- Der Artikel geht von der Ansicht aus, dass sich ein vertieftes Verständnis des Mehrebenenphänomens beim strategischen Wandel von Unternehmungen durch die Nutzung genereller Prinzipien der Evolutionstheorie unter Verwendung der Rationalitätsprinzipien von Kant erreichen lässt.
- Auf der Grundlage dieser generellen evolutionären Prinzipien werden Thesen zum strategischen Wandel von Unternehmungen auf mehreren interdependenten Ebenen entwickelt.

Eingegangen: 16. Oktober 2001

Prof. Dr. Sybille Sachs ist Assistenzprofessorin für Betriebswirtschaftslehre an der Universität Zürich.
Prof. Dr. Edwin Rühli ist emeritierter ordentlicher Professor für Unternehmensführung und -politik, Universität Zürich.

© Gabler-Verlag 2002

A. Das Mehrebenenphänomen und die evolutionäre Perspektive[1]

Untersuchungen über die Entwicklung von Unternehmungen zeigen, dass sich ihr strategischer Wandel auf mehreren internen Ebenen vollzieht. Durch die Entwicklung von Wirtschaft und Gesellschaft haben sich zudem verschiedene typische Ebenen der Interaktion zwischen den Unternehmungen und der Gesellschaft herausgebildet. Die daraus resultierenden Verflechtungen sind mehr oder weniger intensiv in Netzwerken und Verhandlungssystemen institutionalisiert.

Wenn man die amerikanische Literatur (z.B. Hatch 1997; House, Rousseau & Thomas-Hunt 1995; Klein, Dansereau & Hall 1994; Klein, Tosi & Canella JR. 1999) betrachtet, ist es offensichtlich, dass die Mehrebenenforschung sowohl in der Organisationstheorie, als auch in der Strategietheorie an Bedeutung zunimmt.

House et al (1995 : 105) haben Artikel ausgewertet, die im Academy of Management Journal und im Administrative Science Quarterly zwischen 1988 und 1993 publiziert wurden. Sie kamen zum Schluss, dass die Mehrebenenforschung jenes Gebiet darstellt, das im Rahmen der Mikro- und Makrodebatte in der Organisationstheorie als vordringlich betrachtet wurde.

Auch in der Strategietheorie ist die Mehrebenenforschung relevant. Sie bezieht sich normalerweise auf die Mikro-Perspektive und berücksichtigt die hierarchischen Stufung innerhalb der Unternehmung. Diese Ebenen werden entweder aus einer individuellen Perspektive betrachtet und behandeln Aspekte des Top-, Mittel- und unteren Managements (z.B. Noda & Bower 1996), oder aus einer organisationalen Perspektive und beschäftigen sich mit den Geschäfts-, Unternehmungs- und Allianzebenen (z.B. Fombrun 1994). Die traditionelle Strategietheorie fokussiert aber hauptsächlich die Strategien auf Geschäftsebene (z.B. Porter 1985).

Wir sind der Ansicht, dass sich ein vertieftes Verständnis des Mehrebenenphänomens beim strategischen Wandel von Unternehmungen durch die Nutzung der Erkenntnisse der Evolutionstheorie erreichen lässt.[2] Wenn man die evolutionäre Betrachtungsweise für die Entwicklung von Unternehmungen nutzen will (vgl. dazu Schneider 1996; Rühli und Sachs 1999), so erscheint es aber als unabdingbar, dass zuerst die grundsätzliche Frage geklärt wird, wie aus den Evolutionstheorien, wie sie in verschiedenen wissenschaftlichen Disziplinen verwendet werden, generelle Erkenntnisse abgeleitet werden können, die sich dann auf einen einzelnen Anwendungsbereich, hier das Mehrebenenproblem, anwenden lassen.

B. Grundlagen zur Herleitung genereller evolutionärer Prinzipien

I. Die Evolutionstheorie als Metatheorie

Wie sich schon aus ihrer Geschichte ergibt (vgl. auch Wieser 1994), ist die Evolutionstheorie eine Theorie, die disziplinenübergreifend wirkt. Zudem gründet sie bereits historisch mit ihren Wurzeln in mehreren Gebieten wie beispielsweise der Geologie, der Biologie und der Ökonomie. Diese Entwicklung hat sich weiter fortgesetzt, indem die grundlegenden Erkenntnisse der Evolutionstheorie in den verschiedensten Disziplinen angewendet und auch weiterentwickelt werden. Man kann daher die Evolutionstheorie als eine Metatheorie[3] verstehen.

Strategischer Wandel auf mehreren Ebenen im Lichte evolutionärer Prinzipien

Aufgrund der Erkenntnisse der heutigen, als Metatheorie verstandenen Evolutionstheorie vertreten wir die Meinung, dass bei ihrer Anwendung in einem bestimmten Wissensgebiet nicht die Analogiebildung zu einem anderen Anwendungsgebiet wesentlich ist, sondern dass das Potential vielmehr in der Nutzung ihrer grundlegenden Prinzipien liegt. Wir berufen uns dabei auf Dawkins, einen der prominentesten Evolutionstheoretiker unserer Zeit: „Wenn wir im Gebrauch unserer Worte pedantisch und puristisch sind, so ist kulturelle ‚Evolution' eigentliche überhaupt keine Evolution, beide haben aber wahrscheinlich hinreichend viel gemeinsam, um einen Prinzipienvergleich zu rechtfertigen" (Dawkins 1987, S. 253).

Wenn in dieser Weise evolutionäre *Prinzipien* statt Analogien ins Zentrum des Interesses gestellt werden, so ist es unabdingbar darzulegen, aufgrund welcher erkenntnistheoretischen Basis solche Prinzipien hergeleitet werden können.

II. Die evolutionäre Erkenntnistheorie

Vollmer (1998) bezeichnet die evolutionäre Erkenntnistheorie als hypothetischen Realismus. Er stellt die Frage in den Vordergrund, wieso wir die Welt erkennen können, und untersucht die teilweise Übereinstimmung von Erkenntnisstrukturen und Realstrukturen. Hierbei scheint uns die Lehre von Kant wegweisend zu sein, die auch in der evolutionären Erkenntnistheorie häufig erwähnt wird.[4] Wie wir an anderer Stelle gezeigt haben, eignen sich die Denkkategorien von Kant vorzüglich als Ordnungsrahmen für die Herleitung bzw. Gliederung von generellen evolutionären Prinzipien (Sachs 2000).

Die formalen Aspekte der Erkenntnis-, Handlungs- und Urteilskompetenz von Kant können also die Grundlage zur Bildung von generellen evolutionären Prinzipien sein, die unser Erkennen, Handeln und Urteilen beeinflussen. Diese generellen evolutionären Prinzipien wiederum bilden einen allgemeinen Kern evolutionären Denkens, der dann spezifisch, je nach Evolutionsart, angewendet werden kann.

C. Das Mehrebenenprinzip als generelles evolutionäres Prinzip

Biologische Evolutionstheorien (z.B. Eldredge 1995) tragen sehr spezifisch zum Verständnis des Wandels auf mehreren Ebenen bei. Die moderne biologische Evolutionstheorie zieht nämlich immer verschiedene Ebenen zur Erklärung von Entwicklungen in Betracht: die Genebene (z.B. Dawkins 1989), die Organismusebene (z.B. Maturana & Varela 1987), die Populationsebene (z.B. Maynard Smith 1989), die Spezienebene (z.B. Eldredge 1995) und die Ökosystemebene (z.B. Eldredge & Grene 1992). Diese Ebenen sind durch die Prozesse der Reproduktion und Interaktion verbunden und beeinflussen auf diese Weise den Erfolg wie auch den Misserfolg einer evolutionären Entwicklung.

Soziale Evolutionstheorien bieten ebenfalls unterschiedliche Ansätze zur Frage der Entwicklung auf verschiedenen interaktiven Ebenen wie der Meme (z.B. Heylighen 1992), der sozialen Systeme (z.B. Campbell 1969a) oder auch des Ökosystems (z.B. Hawley 1968) an. Insbesondere die moderne Populationsökologie zieht mehrere interaktive Ebenen zur Erklärung der Evolution in Betracht (für einen guten Überblick siehe Baum & Singh 1994).

In der evolutionären Perspektive der „theory of the firm" (für einen guten Überblick vgl. Knudsen 1995) werden häufig die Ebene der Routinen (z.B. Nelson & Winter 1982), die Unternehmungsebene (z.B. Penrose 1995) und die Branchenebene (z.B. Nelson 1995) angesprochen, auf welchen sich eine Evolution vollziehen kann. Dabei wird mehrheitlich die organisationale Sichtweise angewendet. Die individualistische Sichtweise kommt demgegenüber vor allem unter dem Einfluss von Schumpeter (1993), der dem Unternehmer eine zentrale Stellung in der ökonomischen Evolution zuordnet, zum Tragen. Auch Penrose (1995) misst der individuellen Sichtweise aufgrund des spezifischen Wissens der Manager grosse Bedeutung zu.

Aus der Mehrebenenforschung in der Biologie, der Ökonomie und den Sozialwissenschaften leiten wir nun folgende allgemeine Erkenntnisse ab:

Es ist ein generelles evolutionäres Prinzip, dass sich Systeme stets auf mehreren Ebenen entwickeln. Diese Ebenen sind durch vielfältige Kausalitäten miteinander verbunden, die sowohl die interne wie auch die externe Fitness des Systems, gemessen an verschiedenen Erfolgskriterien, beeinflussen.

Spezielle Thesen zum Mehrebenenphänomen bei der strategischen Evolution von Unternehmungen lassen sich entwickeln, wenn die Erkenntnis-, Handlungs- und Urteilskomptenz nach Kant in die Analyse miteinbezogen wird. In der Perspektive der Erkenntnis-, Handlungs- und Urteilskompetenz können folgende speziellen Thesen bezüglich des Mehrebenenphänomens beim strategischen Wandel von Unternehmungen hergeleitet werden (für eine detaillierte Darstellung siehe Sachs 2000):

These 1:
Im Zuge der Evolution einer Unternehmung vollzieht sich strategischer Wandel auf fünf interaktiven Ebenen: auf drei internen Ebenen, nämlich der Meme-,[5] der Geschäfts- und der Unternehmungsebene, und auf zwei externen Ebenen, nämlich der Allianz- und der Gesellschaftsebene.

These 1a:
In einer langfristigen Sicht kann sich die relative Bedeutung der verschiedenen Ebenen bei der strategischen Evolution einer Unternehmung verändern. Grundsätzlich ist aber die Dominanz der Kernwerte (Meme) offensichtlich. Weiter wird auch die speziell enge Vernetzung der unternehmerischen mit der gesellschaftlichen Evolution sichtbar.

These 1b:
Aufgrund der interaktiven Verknüpfung der ökonomischen und der gesellschaftlichen Evolution muss die Fitness einer Unternehmung sowohl aufgrund ökonomischer wie auch gesellschaftlicher Performancekriterien beurteilt werden. Beide Kriterien-Kategorien leiten das Handeln der Manager hinsichtlich einer erfolgreichen strategischen Evolution auf allen fünf Ebenen.

These 1c:
Je mehr das Management die fünf interaktiven Ebenen der Evolution und die Interaktionen zwischen den Evolutionsarten bewusst in sein Handeln einbezieht und aktiv nutzt, umso höher wird die unternehmerische Fitness und damit die Chance für eine erfolgreiche strategische Evolution im Wettbewerb sein.

These 2:
Die Rolle der Unternehmung und damit auch die Verantwortlichkeit des Managements besteht u.a. auch darin, innerhalb und zwischen den verschiedenen Ebenen der unternehmerischen Evolution sowie zwischen der unternehmerischen und den anderen Evolutionsarten zu vermitteln (Mediatorenfunktion). Dabei ist die Interaktion zwischen der unternehmerischen und gesellschaftlichen Evolution aufgrund der zum Teil identischen Ebenen speziell relevant.

D. Schlussbetrachtungen

- Basierend auf der Evolutionstheorie als Metatheorie, der evolutionären Erkenntnistheorie und den Rationalitätsprinzipien von Kant kann eine Argumentation entwickelt werden, welche die Ableitung von allgemeinen evolutionären Prinzipien theoretisch abstützt.
- Der strategische Wandel von Unternehmungen, so wie er in der Realität als Mehrebenenphänomen beobachtbar ist, kann mit den evolutionären Prinzipien adäquater erfasst werden, als dies in der Strategietheorie bisher geschah. Die vorliegende Analyse bildet also einen Baustein zur Weiterentwicklung der Strategietheorie.
- Die aus den theoretischen Erwägungen resultierenden Thesen eröffnen ein neues Feld für empirische Untersuchungen zum strategischen Wandel von Unternehmungen.
- Das Konzept des evolutionären Wandels auf mehreren interaktiven Ebenen kann auch als Framework für das strategische Management in der Praxis betrachtet werden. Es zeigt dem Management neue Handlungsspielräume bei der absichtsvollen Strategiegestaltung auf und weist auf neue Aktionsmöglichkeiten zur Beeinflussung des strategischen Erfolges hin.

Anmerkungen

* Die ausführliche Fassung kann als pdf-File unter folgender URL heruntergeladen werden: http://www.unizh.ch/ifbf/webfachr/literatur/StrategWandel.pdf.
1 Für eine Anwendung des evolutionären Denkens in der Organisationstheorie vgl. z.B. Kieser 1989, zu Knyphausen 1988, Kirsch 1992, Probst 1987.
2 Wir schliessen uns dabei der Definition des *Lexikons zur Soziologie* (Fuchs et al 1978, S. 498, Punkt 2) an: „Bezeichnung für übergreifende, allgemeinste Theorien, die ein Bild der Welt oder von Gesellschaft entwerfen wollen".
3 Vergleiche dazu insbesondere Wuketits (1987), der diese Thematik historisch aufarbeitet. Kritisch äussert sich dazu Lütterfelds (1982).
4 Meme sind Ideen oder Kommunikationsmuster, die wie Gene quasi immortal sind.

Literatur

Baum, J. A. C. und Singh, J. V. (Hrsg.) (1994): Evolutionary dynamics of organizations. New York 1994.
Campbell, D. T. (1969a): Reforms as experiments. In: American Psychologist, 24 (1969a) April, S. 409–429.
Campbell, D. T. (1969b): Variation and selective retention in socio-cultural evolution. In: General Systems, 14 (1969b), S. 69–85.
Dawinks, R. (1987): Der blinde Uhrmacher – Ein neues Plädoyer für den Darwinismus. München 1987.
Dawkins, R. (1989): The selfish gene. Oxford 1989.
Dawkins, R. (1994): Das egoistische Gen. 2. Aufl., Heidelberg 1994.

Eldredge, N. (1995): Reinventing Darwin – The great debate at the high table of evolutionary theory. New York 1995.
Eldredge, N. und Grene, M. (1992): Interactions – The biological context of social systems. New York 1992.
Fombrun, C. J. (1994): Taking on strategy, 1–2–3. In: Baum, J. A. C. und Singh, J. V. (Hrsg.): Evolutionary dynamics of organizations. New York 1994, S. 199–204.
Hatch, M. J. (1997): Organization theory – Modern, symbolic, and postmodern perspectives. New York 1997.
Hawley, A. H. (1968): Human ecology. In: Sills, D. L. (Hrsg.): International enzyclopedia of the social sciences. New York 1968, S. 328–337.
Heylighen, F. (1992): Selfish' memes and the evolution of cooperation. In: Journal of Ideas, 2(1992)4, S. 77–84.
House, R. J., Rousseau, D. M. und Thomas-Hunt, M. (1995): The MESO paradigm – A framework for the integration of micro and macro organizational behavior. In: Staw, B. M. und Cummings, L. L. (Hrsg.): Research in organizational behavior. Greenwich, CT 1995, S. 71–114.
Kant, I. (1930): Kritik der reinen Vernunft. 14. Aufl., Leipzig 1930.
Kant, I. (1994): Kritik der Urteilskraft. 13. Aufl., Frankfurt a. M. 1994.
Kant, I. (1995): Kritik der praktischen Vernunft. Stuttgart 1995.
Kieser, A. (1989): Entstehung und Wandel von Organisationen – Ein evolutionstheoretisches Konzept. In: Bauer, L. und Matis, H. (Hrsg.): Evolution–Organisation–Management – Zur Entwicklung und Selbststeuerung komplexer Systeme. Berlin 1989, S. 161–190.
Kirsch, W. (1992): Kommunikatives Handeln, Autopoiese, Rationalität – Sondierungen zur einer evolutionären Führungslehre. München 1992.
Klein, K. J., Dansereau, F. und Hall, R. J. (1994): Level issues in theory development, data collection, and analysis. In: Academy of Management Journal, 19(1994)2, S. 195–229.
Klein, K. J., Tosi, H. und Canella JR., A. A. (1999): Multilevel theory building – Benefits, barriers, and new developments. In: Academy of Management Review, 24(1999)2, S. 243–248.
Knudsen, C. (1995): Theories of the firm, strategic management, and leadership. In: Montgomery, C. A. (Hrsg.): Resource-based and evolutionary theories of the firm. Boston, MA 1995, S. 179–217.
Lütterfelds, W. (1982): Kants Kausalkategorie – Ein stammesgeschichtliches Aposteriori? In: Philosophia Naturalis, 19 (1982)1+2, S. 104–124.
Maturana, H. R. und Varela, F. J. (1987): The tree of knowledge – Biological roots of human understanding. Boston 1987.
Maynard Smith, J. (1989): Evolutionary genetics. Oxford, New York, Tokyo 1989.
Nelson, R. R. (1995): Recent evolutionary theorizing about economic change. In: Journal of Economic Literature, 33 (1995)1, S. 48–90.
Nelson, R. R. und Winter, S. G. (1982): An evolutionary theory of economic change. Cambridge, MA 1982.
Noda, T. und Bower, J. L. (1996): Strategy making as iterated processes of resource allocation. In: Strategic Management Journal, 17 (1996)Special Issue Summer, S. 159–192.
Penrose, E. T. (1995): The theory of the growth of the firm. 3. Aufl., Oxford 1995.
Porter, M. E. (1985): Wettbewerbsstrategie (Competitive strategy). 3. Aufl., Frankfurt a. M. 1985.
Probst, G. J. B. (1987): Selbst-Organisation – Ordnungsprozesse in sozialen Systemen aus ganzheitlicher Sicht. Berlin, Hamburg 1987.
Rühli, E. und Sachs, S. (1999): Case study. The Novartis mega-merger: an intra-organized evolutionary perspective. In: Strategic Change, 8, S. 217–226.
Schneider, D. (1996): Biologische Vorbilder für eine evolutorische Theorie der Unternehmung? In: Zeitschrift für betriebswirtschaftliche Forschung, 48 (1996)12, S. 1098–1114.
Schumpeter, J. A. (1993): Kapitalismus, Sozialismus und Demokratie. 7. Aufl., Tübingen 1993.
Sachs, S. (2000): Die Rolle der Unternehmung in ihrer Interaktion mit der Gesellschaft. Bern, Stuttgart, Wien 2000.
Wieser, W. (Hrsg.) (1994): Die Evolution der Evolutionstheorie – Von Darwin zur DNA. Heidelberg 1994.
Wuketits, F. M. (1987): Hat die Biologie Kant missverstanden? Evolutionäre Erkenntnistheorie und „Kantianismus". In: Lütterfelds, W. (Hrsg.): Transzendentale oder evolutionäre Erkenntnistheorie? Darmstadt 1987, S. 33–50.

Strategischer Wandel auf mehreren Ebenen im Lichte evolutionärer Prinzipien

Zusammenfassung

Aus den natur- und sozialwissenschaftlichen Evolutionstheorien lässt sich ein allgemeines Prinzip des Wandels von Systemen auf mehreren interaktiven Ebenen herleiten. Es liefert grundlegende Erkenntnisse zum strategischen Wandel von Unternehmungen, der sich auf drei internen Ebenen, nämlich der Meme-, der Geschäfts- und der Unternehmungsebene, sowie auf zwei externen Ebenen, nämlich der Allianz- und der Gesellschaftsebene vollzieht. Es lässt sich das Argument herleiten, dass ein bewusstes Management des strategischen Wandels auf den 5 interaktiven Ebenen Chancen für ein erfolgreiches strategisches Handeln eröffnen.

Summary

Based on the evolutionary theories of the nature and social sciences, a general principle of a system's changes, occuring on several interactive levels, can be deduced. It yields fundamental insights on the strategic change of corporations which occurs on three internal levels – these being the meme, the business and the corporate level – as well as on two external levels which are the alliance and the societal level. One can argue that a conscious management of strategic change on these 5 interactive levels opens chances for successful strategic action.

21: *Unternehmensführung (JEL M19)*
11: *Methodologische Fragen (JEL M20)*

Neu bei Gabler

Volker H. Peemöller
Bilanzanalyse und Bilanzpolitik
Einführung in die Grundlagen
2., vollst. überarb. u. erw. Aufl.
2001. XXII, 415 S.
Br. ca. € 34,00
ISBN 3-409-23534-5

Kurz und einprägsam werden die zentralen Kenntnisse und Instrumente zur Aufbereitung von Bilanzen und zur Ableitung von Konsequenzen für die wirtschaftliche Perspektive des Unternehmens vermittelt. Kernstück des Buches ist die Arbeit mit Kennzahlen, ihre Bildung, Einsatzweise und Verarbeitung. Mit der zweiten Auflage befindet sich dieses grundlegende Lehrbuch wieder auf dem neuesten Stand.

Klaus Homann
Kommunales Rechnungswesen
Buchführung, Kostenrechnung und Wirtschaftlichkeitsrechnung
2001. XII, 356 S.
Br. € 27,00
ISBN 3-409-11678-8

Auch im kommunalen Bereich wird heute ve stärkt auf betriebswirtschaftliche Erkenntnis zurückgegriffen. Dabei kommt dem kommuna Rechnungswesen eine zentrale Bedeutung z Didaktisch gut aufbereitet und praxisgerecht stellt der Autor Buchführungssysteme, Koste rechnungsarten und Methoden der Wirtscha lichkeitsrechnung vor.

Bestellung

Fax: 06 11.78 78 -420

Ja, ich bestelle:

Volker H. Peemöller
____ Expl. **Bilanzanalyse und Bilanzpolitik**
Br. ca. € 34,00
ISBN 3-409-23534-5

Klaus Homann
____ Expl. **Kommunales Rechnungswesen**
Br. € 27,00
ISBN 3-409-11678-8

Vorname und Name

Straße (bitte kein Postfach)

PLZ, Ort

Unterschrift

321 01 006 **GABLE**

Änderungen vorbehalten. Erhältlich beim Buchhandel oder beim Verlag. Abraham-Lincoln-Str. 46, 65189 Wiesbaden, Tel.: 06 11.78 78-124, www.gabler

Evolution von Institutionen und Management des Wandels

Von Arnold Picot und Marina Fiedler*

Überblick

- Ziel des vorliegenden Beitrags ist es, Bedingungen zu identifizieren, die helfen zu beurteilen, wann Fremd- und Selbstorganisation jeweils effizient sind. Anders ausgedrückt: „Wann ist für die Gestaltung des Wandels ein Eingriff durch das Management wirksam?"

- Wandel bezieht sich vor allem auf die Veränderung von Institutionen. Daher wird zunächst ein Überblick über Theorien der Entstehung und des Wandels von Institutionen gegeben.

- Es zeigt sich, dass der Eingriff durch das Management dann sinnvoll ist, wenn die Verteilung des relevanten Wissens konzentriert und explizit, die Machtverteilung unipolar, die Präferenzstrukturen anspruchslos, die Interessen konfligierend, der Wandel sich auf formgebundene, sekundäre Institutionen hinsichtlich einzelner Akteure mit kalkulierbarem Nettonutzen bezieht.

- Es ist allerdings festzustellen, dass zunehmend Verhältnisse existieren, in denen formlose Institutionen, verteiltes Wissen, multipolare Machtverhältnisse und Institutionenbildung auf Gesamtsystemebene der Akteure vorherrschen. Dies spricht für eine starke Tendenz zur Selbstorganisation. Andererseits sind zugleich konfligierende Interessen und ein häufig nicht abzuschätzender Nettonutzen des Wandels Indikatoren für den Bedarf nach Fremdorganisationsmaßnahmen. Ein wirksames Management des Wandels muss demnach Fremd- mit Selbstorganisationsmaßnahmen kombinieren – was eine besonders schwierige Führungsherausforderung darstellt.

Eingegangen: 16. Oktober 2001

Prof. Dr. Dr. h.c. Arnold Picot, Universität München, Institut für Organisation, Seminare für Betriebswirtschaftliche Informations- und Kommunikationsforschung, Ludwigstr. 28, 80339 München.
Dipl.-Kffr. Marina Fiedler, Universität München, Seminar für Betriebswirtschaftliche Informations- und Kommunikationsforschung.

© Gabler-Verlag 2002

Arnold Picot und Marina Fiedler

A. Institutionen und Wandel zwischen Fremd- und Selbstorganisation

In einer Welt unvollkommener Information und begrenzter Rationalität haben die vielfältigen Erscheinungsformen von Institutionen eine nicht zu unterschätzende Bedeutung für das reibungsarme Funktionieren von Arbeitsteilung und Wertschöpfung. Neue Entwicklungen, wie beispielsweise die Digitalisierung, erzwingen jedoch die Überwindung herkömmlicher Institutionen, wie die der papiergebundenen Dokumentenkultur und bestehender Organisationsstrukturen. Die Betrachtung unterschiedlicher Erklärungsansätze zur Institutionenentstehung und -wandlung liefert wichtige Hinweise für das Management des Wandels von Organisationen. Denn ebenso wie die Erklärung zur Institutionenentstehung und -veränderung zwischen bewusster Planung und spontaner Selbstentstehung aufgrund endogener oder exogener Kräfte variiert, bewegen sich die Theorien des Wandels vor dem Hintergrund des Verhältnisses zwischen manipulierbaren versus unbeeinflussbaren Kräften[1], also im Spannungsfeld zwischen Fremd- und Selbstorganisation. Das Management des Wandels lässt sich demnach als Befassung mit der Veränderung von Institutionen auffassen.

Selbst- und Fremdorganisation wird hier im Zusammenhang mit der Möglichkeit zur Steuerung durch Umwelt und Akteure wie etwa die Führungskraft betrachtet. Demnach zeichnet sich Fremdorganisation durch die Möglichkeit zur gezielten Einflussnahme durch Umwelt und Akteure[2] aus, während Selbstorganisation diese gezielte Steuerung als nicht möglich ansieht.[3] Im Folgenden wird unter Fremdorganisation die Konzentration der Veränderungsrechte bei den Initiatoren der Veränderung verstanden, während Selbstorganisation die vollständige Diffusion der Veränderungsrechte unter den Systemmitgliedern bedeutet. Die Veränderungsrechte lassen sich hierbei in sechs Entscheidungs- und Handlungsrechte differenzieren: Recht zur Problemdefinition und Zielsetzung, Recht zur Ausarbeitung einer Lösung, Recht zur Entscheidung, Recht zur Umsetzung der gewählten Veränderungslösung, Recht zur Kontrolle sowie Recht bzw. Pflicht der Nutzung der Veränderung.[4]

Betrachtet man die unternehmerische Praxis so kann sowohl die Fremd- als auch die Selbstorganisation unter bestimmten Bedingungen sehr sinnvoll und effizient sein. Die weltweite Verbreitung von Standards[5] wie MS-DOS und VHS, die Entwicklung und Implementierung der divisionalen Organisationsstruktur bei *DuPont* und des Fließbands bei *Ford* sind Beispiele für die Wirksamkeit der bewussten Planung und Steuerung von Akteuren. Dagegen stehen erfolgreiche Selbstorganisationsbeispiele wie die Ausbreitung des E-Commerce, des World Wide Web sowie des Internetprotokolls TCP/IP. Gezielte Einflussnahme und Steuerung wäre hier kaum möglich, geschweige denn Erfolg versprechend gewesen.

<u>Ziel des vorliegenden Beitrags ist es deshalb, Bedingungen zu identifizieren, die helfen zu beurteilen, wann Fremd- und Selbstorganisation jeweils effizient sind. Oder anders ausgedrückt ist das Ziel die Beantwortung der Frage: „Wann ist ein Eingriff durch das Management wirksam?"</u>

Von Hayek gibt einen ersten Hinweis darauf, dass Fremd- und Selbstorganisation über die unterschiedlichen *Betrachtungsebenen* vereinbar sind. So hängt der Gewinn des Akteurs auch von seiner Fähigkeit zur bewussten Planung ab. Die Organisation des Gesamtsystems aller Akteure erfolgt dagegen ungeplant und selbstorganisierend.[6]

B. Entstehung und Veränderung von Institutionen

Mit dem Begriff der Institution werden sowohl Normen bzw. Regeln[7] als auch korporative Gebilde[8] verbunden.[9] Gemeinsam ist ihnen, dass es sich dabei um sanktionierbare Erwartungen handelt, die sich auf die Verhaltensweisen eines oder mehrerer Individuen beziehen.[10] Übereinkunft besteht auch darin, dass Institutionen als Rationalitätssurrogate für beschränkt rational agierende Akteure dienen, indem sie rationales Verhalten definieren, formen und unterstützen.[11] Dabei können sie sowohl überwachungsbedürftig als auch selbsterhaltend[12], formlos als auch formgebunden[13], bewusst geschaffen oder evolutionär entstehend, von fundamentalem als auch sekundärem Charakter[14], von niedrigem als auch hohem Nettonutzen sein. Die Wirksamkeit eines Eingriffs durch das Management, also der Grad an Fremd- oder Selbstorganisation, hängt so vor allem auch von der Ausgestaltung der Institution ab. Insbesondere die *Stellung* innerhalb des *Institutionengefüges* erscheint für die vorliegende Fragestellung von Interesse. Übergeordnete Institutionen grenzen die Gestaltungsmöglichkeiten der jeweils untergeordneten Institutionen ein. Das Arbeitsrecht legt z.B. die Rahmenbedingungen für die Ausgestaltung einzelner Arbeitsverträge fest; die Arbeitsverträge bilden Eckdaten, die bei der Gestaltung der Arbeitsprozesse zu beachten sind. Andererseits muss sich die Arbeitsgesetzgebung wiederum an übergeordneten Institutionen, wie etwa den allgemein anerkannten Grundrechten, orientieren.[15] Je weiter oben man auf der Institutionenhierarchie agiert, desto größer sind der Gestaltungsspielraum und die damit verbundenen möglichen direkten und indirekten Folgen bzw. desto geringer ist die Überschaubarkeit. Spätestens auf der höchsten Ebene, der Ebene der fundamentalen Institutionen, ist die menschliche Rationalitätsgrenze überschritten, da die hierfür notwendige Rationalität zur Folgenabschätzung annähernd unendlich groß ist.[16] Auf dieser Ebene bleibt also kaum eine Alternative zur Diffusion der Veränderungsrechte unter den Systemmitgliedern.

In den Gesellschaftswissenschaften finden sich zahlreiche Erklärungsversuche zur Entstehung und Veränderung von Institutionen, die alle zu beschreiben den Rahmen dieses Beitrags sprengen würde.[17] Stattdessen soll hier eine grobe Klassifikation nach Art (geplant oder ungeplant) sowie Ursache (aufgrund innerer oder äußerer Kräfte) der Institutionenentstehung und -veränderung zunächst als Orientierung dienen, um dann diejenigen Ansätze herauszugreifen, die hilfreich in Bezug auf die Beantwortung der Frage nach wirksamen Managementeingriff erscheinen (vgl. Abb. 1).

Zieht man als weiteres Klassifikationskriterium die Erklärungsebene der Institutionenentstehung und -veränderung heran, dann reduzieren sich die für die hier vorliegende Thematik in Frage kommenden Ansätze auf die individualistisch-kontrakttheoretischen[18], individualistisch-evolutionistischen[19] sowie integrierenden Ansätze[20]. Im Gegensatz zu den strukturell-funktionalistischen[21], autopoietisch-systemtheoretischen[22] sowie marxistischen Ansätzen,[23] die die Entstehung und Veränderung von Institutionen ausschließlich aus der Rationalität des Kollektivs heraus erklären und einen Managementeingriff somit vom Ansatz her ausschließen, gehen erstere davon aus, dass alle sozialen Phänomene auf individuelle Handlungen zurückzuführen sind. Damit ist eine Annäherung an die eingangs gestellte Frage durch die Diskussion dieser Ansätze zu erwarten. Sie sollen deshalb im Folgenden herangezogen werden, um die Entstehung und Veränderung von Institutionen näher zu beleuchten.

Abb. 1: Ansätze und Hauptideengeber der Institutionenentstehung und -veränderung

	Art der Institutionenentstehung/-veränderung	
	ungeplant	**geplant**
innerer Kräfte	**Individualistisch-Evolutionistische Ansätze** (Entstehung) (*Mandeville, Hume, Ferguson, Smith, von Hayek, Alchian*) **Autopoietisch-Systemtheoretische Ansätze** (*Luhmann*)	**Individualistisch-Kontrakttheoretische Ansätze** (*Hobbes, Locke, Rousseau, Habermas, Apel, Ulrich*)
Ursachen der Institutionenentstehung/-veränderung aufgrund		**Integrierende Ansätze** (*Buchanan, Brennan/Buchanan, Williamson, Dietl, North, Wolff*)
äußerer Kräfte	**Strukturell-Funktionalistische Ansätze** (*Hobbes, Parsons, Radcliffe-Brown, Malinowski*) **Individualistisch-Evolutionistische Ansätze** (Veränderung) (*Mandeville, Hume, Ferguson, Smith, von Hayek, Alchian*) **Marxistische Ansätze** (*Marx, Engels*)	
	⇩ Selbstorganisation	⇩ Fremdorganisation

I. Die individualistisch-kontrakttheoretischen Ansätze

Ihren Ursprung haben die individualistisch-kontrakttheoretischen Ansätze in der von den politischen Philosophen *Hobbes* (1651), *Locke* (1690) und *Rousseau* (1762) vertretenen Naturrechtstradition. Aufgrund der hier geltenden Grundannahme, dass Menschen von Natur aus anarchisch zusammenleben, besteht die Gefahr des Kriegs Aller gegen Alle. Die Individuen kommen so von innen heraus (mittels herrschaftsfreier Wahlen) zu der rationalen Einsicht, dass die Beachtung gemeinsamer, bewusst geplanter Regeln im Interesse jedes Einzelnen ist. Institutionen sind demnach gestaltbar und entstehen überall dort, wo sie einen *positiven Nettonutzen* erwarten lassen und das im *Interesse der Akteure* ist. Dies bedeutet allerdings auch, dass bei Existenz eines hohen Grades an konfligierenden Interessen unter den Akteuren die Bereitschaft zu dieser freiwilligen Selbstbeschränkung eher niedrig und dadurch der erforderliche Planungs- respektive Fremdorganisationsgrad hoch ist. Umgekehrt fördert ein hohes Maß an einheitlichen Interessen natürlich die Beachtung gemeinsamer Regeln und spricht so für Selbstorganisation. Auch *von Hayek* stellt in diesem Zusammenhang fest: „Einige solcher Regeln (...) befolgen sie spontan. (...) Aber es gibt noch andere, zu deren Befolgung sie gezwungen werden müssen, weil die Gesamtordnung, von denen der Erfolg ihrer Handlungen abhängt, sich nur dann bildet, wenn diese Regeln allgemein befolgt werden, obwohl es im Interesse jedes Einzelnen wäre, sie zu übertreten."[24]

II. Die individualistisch-evolutionistischen Ansätze

Als kritische Antwort auf die Annahme der rationalen, geplanten Übereinkunft zur Entstehung und Veränderung von Institutionen wurden die individualistisch-evolutionistischen Ansätze entwickelt. Im Gegensatz zu den Vertragstheoretikern sahen *Mandeville*, *Hume*, *Ferguson* und *Smith* Institutionen weniger als kalkulierbares Resultat menschlicher Interessen, sondern als ungeplantes Ergebnis individueller Handlungen.[25] Sie entstehen vor allem aufgrund innerer Kräfte als Nebenprodukt bei der Verwirklichung individueller Interessen und können demnach nicht als Ausdruck menschlicher Vernunft begriffen werden. Diese ungeplant entstandenen Institutionen unterliegen nach *von Hayek* einem zweifachen Entwicklungsprozess, der von ihm als Zwillingsidee von Evolution und spontaner Ordnung beschrieben wird.[26] Zum einen gehen sie als unbeabsichtigtes Ergebnis aus einer Reihe weitgehend eigenständiger Handlungen der Gesellschaftsmitglieder hervor, zum anderen sind sie einem sozialen Evolutionsprozess unterworfen, in dessen Verlauf erfolgreiche Institutionen von anderen Gemeinschaften nachgeahmt, unzweckmäßige jedoch fallen gelassen werden.[27] Die aus einem derartigen Wettbewerbsprozess hervorgegangenen Institutionen weisen ein hohes Maß an Effizienz auf. Sie verkörpern mehr Wissen als sich irgendein Planungskomitee je aneignen könnte. *Von Hayek* zweifelt deshalb an der Möglichkeit, verstandesgemäß Regeln zu konstruieren, die ihrem Zweck besser dienen als jene, die sich allmählich herausgebildet haben. Dies gilt umso mehr, je verteilter das für den Wandel erforderliche *Wissen* ist. Je konzentrierter und expliziter das relevante Wissen dagegen vorliegt, umso eher ist von einer bewussten Planung und Steuerungsmöglichkeit auszugehen.

Damit dieser evolutionäre Prozess der Institutionenentstehung und -veränderung allerdings überhaupt erst in Gang kommt, ist ein Markt notwendig, auf dem die Akteure sich für die effizienteste Regel entscheiden können. Je weiter man sich allerdings von informellen Regeln, die eine allmähliche und versuchsweise Änderung erlauben, entfernt und zu formellen Regeln übergeht, die einer Gruppe als Ganzes auferlegt werden, desto unwahrscheinlicher ist die Idee des Marktes.[28] Auch *North* weist darauf hin, dass die Entstehung und Änderung von Institutionen davon abhängt, wie verhaftet *formlose* Beschränkungen in der jeweiligen Gesellschaft sind. Im Unterschied zu *formgebundenen* Regeln, die infolge von politischen oder gerichtlichen Entscheidungen über Nacht geändert werden können, sind formlose Beschränkungen, wie sie in Sitten und Gebräuchen, Überlieferungen und Gepflogenheiten verkörpert sind, durch eine vorsätzliche Politik viel weniger leicht zu beeinflussen[29] und somit eher der Selbstorganisation der Akteure zu überlassen.

III. Die integrierenden Ansätze

Eine Verbindung zwischen individualistisch-kontrakttheoretischen sowie individualistisch-evolutionistischen Ansätzen wird bei den integrierenden Ansätzen versucht. Hierunter fallen der Public-Choice-Ansatz, die Transaktionskostentheorie und die Property-Rights-Theorie als Ansätze der Neuen Institutionenökonomik. Gemäß dem Public-Choice-Ansatz entziehen sich institutionelle Strukturen, die auf Regeln basieren, die aus einem sozialen Entwicklungsprozess hervorgegangen sind, einer rationalen Gestaltung. Die übrigen Institutionen können hingegen unter Beachtung der abstrakten Regeln zum Gegenstand gezielter Planung gemacht werden. Der Property-Rights-Theorie entsprechend, ist die Voraussetzung für die Entstehung oder den Wandel von Institutionen überall dort gegeben, wo relativ hohen externen Effekten vergleichsweise niedrige Transaktionskosten der Definition und Durchsetzung von Rechten gegenüberstehen bzw., dort wo ein *positiver Nettonutzen* der neuen respektive veränderten Institution zu erwarten ist. Institutionen entstehen demnach überall dort, wo die Beteiligten durch die Schaffung von Institutionen und ihrer Beachtung zu einem für alle höheren Nutzenniveau gelangen als bei nicht durch Institutionen organisiertem Verhalten. Es wird davon ausgegangen, dass aus den zahlreichen Ansätzen neuer Property-Rights Strukturen, die mehr oder weniger unbeabsichtigt durch individuelle Handlungen nutzenmaximierender Wirtschaftsteilnehmer hervorgebracht werden (Variation), sich die durchsetzt, die ökonomisch am effizientesten ist (Selektion) und durch Nachahmung verbreitet wird (Retention). Dabei kann das Effizienzkriterium Verhältnis von Transaktionskosten zu externen Effekten sowohl als Rationalitäts- als auch als Selektionskriterium interpretiert werden. So können Property-Rights Strukturen einerseits als geplantes Resultat eines ökonomischen Kalküls und zum anderen als unbeabsichtigtes Ergebnis langfristiger Evolutionsprozesse angesehen werden und sind damit im gewählten Klassifikationsschema (Abb. 1) mittig einzuordnen. Vor dem Hintergrund der Property-Rights-Theorie sowie der Wandlungsthematik ist das Forschungsprojekt „Anreiz zu Wandel"[30] durchgeführt worden. Dabei hat sich gezeigt, dass neben den hier identifizierten Effizienzbedingungen, die personellen Kontextfaktoren *Präferenzstrukturen* und *Macht* von hoher Bedeutung für ein erfolgreiches Change Management sind. So spricht das Vorliegen einer multipolaren Machtstruktur sowie anspruchsvoller Präferenzen der Mitarbeiter für einen höheren Grad der Selbstorganisation, da sonst mit breitem und massivem Widerstand der direkt betroffenen Mitarbeiter zu rechnen ist.[31] Ist die Macht dagegen eher unipolar beim veränderungsinitiierenden Akteur angesiedelt und die Präferenzen der Individuen eher anspruchsloser Art, dann ist ein planvoller Eingriff wirksam.

C. Synopse

Ausgangspunkt des Beitrags war die Frage: „Wann ist ein Eingriff durch das Management wirksam?". Die bisherigen Ausführungen haben gezeigt, dass für die Beantwortung der Frage nach Bedingungen für den wirksamen Managementeingriff vor allem die Betrachtung von „Institution" und „Akteur" wichtig ist. Dabei lassen sich aus den individualistisch-kontrakttheoretischen, individualistisch-evolutionistischen sowie integrierenden Ansätzen der Institutionenentstehung und -veränderung Effizienzbedingungen für den Einsatz von Fremd- oder Selbstorganisation ableiten. Relevant erscheinen in Bezug auf den Akteur die Verteilung des Wissens und der Macht, die Präferenzstrukturen, die Interessen sowie die Betrachtungsebene. Bei der Institution ist der erwartete Nettonutzen, die Institutionenebene als auch der Grad der Formgebundenheit von Bedeutung (vgl. Abb. 2).

Abb. 2: Effizienzbedingungen der Fremd- und Selbstorganisation

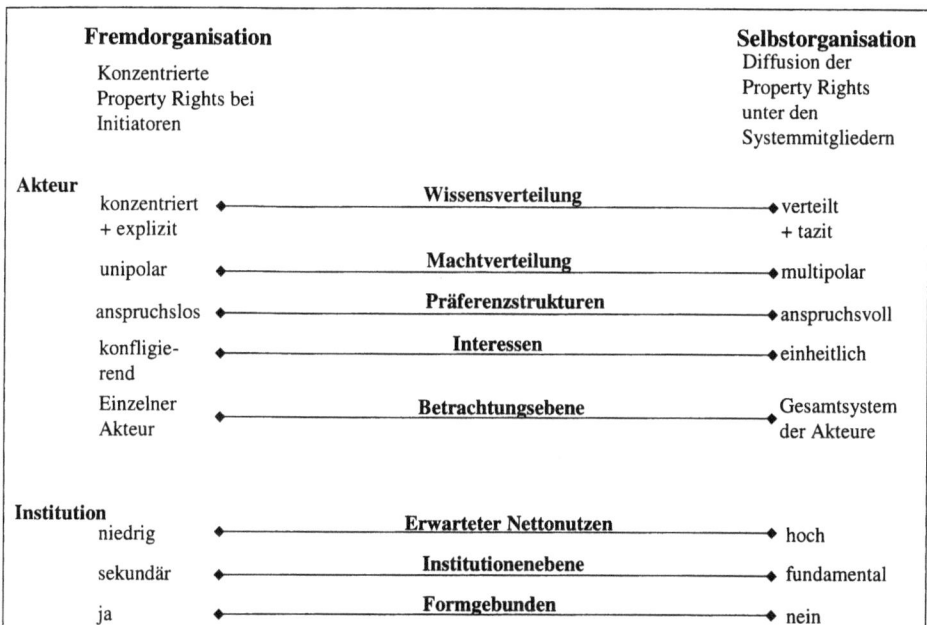

Der Eingriff durch das Management ist demnach dann sinnvoll, wenn die Verteilung des Wissens über den Wandel konzentriert und explizit, die Machtverteilung unipolar, die Präferenzstrukturen anspruchslos, die Interessen konfligierend und die Betrachtungsebene die des einzelnen Akteurs ist. In Bezug auf die Institution ist Fremdorganisation dann geeignet, wenn der von der Institution zu erwartende Nettonutzen niedrig, die Institutionenebene sekundär und die Institution formgebunden ist.

Dabei ist festzustellen, dass zunehmend Verhältnisse existieren, in denen formlose Institutionen, verteiltes Wissen, multipolare Machtverhältnisse und Institutionenbildung auf Gesamtsystemebene vorliegen. Dies spricht für eine starke Tendenz zur Selbstorganisation. Andererseits sind konfligierende Interessen und ein häufig nicht abzuschätzender Nettonutzen Indikatoren für den Bedarf nach Fremdorganisationsmaßnahmen. Ein wirksames Management des Wandels muss demnach Fremd- mit Selbstorganisationsmaßnahmen kombinieren. Die „Kunst" eines solchen Management besteht darin, die evolutionär-selbstorganisatorischen mit den planerisch-fremdorganisatorischen Elementen so zu verknüpfen, dass den jeweiligen Eigenheiten der Situation des Wandels entsprochen wird. Eine wesentliche Rolle spielt hier auch der Wettbewerb. Er unterstützt alle Formen der Veränderung von Institutionen. Oder wie *von Hayek* es ausdrückt:

„*Der Wettbewerb, auf dem der Auswahlprozeß beruht, muß im weitesten Sinn verstanden werden. Er schließt Wettbewerb zwischen organisierten und zwischen unorganisierten Gruppen ebenso ein wie den Wettbewerb zwischen Individuen.*

Ihn im Gegensatz zu Kooperation oder Organisation zu sehen, heißt sein Wesen mißverstehen. Das Bemühen, gewisse Ergebnisse durch Kooperation und Organisation zu erreichen, gehört ebenso zum Wettbewerb wie die Bemühungen der Einzelnen. (...)

Organisation ist daher wohltätig und wirksam, solange sie freiwillig und in eine freie Sphäre eingebettet ist, und wird sich entweder Umständen, die in ihrem Entwurf nicht vorgesehen waren, anpassen müssen, oder zugrunde gehen."[32]

Anmerkungen

* Die Vollversion dieses Artikels erscheint in „Die Betriebswirtschaft" (BBW) 2002.
1 Perich, R., (1993), S. 184 ff.
2 Unter Akteur kann im Folgenden das Individuum, die Gruppe als auch die Organisation verstanden werden. Diese Sichtweise entspringt der Theoriekonstruktion des methodologischen Individualismus (Schumpeter, J., (1908)). Dieser fordert, dass zur Erklärung sozialer Phänomene stets am Verhalten der Individuen angesetzt werden muss, da nur Individuen handeln können, nicht jedoch Institutionen oder Kollektive (z. B. Picot, A./Dietl, H./Franck, E., (1999), S. 37). Auch vermeintlich kollektive Handlungen können nur durch die das Kollektiv repräsentierenden Individuen verwirklicht werden. Diese Annahme impliziert jedoch nicht, dass die betrachteten Akteure als vereinzelte Individuen betrachtet werden (Erlei, M., (1998), S.5).
3 Vgl. dazu auch: Probst, G. J. B., (1992); Knyphausen-Aufsess, D.z., (1995); Kieser, A., (1994))
4 in Anlehnung an Picot, A./Freudenberg, H./Gaßner, W., (1999), S. 98.
5 Vgl. zu Standards Picot, A./Reichwald, R./Rolf, W., (2001), S. 182ff; Besen, S./Saloner, G., (1989), S. 177 ff.
6 Vgl. Hayek, F. A.v., (1994), S. 168 f.
7 Hayek, 1994, S. 177.
8 Simon, H., (1979), S. 501
9 Vanberg, V., (1982), S. 32;
10 Vgl. Picot, A./Dietl, H./Franck, E., (1999), S. 11; Dietl, H., (1993), S. 35 ff.
11 Vgl. Franck, E./Picot, A., (2001). Aber auch Vertreter unbeschränkter Rationalität, wie Eggertsson, T. (1990), erkennen Institutionen als Einflussfaktoren auf menschliches Verhalten an.
12 Vgl. hierzu Hayek, F. A.v., (1994), Kunz, H., (1983) North, D. C., (1992); Ullmann-Margalit, E., (1977).
13 Vgl. North, D. C., (1992), S. 43 ff.
14 Vgl. Dietl, H., (1993); Picot, A./Dietl, H./Franck, E., (1999), S. 11 ff.
15 Vgl. Picot, A./Dietl, H./Franck, E., (1999), S. 12; Dietl, H., (1993), S. 73 ff.
16 Beispiele für fundamentale Institutionen sind Menschenrechte, Grundregeln und -normen, Sprache und Geld. Vgl. dazu auch Picot, A./Dietl, H./Franck, E., (1999), S. 13 f.
17 Vgl. zu einem ausführlichen Überblick Dietl, H., (1993), S. 40 ff.
18 Diese Ansätze haben ihren Ursprung in Hobbes, T., (1965); Locke, J., (1967); Rousseau, J.-J., (1971). Hauptvertreter sind Habermas, J., (1983); Apel, K.-O., (1973); Ulrich, P., (1987).
19 Ideengeber dieser Richtung sind Mandeville, B.d., (1980); Hume, D., (1967); Ferguson, A., (1814); Smith, A., (1789); Alchian, A. A., (1950); Hayek, F. A.v., (1980).
20 Vgl. hierzu Buchanan, J. M., (1984); Brennan, G./Buchanan, J. M., (1985); Williamson, O. E., (1985); North, D. C., (1992a); Wolff, B., (1999); Dietl, H., (1993).
21 Vgl. hierzu Hobbes, T., (1965); Parsons, T., (1951); Radcliffe-Brown, A. R., (1952); Malinowski, B., (1951).
22 Vgl. hierzu den Hauptvertreter Luhmann, N., (1984).
23 Vgl. Marx, K., (1961), S. 8.
24 Hayek, F. A.v., (1980), S. 68.
25 Vgl. Dietl, H., (1993), S. 51.
26 Vgl. Hayek, F. A.v., (1994), S.156.
27 Vgl. Hayek, F. A.v., (1994), S.156.
28 Vgl. Kieser, A., (1994), S.216.
29 Vgl. North, D. C., (1992), S. 43 ff. Vgl. zur Problematik der Veränderung innerbetrieblicher Sitten und Gebräuche Fend, L., (2000), S. 134 ff.

30 Vgl. Picot, A./Freudenberg, H./Gaßner, W., (1999).
31 Vgl. Picot, A./Freudenberg, H./Gaßner, W., (1999), S. 138.
32 Hayek, F. A.v., (1991), S. 46.

Literatur

Alchian, Armen A. (1950): Uncertainity, evolution and economic theory, in: Journal of Political Economy, 58. Jg., 1950, S. 211–221.
Apel, Karl-Otto (1973): Transformation der Philosophie, Band 2: Das Apriori der Kommunikationsgemeinschaft, 1. Aufl., Frankfurt a.M., 1973.
Besen, Stanley; Saloner, Garth (1989): The economics of telecommunications standards, in: Crandall R. W. , F. K. (Hrsg.): Changing the rules: technological change, international competition and regulation in communications, Washington, D. C., S. 177–220, 1989.
Brennan, Geoffrey; Buchanan, James M. (1985): The reasons of rules, Cambridge, 1985.
Buchanan, James M. (1984): Grenzen der Freiheit. Zwischen Anarchie und Leviathan, Erstveröffentlichung 1975, Tübingen, 1984.
Dietl, Helmut (1993): Institutionen und Zeit, Tübingen, 1993.
Eggertsson, Thráinn (1990): Economic Behavior and Institutions, Cambridge, MA., 1990.
Erlei, Mathias (1998): Institutionen, Märkte und Marktphasen: allgemeine Transaktionskostentheorie unter spezieller Berücksichtigung der Entwicklungsphasen von Märkten, Tübingen, 1998.
Fend, Lars (2000): Tiefgreifende Veränderungsprozesse in Handelsunternehmen. Erklärung, Gestaltung und praktische Beispiele, München, 2000.
Ferguson, Adam (1814): An Essay on the History of civil Society, 7. Aufl. (Erstveröffentlichung 1767), Edingburgh, 1814.
Franck, Egon; Picot, Arnold (2001): Organisationsdesign als Bewirtschaftung von Rationalitätslücken – Die Sicht der Institutionenökonomik, in: Thom, N./Zaugg, R. J. (Hrsg.): Excellence durch Personal- und Organisationskompetenz, Bern, Stuttgart, Wien, S. S. 133–156, 2001.
Habermas, Jürgen (1983): Moralbewusstsein und kommunikatives Handeln, 1. Aufl., Frankfurt a. M., 1983.
Hayek, Friedrich A. von (1991): Die Verfassung der Freiheit, 3. A. (Nachdr. der 2. A.), Titel der Originalausgabe (1960): The constitution of liberty, Tübingen, 1991.
Hayek, Friedrich A. von (1980): Recht. Gesetzgebung und Freiheit, Band 1: Regeln und Ordnung (1973), München, 1980.
Hayek, Friedrich A. von (1994): Freiburger Studien: gesammelte Aufsätze, 2. A. (1. Auflage 1969), Tübingen, 1994.
Hobbes, Thomas (1965): Leviathan oder Wesen, Form und Gewalt des kirchlichen und bürgerlichen Staates, Erstveröffentlichung 1651, Reinbek bei Hamburg, 1965.
Hume, David (1967): A treatise of human nature (1739), Oxford, 1967.
Kieser, Alfred (1994): Fremdorganisation, Selbstorganisation und evolutionäres Management, in: Zeitschrift für betriebswirtschaftliche Forschung, 46. Jg., 3/1994, S. 199–228.
Knyphausen-Aufsess, Dodo zu (1995): Theorie der strategischen Unternehmensführung: State of the Art und neue Perspektiven, Wiesbaden, 1995.
Kunz, H (1983): Marktsystem und Information: „Konstitutionelle Unwissenheit" als Quelle von „Ordnung", Tübingen, 1985.
Locke, John (1967): Zwei Abhandlungen über die Regierung, Erstveröffentlichung 1690, Frankfurt a. M., 1967.
Luhmann, Niklas (1984): Soziale Systeme: Grundriss einer allgemeinen Theorie, 1. Aufl., Frankfurt am Main, 1984.
Malinowski, Bronislaw (1951): Kultur und Freiheit, Wien u.a., 1951.
Mandeville, Bernard de (1980): Die Bienenfabel oder Private Laster, öffentliche Vorteile, erstveröffentlicht 1714, Frankfurt a. M., 1980.
Marx, Karl (1961): Zur Kritik der politischen Ökonomie, in: Karl Marx, F. E. (Hrsg.): Marx-Engels Werke, Band 13, Erstauflage 1859, Berlin, S. 3–160, 1961.

North, Douglas C. (1992): Institutionen, institutioneller Wandel und Wirtschaftsleistung, Tübingen, 1992.
Parsons, Talcott (1951): The Social System, Glencoe, IL, 1951.
Perich, Robert (1993): Unternehmungsdynamik, 2, erw. Aufl., Bern, 1993.
Picot, Arnold; Dietl, Helmut; Franck, Egon (1999): Organisation: Eine ökonomische Perspektive, 2. A., Stuttgart, 1999.
Picot, Arnold; Freudenberg, Heino; Gaßner, Winfried (1999): Management von Reorganisationen, Wiesbaden, 1999.
Picot, Arnold; Reichwald, Ralf; Wigand Rolf, (2001): Die Grenzenlose Unternehmung: Information, Organisation und Management, 4. vollständig überarb. und erw. Aufl., Wiesbaden, 2001.
Probst, Gilbert J. B. (1992): Selbstorganisation, in: Frese, E. (Hrsg.): Handwörterbuch der Organisation, 3., völlig neu gestaltete Aufl., Stuttgart, Sp. 2255–2269, 1992.
Radcliffe-Brown, Alfred R. (1952): Structure and function in primitive society : essays and addresses, London, 1952.
Rousseau, Jean-Jacques (1971): Der Gesellschaftsvertrag oder Die Grundsätze des Staatsrechts, Erstveröffentlicht 1762, Stuttgart, 1971.
Schumpeter, Joseph (1908): Das Wesen und der Hauptinhalt der theoretischen Nationalökonomie, Leipzig, 1908.
Simon, Herbert (1979): Rational Decision Making in Business Organizations, in: American Economic Review, 69. Jg., 4/1979, S. 493–513.
Smith, Adam (1789): An inquiry into the nature and causes of the wealth of nations, 5. Aufl., London, 1789.
Ullmann-Margalit, Edna (1977): The emergence of norms, Oxford, GB, 1977.
Ulrich, Peter (1987): Transformation der ökonomischen Vernunft: Fortschrittsperspektiven der modernen Industriegesellschaft (1986), 2. Aufl., Bern u.a., 1987.
Vanberg, Viktor (1982): Markt und Organisation, Tübingen, 1982.
Williamson, Oliver E. (1985): The economic institutions of capitalism: firms, markets, relational contracting, New York, 1985.
Wolff, Birgitta (1999): Anreizkompatible Reorganisation von Unternehmen, Stuttgart, 1999.

Zusammenfassung

Ziel des vorliegenden Beitrags ist es zu untersuchen, wann Fremd- und Selbstorganisation jeweils effizient sind. Die Diskussion unterschiedlicher Erklärungsansätze zur Institutionenentstehung und -veränderung zeigt, dass Verhältnisse, in denen formlose Institutionen, verteiltes Wissen, multipolare Machtverhältnisse und Institutionenbildung auf Gesamtsystemebene vorliegen, für Selbstorganisation sprechen. Anderseits sind konfligierende Interessen und ein häufig nicht abzuschätzender Nettonutzen Indikatoren für den Bedarf nach Fremdorganisationsmaßnahmen. Ein wirksames Management des Wandels muss demnach Fremd- mit Selbstorganisationsmaßnahmen kombinieren. Die „Kunst" eines solchen Management besteht darin, die evolutionär-selbstorganisatorischen mit den planerisch-fremdorganisatorischen Elementen so zu verknüpfen, dass den jeweiligen Eigenheiten der Situation des Wandels entsprochen wird.

Summary

The objective of this article is to identify criteria that help management to decide whether self-organization or planned intervention is the more efficient approach for organizational change. The discussion of different theories of institutional development and –change shows that the following conditions ask for self-organization: formless institutions, widespread knowledge within the organization, multiple sources of power and the aim to change fundamental institutions that impact on the whole system.

On the other hand do conflicting interests and a difficult assessable benefit speak for planned intervention. Therefore an effective management of change has to combine self-organization with planned intervention measures. The "art" of such a management approach is to combine evolutionary-self-organizing elements with planned intervention elements, so that the singularity of the change situation is met.

20: Allgemeine Fragen der Organisationstheorie (JEL M19)

Buchführung ohne Vorkenntnisse

Inhalt:

Buchungen in reinen und speziellen Dienstleistungsunternehmen

Buchungen in einem Produktionsbetrieb

Wechselverkehr und seine Buchungen

Abschlussbuchungen und Hauptabschlussübersicht

Auswirkungen der Euro-Einführung auf die Finanzbuchhaltung

Werner H. Engelhardt / Hans Raffée / Barbara Wischermann

Grundzüge der doppelten Buchhaltung

Mit Aufgaben und Lösungen

5., vollst. überarb. Aufl. 2002. XVIII, 291 S.

Br. € 27,90

ISBN 3-409-50614-4

Dieses Standardwerk macht systematisch mit der doppelten Buchhaltung ve ohne dass buchhalterische Vorkenntnisse erforderlich sind. Zielsetzung ist die V lung der Buchungstechnik vor dem Hintergrund einer Einführung in die theoreti Grundlagen der Buchhaltung und Bilanz. Damit bietet dieses Lehrbuch eine einz ge Synthese von Buchhaltungstechniken mit bilanzanalytischen und bilanzth schen Zusammenhängen. In der 5. Auflage sind Neuerungen im Handels- und S recht eingearbeitet und aktuelle Entwicklungen berücksichtigt worden. Auß wurde die Währungsumstellung auf den Euro sowohl in den Text aufgenomm auch in den Beispielen und Übungsaufgaben umgesetzt. Die Beträge wurden aktuellen Wertdimensionen angepasst.

Die Autoren:

Prof. Dr. Dr. h.c. Werner H. Engelhardt (em.) war Inhaber des Lehrstuhls für wandte Betriebswirtschaftslehre III an der Ruhr-Universität Bochum und ist M des Direktoriums des Instituts für Unternehmungsführung und Unternehme schung an der Ruhr-Universität Bochum.

Prof. Dr. Hans Raffée ist em. Professor für Betriebswirtschaftslehre an der Univ Mannheim. Dr. Barbara Wischermann ist als Oberstudienrätin im Hochschuldien Ruhr-Universität Bochum mit der Ausbildung in den Grundlagen des externen u ternen Rechnungswesens betraut.

Fax: 06 11/78 78.420

Ja, ich bestelle:

Engelhardt / Raffée / Wischermann

___ Expl. **Grundzüge der doppelten Buchhaltung**
Br. € 27,90
ISBN 3-409-50614-4

Vorname und Name

Straße (bitte kein Postfach)

PLZ, Ort

Unterschrift

Änderungen vorbehalten.
Erhältlich beim Buchhandel oder beim Verlag.

Abraham-Lincoln-Str. 46, 65189 Wiesbaden, Tel: 06 11.78 78-124, www.gabler.de

Delegation, strategische Anreize und Wettbewerb

Von Matthias Kräkel

Überblick

- Die Trennung von Eigentum und Unternehmensführung in modernen Großunternehmen führt üblicherweise zu Problemen, die sich als sog. agency costs niederschlagen.
- Die Literatur zu strategischer Delegation hat jedoch gezeigt, dass die Delegation der Unternehmensführung an Manager aufgrund von Selbstbindungseffekten durchaus vorteilhaft sein kann.
- Im vorliegenden Beitrag wird dieser Ansatz aufgegriffen und auf den Fall übertragen, dass der oligopolistische Wettbewerb nicht durch einen Cournot- oder Bertrandwettbewerb, sondern durch einen Turnierwettbewerb gekennzeichnet ist.
- Es zeigt sich, dass bei Turnierwettbewerb auch asymmetrische Gleichgewichte möglich sind und hierbei nicht auszuschließen ist, dass ein Eigentümer Umsatzmaximierung bei seinem Manager induziert, um damit die Konkurrenz vom Markt zu verdrängen.

Eingegangen: 16. Oktober 2001

Prof. Dr. Matthias Kräkel, Betriebswirtschaftliche Abteilung II, Universität Bonn, Adenauerallee 24–42, 53113 Bonn, email: kraekel@uni-bonn.de.

© Gabler-Verlag 2002

Matthias Kräkel

A. Einleitung

Üblicherweise ist davon auszugehen, dass die Eigentümer von managergeführten Unternehmen an der Maximierung des Unternehmensgewinns (bei dynamischer Betrachtung: an der Maximierung des Unternehmenswertes) interessiert sind. Daher sollte aus Eigentümersicht die Vergütung des Topmanagements auch an den Gewinn und nicht etwa an den Umsatz der Unternehmung geknüpft sein. Letzteres hätte zur Folge, dass Topmanager Umsätze auch zu Lasten von Gewinnen (z.B. durch den Aufbau eines sehr aufwendigen Vertriebssystems) erhöhen, was nicht im Interesse der Eigentümer sein kann.

Fershtman und Judd (1987) sowie Sklivas (1987) haben gezeigt, dass diese trivial erscheinende Erkenntnis jedoch dann ihre Gültigkeit einbüßt, sobald die Interaktion der verschiedenen Unternehmen im Marktwettbewerb beachtet wird. Anhand eines zweistufigen Spiels lässt sich zeigen, dass nun eine umsatzabhängige Managervergütung aus Sicht der Eigentümer rational ist, damit ihr Topmanagement im anschließenden Cournot-Wettbewerb aggressiver agiert. Das überraschende Ergebnis, dass eine Trennung von Eigentum und Unternehmensführung nicht nur die bekannten Agency-Probleme nach sich zieht, sondern auch strategische Vorteile in sich bergen kann, ergibt sich aus folgender Überlegung: Ohne Delegation der Unternehmensführung an ein Management würden die Eigentümer selbst die Unternehmung leiten und auf dem Markt als Gewinnmaximierer agieren. Durch eine Delegation der Entscheidungen an ein Management und die Vorgabe einer umsatzabhängigen Managervergütung können sich die Eigentümer jedoch glaubhaft selbst binden, nicht als Gewinnmaximierer auf dem Markt aufzutreten.[1] Die umsatzorientierten Manager verfolgen nun eine aggressivere Unternehmenspolitik im Vergleich zur Situation ohne Delegation, was im Fall eines Mengen- bzw. Cournot-Wettbewerbs aus Eigentümersicht wünschenswert ist.[2]

In der Praxis existieren neben Cournot-Wettbewerb (und Bertrand-Wettbewerb) allerdings noch weitere Formen oligopolistischer Konkurrenz. Insbesondere lassen sich oligopolistische Marktstrukturen häufig durch eine Form von Turnierwettbewerb beschreiben. Verschiedene Beispiele können hierfür angeführt werden: Zum Teil werden von anderen Unternehmen sowie von Gebietskörperschaften Aufträge bzw. Projekte ausgeschrieben. Die hierum konkurrierenden Unternehmen müssen oftmals im Vorfeld Ressourcen einsetzen, um den Zuschlag für den Auftrag bzw. das Projekt zu erhalten (z.B. müssen Werbeagenturen im Fall einer ausgeschriebenen Werbekampagne Ressourcen aufwenden, um einen entsprechenden Projektvorschlag zu erarbeiten). Die erfolgreiche Unternehmung, die den Zuschlag erhält, kann als Turniergewinner, die erfolglosen Unternehmen hingegen als Turnierverlierer bezeichnet werden. Ein zweites Beispiel bildet die Konkurrenz in neuen Märkten. Hier ist es oftmals von entscheidender Bedeutung für eine Unternehmung, einen eigenen technischen Standard im Markt durchzusetzen, um dadurch weitreichende Netzwerkexternalitäten zu generieren. Erfolgreiche Unternehmen, denen dies gelingt (z.B. Microsoft), stellen Turniergewinner dar. Weniger erfolgreiche Unternehmen, die gegebenenfalls mittelfristig wieder aus dem Markt ausscheiden werden, stellen hingegen Turnierverlierer dar.

Ziel des vorliegenden Beitrags ist die Diskussion der Frage, inwiefern auch bei oligopolistischer Konkurrenz in Form eines Turnierwettbewerbs eine umsatzorientierte Managervergütung aus Eigentümersicht optimal ist oder nicht.[3]

B. Wettbewerb bei stochastischer Produktion

Betrachtet sei im Folgenden ein zweistufiges Spiel mit zwei risikoneutralen Eigentümern und zwei risikoneutralen Managern, wobei jeweils einer der Eigentümer die Unternehmensführung an einen der beiden Manager delegiert hat. Auf der ersten Stufe des Spiels wählt jeder Eigentümer eine lineare Kombination aus Gewinn und Umsatz als Anreizschema für „seinen" Manager. Die gewählten Anreizschemata sind gemeinsames Wissen aller vier Akteure. Auf der zweiten Stufe treffen dann die beiden Manager – bei gegebenen Anreizschemata – in einem Turnierwettbewerb aufeinander. Derjenige Manager mit der höchsten performance erzielt für seine Unternehmung einen hohen Umsatz, während der unterlegene Manager lediglich einen niedrigen Umsatz (als eine Art Verliererpreis) realisiert. Da in diesem Abschnitt Wettbewerb bei stochastischer Produktion betrachtet wird, soll die performance eines Managers hier nicht nur von seinem Ressourceneinsatz, sondern auch von einem exogenen Störterm abhängen. Man erhält die folgenden zwei Ergebnisse:

Ergebnis 1: Existiert ein symmetrisches, teilspielperfektes Gleichgewicht, so induzieren beide Eigentümer Gewinnmaximierung bei ihren Managern.

Dieses Ergebnis unterscheidet sich deutlich von den Resultaten von Fershtman-Judd-Sklivas: Bei Cournot- und Bertrand-Wettbewerb auf der zweiten Stufe existieren zwar nur symmetrische Gleichgewichte, die Eigentümer wählen aber üblicherweise keine Gewinnmaximierung als Anreizschema für die Manager. Ergebnis 1 lässt sich damit erklären, dass hier im Symmetriefall keiner der Eigentümer durch die Wahl seines Anreizschemas den Manager des anderen Unternehmens strategisch beeinflussen kann. Das Beste, was daher jedem Eigentümer übrig bleibt, ist, sich auf den eigenen Manager zu konzentrieren und bei diesem Gewinnmaximierung zu induzieren.

Ergebnis 2: Existieren asymmetrische, teilspielperfekte Gleichgewichte, so wählt ein Eigentümer im linearen Anreizschema ein positives Gewicht für Umsätze und der zweite Eigentümer ein negatives Gewicht. Der Manager des ersten (zweiten) Eigentümers wählt einen hohen (niedrigen) Ressourceneinsatz.

Im Fall asymmetrischer Gleichgewichte existiert also ein aggressiver Manager, der aufgrund der positiven Umsatzgewichtung einen hohen Ressourceneinsatz wählt, und ein nicht-aggressiver Manager mit niedrigem Ressourceneinsatz. Die modelltheoretische Analyse zeigt, dass die positive Umsatzgewichtung nicht nur den eigenen Manager zu vermehrtem Ressourceneinsatz bewegt, sondern zugleich aufgrund der strategischen Interaktion auch zu einer Entmutigung des gegnerischen Managers führt.

Im Rahmen des allgemeinen Turniermodells lässt sich noch nicht die Frage beantworten, ob ein aggressiver Manager letztlich für einen Eigentümer von Vorteil ist oder aber aufgrund des sehr hohen Ressourceneinsatzes eher von Nachteil. Ein weniger allgemeines Modell gibt eine Antwort auf dies Frage:

Ergebnis 3: Im Fall quadratischer Kostenfunktionen und rechteckverteilter Störgrößen existieren lediglich zwei asymmetrische Gleichgewichte im Sinne von Ergebnis 2. Der erwartete Gewinn des Eigentümers mit dem aggressiven Manager übersteigt den erwarteten Gewinn des anderen Eigentümers.

C. Wettbewerb bei deterministischer Produktion

Eliminiert man die exogenen Störgrößen aus Abschnitt 2, so erhält man das folgende Ergebnis:

Ergebnis 4: Es existieren zwei asymmetrische, teilspielperfekte Gleichgewichte, bei denen ein Eigentümer ein negatives Gewicht für Umsätze wählt und der zweite Eigentümer als Anreizschema Umsatzmaximierung vorgibt. Der Manager des ersten (zweiten) Eigentümers steigt aus dem Wettbewerb aus bzw. wählt einen Ressourceneinsatz in Höhe von Null (wählt einen Ressourceneinsatz gemäß einer gemischten Strategie).

Das Ergebnis 4 ist in zweierlei Hinsicht verblüffend: Zum einen existieren ausschließlich asymmetrische Gleichgewichte, obwohl das Spiel selbst völlig symmetrisch ist. Zum anderen wählt ein Eigentümer Umsatzmaximierung als optimales Anreizschema für seinen Manager. Dieses ist jedoch rational, da hierdurch der andere Manager vollständig entmutigt und vom Markt verdrängt wird. Für den anderen Eigentümer stellt Umsatzmaximierung nicht die beste Antwort hierauf dar, da dann beide Manager Anreize für eine maximale Ressourcenverschwendung erhielten und beide Eigentümer in den Ruin getrieben würden.

D. Schlussbemerkungen

Der Beitrag hat gezeigt, dass sich die Ergebnisse zu strategischen Anreizen für Manager bei Turnierwettbewerb deutlich von den bisherigen Ergebnissen bei Cournot- oder Bertrand-Wettbewerb unterscheiden: Im Fall des Turnierwettbewerbs existieren asymmetrische Gleichgewichte, bei denen lediglich ein Eigentümer ein positives Gewicht für Umsätze wählt. In Situationen mit deterministischer Produktion gibt der Eigentümer seinem Manager sogar Umsatzmaximierung als Anreizschema vor, wodurch der andere Manager aus dem Markt gedrängt wird. Wählen die Eigentümer nicht simultan, sondern sequentiell ihre Anreizschemata, so besteht ein deutlicher first-mover advantage; der beginnende Eigentümer würde sich für das Gleichgewicht entscheiden, bei dem er den aggressiven Manager hat.

Anmerkungen

1 Von zentraler Bedeutung ist hierbei die Annahme, dass die übrigen Marktteilnehmer die gewählte Managervergütung perfekt beobachten können, da ansonsten der strategische Selbstbindungsvorteil verloren geht; vgl. Bagwell (1995). Bonanno (1992) sowie Fershtman und Kalai (1997) zeigen jedoch, dass trotz imperfekter Beobachtbarkeit dennoch eine Selbstbindung der Eigentümer möglich ist, sofern mit positiver Wahrscheinlichkeit auch perfekte Beobachtungen existieren und perfekte Beobachtungen als solche erkannt werden. Experimentelle Untersuchungen zum strategischen Selbstbindungsvorteil und zur Beobachtbarkeitsproblematik zeigen, dass weder der Selbstbindungsvorteil noch der Einwand von Bagwell im Labor nachgewiesen werden können; vgl. Huck et al. (2000) sowie Huck und Müller (2000).

2 Im Fall des Preis- bzw. Bertrand-Wettbewerbs ergibt sich entsprechend umgekehrt eine negative Gewichtung des Umsatzes im optimalen linearen Anreizschema für das Topmanagement; vgl. Fersthman und Judd (1987) sowie Sklivas (1987).

3 Im Folgenden werden die wichtigsten Ergebnisse und deren Intuition lediglich kurz verbal skizziert. Eine ausführliche Langfassung mit formaler Herleitung der Ergebnisse findet sich in Kräkel (2001) und ist auf Anfrage beim Autor erhältlich.

Literatur

Bagwell, K. (1995). Commitment and Observability in Games, Games and Economic Behavior, 8, 271–280.
Bonanno, G. (1992). Deterrence, Observability and Awareness, Economic Notes, 21, 307–315.
Fershtman, C. und K. L. Judd (1987). Equilibrium Incentives in Oligopoly, American Economic Review, 77, 927–940.
Fershtman, C. und E. Kalai (1997). Unobserved Delegation, International Economic Review, 38, 763–774.
Huck, S. und W. Müller (2000). Perfect versus Imperfect Observability – An Experimental Test of Bagwell's Result, Games and Economic Behavior, 31, 174–190.
Huck, S., W. Müller und H.-T. Normann (2000). Strategic Delegation in Experimental Markets, CESifo Working Paper no. 290, University of Munich.
Kräkel, M. (2001). Strategic Delegation and Incentives in Tournament Competition. Manuskript.
Sklivas, S. D. (1987). The Strategic Choice of Managerial Incentives, Rand Journal of Economics, 18, 452–458.

Zusammenfassung

In Modellen zur strategischen Delegation wurde gezeigt, dass Eigentümer im optimalen linearen Entlohnungsschema für ihren Manager ein positives (negatives) Gewicht auf Umsätze legen, sofern die Unternehmen in einem Cournot-Wettbewerb (Bertrand-Wettbewerb) miteinander konkurrieren. In diesem Beitrag wird hingegen ein Turnierwettbewerb betrachtet. In diesem sind asymmetrische Gleichgewichte möglich, bei denen ein Eigentümer ein positives und der andere ein negatives Gewicht für die Umsätze wählt. Im Fall von deterministischer Produktion entscheidet sich ein Eigentümer sogar für Umsatzmaximierung als Zielvorgabe, wodurch das konkurrierende Unternehmen aus dem Markt verdrängt wird.

Summary

Strategic delegation models have shown that owners will put a positive (negative) weight on sales in the optimal linear incentive scheme for the manager, if competition is characterized by the Cournot (Bertrand) model. This paper, however, focuses on oligopolistic tournaments. The results show that asymmetric equilibria are possible in which one owner puts a positive weight on sales whereas the other ownerchooses a negative weight. If production is deterministic, one owner will induce sales maximization to his manager which forces the other manager to drop out of the market.

31: Entlohnung und Erfolgsbeteiligung (JEL J33)

Unternehmensentwicklung im Spannungsfeld von Führungskontinuität und Führungswechseln im Top-Management

Von Michael-Jörg Oesterle

Überblick

- Innerhalb der Betriebswirtschaftslehre mangelt es an Erkenntnissen über den Einfluss von Wechseln des zentralen Akteurs der Unternehmensleitung auf die längerfristige Entwicklung des betreffenden Unternehmens.

- Ziel des Beitrags ist es, gestützt auf eine Auswertung bislang vorliegender Arbeiten zur organisationalen Veränderungskraft einzelner Nachfolgeereignisse Grundannahmen über die entwicklungsrelevanten Wirkungen unterschiedlicher Nachfolgesequenzen zu formulieren und empirisch zu überprüfen.

- Die hierzu vorgenommene empirische Untersuchung war insofern längsschnittorientiert anzulegen, wobei die führungswechselbezogenen und die entwicklungsrelevanten Daten der Zielgruppe „deutsche Großunternehmen" für den Zeitraum zwischen 1945 und 1996 erhoben wurden; als jeweils zentrale Akteure der Unternehmensleitung wurden hierbei die Inhaber herausgehobener Positionen wie Vorstandsvorsitzender, Vorstandssprecher oder Vorsitzender der Geschäftsführung begriffen.

- Die Ergebnisse der Untersuchung lassen den annahmenkonformen Schluss zu, dass die Entwicklung von Unternehmen – operationalisiert als deren Umsatz- bzw. im Falle von finanzwirtschaftlichen Unternehmen deren Bilanzsummenwachstum – in durchaus spürbarer Weise von der Häufigkeit und der Art von Wechseln innerhalb der Führungsdynastie geprägt wird.

Eingegangen: 16. Oktober 2001

Prof. Dr. Michael-Jörg Oesterle, Lehrstuhl für Allgemeine Betriebswirtschaftslehre, insbesondere Internationales Management, Universität Bremen, Hochschulring 4, D-28359 Bremen.

© Gabler-Verlag 2002

A. Führungswechsel als vernachlässigte Thematik der betriebswirtschaftlichen Wachstums- und Entwicklungstheorie

Innerhalb der deutschsprachigen Betriebswirtschaftslehre sind entwicklungsrelevante Auswirkungen von Führungswechseln in der Unternehmensleitung trotz einer durchaus häufigen Betonung ihrer realwirtschaftlichen Bedeutung[1] bislang nahezu unberücksichtigt geblieben. In der Vergangenheit wurde nur von Vertretern der US-amerikanischen Organisations- und Managementlehre eine entsprechende konzeptionelle sowie empirische Grundlagenarbeit geleistet. Da die hierbei gewonnenen Einblicke in die Veränderungskraft von Führungswechseln jedoch primär auf deren unmittelbare Wirkungen bezogen sind, mangelt es insgesamt an Erkenntnissen, welche Folgen eine unterschiedliche Häufigkeit von Führungswechseln längerfristig und damit für die Unternehmensentwicklung hat. Zur ansatzweisen Kompensation des skizzierten Defizits bestehen daher die Ziele des vorliegenden Beitrags darin, (1) bestehende Fragmente des Wissens um die organisationale Veränderungskraft und die Erfolgsrelevanz von Wechseln in der Spitzenposition der Unternehmensleitung zu einem spezifisch entwicklungsorientierten Bezugsrahmen zu verdichten und (2) diesen als Grundlage für eine empirische Überprüfung der angenommenen Zusammenhänge zwischen Häufigkeit bzw. Art von Führungswechseln und der letztlich abhängigen Größe „Erfolg" heranzuziehen. Voraussetzung für die Sinnhaftigkeit einer derartigen Überprüfung anhand deutscher Unternehmen ist allerdings das Vorhandensein einer einzelnen, für das Handeln des jeweiligen Unternehmens bedeutsamen Spitzenposition wie Vorsitzender der Geschäftsführung oder Vorstandsvorsitzender. Insbesondere in großen Kapitalgesellschaften kann dies zumindest in der formellen Dimension aufgrund rechtlicher Bestimmungen nicht angenommen werden. Ergebnisse verschiedener Untersuchungen[2] lassen es aber als durchaus begründet erscheinen, von einer faktischen Direktorialität in an sich kollegial konzipierten Organen der Geschäftsführung auszugehen. Eine der Basisbedingungen für die Untersuchung des Zusammenhangs zwischen Führungswechseln in Unternehmen verschiedener Rechtsformen und der Unternehmensentwicklung dürfte damit gegeben sein.

B. Entwicklungstheoretische Implikationen der klassischen Führungswechselforschung

Im Sinne einer thematischen Urausrichtung werden von der US-amerikanischen Organisations- und Managementlehre seit ca. 1950[3] zunächst Untersuchungen über konfigurative Folgen von Führungswechseln entwickelt, wobei anfänglich der Schwerpunkt auf interne Veränderungen[4] gelegt wurde und erst seit den 80er-Jahren – z. T. zusätzlich – auch Veränderungen in den externen Beziehungen der Unternehmen[5] analysiert werden. In der Gesamtschau erlauben die Ergebnisse der entsprechenden Untersuchungen aber lediglich die folgenden Feststellungen: (1) Führungswechsel weisen ein erhebliches Veränderungspotential auf; (2) dieses Potential ist bei externer Rekrutierung des Nachfolgers größer als bei dessen interner Bestellung, da extern Rekrutierte vom Kurs des bisherigen Amtsinhabers sachlich und emotional unbelastet sind[6]. Der Frage, welchen Erfolg nachfolgebedingte Veränderungen haben, wird dabei von den Untersuchungen ganz überwiegend nicht nachgegangen. Die Erfolgswirkungen von Führungswechseln bzw. von Führungskontinuität sind nahezu ausschließlich Gegenstand eines spezifischen Forschungszweigs.

Als Begründer dieser erfolgsorientierten Richtung hat Grusky[7] mit seiner 1963 vorgelegten Arbeit über die Auswirkungen der Häufigkeit von Trainerwechseln bei Baseballmannschaften auf deren sportliches Abschneiden zu gelten. Grusky konnte in seiner Längsschnittuntersuchung einen eindeutigen negativen Zusammenhang zwischen der unabhängigen Variable „Häufigkeit des Trainerwechsels" und „Tabellenplatz" feststellen[8]; es ließe sich daraus demnach ein Plädoyer für lange Amtszeiten der Trainer ableiten. Allerdings tragen die Ergebnisse einer 1972 veröffentlichten, ebenfalls im Sportbereich angesiedelten Untersuchung von Eitzen und Yetman[9] wesentlich zur Relativierung der von Grusky erarbeiteten Resultate bei. So zeigte sich zwar im Rahmen ihrer Untersuchung von Trainerwechseln bei US-College-Basketballmannschaften zwischen den Jahren 1930 und 1970[10], dass in teilweiser Übereinstimmung zu Grusky längere Amtszeiten der Trainer zu – über die Jahre hinweg betrachtet – größerem sportlichen Erfolg der Mannschaft führen[11]. Übersteigt die Amtszeit jedoch eine gewisse Länge – in der Stichprobe betrug diese ungefähr 13 Jahre – schlägt die Beziehung in das Negative um; der sportliche Erfolg sinkt mit der dann weiter zunehmenden Amtsdauer[12]; es ist demnach von einem kurvilinearen Effekt auszugehen. Dessen Teilbeziehung zwischen zunehmender Amtsdauer einer Spitzenführungskraft und nachlassenden Erfolgen der entsprechenden Institution konnte insbesondere von Miller[13] auch im Unternehmensbereich beeindruckend nachgewiesen werden. Die Ergebnisse anderer, ebenfalls auf Unternehmen ausgerichteter und hierbei an kurzfristigen Wechselwirkungen interessierter Untersuchungen[14] fallen allerdings weitaus heterogener aus. Der Ansatz dieser Studien besteht zumeist darin, die unmittelbaren Reaktionen des Kapitalmarkts auf Veränderungen an der Unternehmensspitze zu identifizieren und dabei situative Besonderheiten wie Lage des Unternehmens vor dem Wechsel, interne oder externe Rekrutierung des Nachfolgers sowie erzwungene bzw. nicht erzwungene Ablösung[15] zu berücksichtigen. Insgesamt sind die Befunde dieser „Kurzfrist"-Studien zu unterschiedlich, um von gesicherten, zumindest aber von harmonisierbaren Erkenntnissen sprechen zu können. Die Erarbeitung eines Bezugsrahmens zur empirischen Analyse der längerfristigen Entwicklungsrelevanz von Führungswechselsequenzen kann sich insofern neben dem Wissen um die allgemeine Veränderungskraft von Führungswechseln nur auf zwei inhaltlich konkretisierbare und vorläufig weitgehend bestätigte Ergebnisse von Fremduntersuchungen stützen: (1) Extern rekrutierte Nachfolger greifen stärker in die Unternehmensentwicklung ein als intern rekrutierte; (2) überschreitet die Amtsdauer einer Spitzenführungskraft eine gewisse kritische Dauer, so steigt dadurch die Gefahr, dass das Unternehmen aufgrund der relativen Konstanz des personabhängigen Entscheidungsmusters und entsprechender Handlungsroutinen bei fortschreitender Umweltentwicklung zunehmend verkrustet und damit erfolglos wird.

Werden nun im Rahmen eines entwicklungsorientierten Ansatzes nicht jeweils einzelne Nachfolgeereignisse analysiert, sondern Sequenzen von Führungswechseln betrachtet, so ergibt sich daraus in Bezug auf die Unternehmensentwicklung zunächst nichts anderes als deren Prägung durch revolutionäre Episoden. Diese können unter Rückgriff auf konfigurationstheoretisches Denken[16] als notwendig erachtet werden, um das Unternehmen lebensfähig zu erhalten; der organisationalen Verkrustung in Form fortwährender Stetigkeit wird dadurch entgegengewirkt. Fehlen aber längerfristig Führungswechsel gänzlich oder kommt es umgekehrt zu einer hohen Intensität derartiger Nachfolgeereignisse, so begünstigt dies eine Abweichung vom Normalfall. Derartige Phasen extremer Führungskontinuität oder hoher Wechselintensität dürften dabei in ihrer erfolgsrelevanten Wirkung so stark sein, dass solche situativen Faktoren, welche bei den jeweils einzelnen Nachfolgeereignissen deren Funktionalität bzw. Dysfunktionalität in unterschiedlichster Art und Weise und damit nicht generalisierbar beeinflussen, vernachlässigbar werden. Aus der Analyse von Extremfällen ist darauf zu schließen, dass eine der langfristigen Unternehmensentwicklung förderliche Häufigkeit von Führungswechseln sich lediglich als eher mittlerer, d. h. zwischen den Extrema angesiedelter Wert ergeben kann. Dieser als kurvilinear angenommene Zusammenhang zwischen Häufigkeit von Führungswechseln und Unternehmenserfolg bzw. der Frequenz letztendlich erfolgsrelevanter Konfigurationsänderungen steht damit im Einklang mit der organisationstheoretisch begründbaren Annahme eines optimalen Mischungsverhältnisses zwischen revolutionären und inkrementalen Entwicklungsphasen[17]. Im Interesse realistischer Annahmen gilt es allerdings zusätzlich zur allgemeinen Kurvilinearitätsvermutung zu berücksichtigen, dass nicht jeder Führungswechsel die gleiche Veränderungskraft besitzt. Die für die Veränderungsintensität relevante Größe, d. h. die Herkunft der jeweiligen Nachfolger, ist demzufolge je nach Ausprägung als eine die Wirkung der Wechselhäufigkeit verstärkende oder aschwächende Variable in das bisherige Grundgerüst der Hypothesen zu integrieren (vgl. Abbildung 1).

Die in der Abbildung 1 skizzierten vier Grundtypen von Führungswechselsequenzen können als Elemente der nunmehr spezifizierten Basishypothese gelten, wonach Unternehmen mit einer extrem hohen bzw. einer extrem niedrigen Führungswechselhäufigkeit langfristig einen geringeren Erfolg zu verzeichnen haben als Unternehmen mit moderateren Formen von Führungswechseln. Wie die Basishypothese werden die in der Abbildung 1 dokumentierten Detailhypothesen in der empirischen Analyse lediglich einer Überprüfung in Bezug auf mögliche Erfolgswirkungen unterzogen. Als geeignetes Erfolgsmaß soll hierbei das Umsatz- bzw. im Falle von Banken das Bilanzsummenwachstum gelten.

Abb. 1: Entwicklungs- und Erfolgseffekte unterschiedlicher Typen von Führungswechselsequenzen

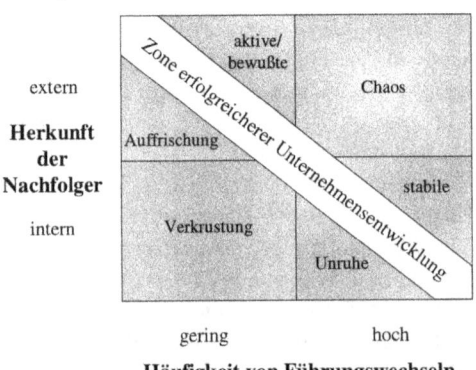

C. Empirische Analyse entwicklungsrelevanter Folgen von Führungswechseln in deutschen Großunternehmen

Bereits die Ausarbeitung der Grundannahmen zur entwicklungstheoretischen Analyse von Führungswechseln und ihrer Folgen dürfte verdeutlicht haben, dass sich die entsprechende empirische Untersuchung neben der Erfolgsgröße „Wachstum" im Wesentlichen auf 2 bzw. 3 Variablen zu stützen hat. Hierbei handelt es sich um die unternehmensspezifische Häufigkeit eines Wechsels auf der zentralen Position im Leitungsorgan – bspw. Vorsitzender der Geschäftsführung oder Vorstandsvorsitzender – sowie den dabei realisierten Anteil extern Berufener, wobei aus den beiden letztgenannten Größen durch multiplikative Verknüpfung ein Maß für die sog. Disruptionsstärke als dritte Variable abzuleiten ist. Zusammenfassend sind damit für die empirische Überprüfung der angenommenen Zusammenhänge folgende Größen mit ihrer jeweils spezifischen Operationalisierung relevant:

– Wechselhäufigkeit = $\dfrac{\text{Zahl der Wechsel in der Spitzenposition des Leitungsorgans}}{\text{Entwicklungsdauer des Unternehmens in Jahren}}$

– Anteil Externer = $\dfrac{\text{Zahl der in die Spitzenposition extern Berufenen}}{\left(\begin{array}{c}\text{Gesamtzahl der während des Untersuchungszeitraums}\\ \text{in der Spitzenposition des Unternehmens Tätigen}\end{array}\right)}$

– Disruptionsstärke = Wechselhäufigkeit · (100 + Anteil Externer)

(da der Anteil Externer[18] auch 0 betragen kann, ist die Einführung einer Konstanten notwendig, damit das Ergebnis der Multiplikation nicht insgesamt 0 entspricht und damit einen falschen Wert annimmt)

– Wachstumsstärke (WACHS): geometrisches Mittel der jährlichen bzw. periodenweisen Wachstumsraten[19] q ($\sqrt[n]{(q_1 \cdot q_2 \cdots q_k)}$), wobei n der gesamten für ein Unternehmen betrachteten Periodenlänge entspricht, unabhängig davon, ob für alle Einzeljahre Umsatz- bzw. Bilanzsummenwerte vorlagen; die durch eine Lücke bedingten Wachstumssprünge werden insofern durch das größere n der Wurzel ausgeglichen).

Die empirische Untersuchung war dem Untersuchungsanliegen entsprechend als Längsschnittanalyse zu konzipieren, wobei die führungswechselbezogenen und die entwicklungsrelevanten Daten der Zielgruppe „deutsche Großunternehmen" (Umsatz > 2 Mrd. DM, bzw. im Falle von Banken Bilanzsumme > 68 Mrd. DM; [1996]) für den Zeitraum zwischen 1945 bzw. 1948 und 1996 erhoben wurden. Insgesamt nahmen 65 Unternehmen unterschiedlicher Branchen an der Erhebung teil; davon erfüllten lediglich 32 die Voraussetzungen für eine Realisierung des eigentlichen entwicklungsorientierten Untersuchungszwecks. Diese Voraussetzungen bestanden zum einen in der seit (Wieder-)Aufnahme der Geschäftstätigkeit durchgängig erfolgten Institutionalisierung einer Spitzenposition in der Geschäftsführung sowie zum anderen in der Unabhängigkeit des Unternehmens. Die Ergebnisse der Untersuchung lassen sowohl bei Anwendung nichtlinearer Regressions- bzw. Korrelationsanalysen als auch bei der Auflösung des kurvilinearen Zusammenhangs in zwei lineare Teilfunktionen und entsprechender Vornahme linearer Regressions- bzw. Korrelationsanalysen den hypothesenkonformen Schluss zu, dass das Wachstum von Unternehmen in überwiegend signifikanter Weise von der Häufigkeit und der Art von Wechseln innerhalb der Führungsdynastie geprägt wird. Dies gilt bereits für den isolierten Einfluss der grundlegenden Größe Wechselhäufigkeit, in besonderem Maße aber für die Disruptionsstärke als kombinierter Variable, bestehend aus der Wechselhäufigkeit sowie der Herkunft der Nachfolger. Die höchsten Wachstumswerte wiesen Unternehmen mit eher mittlerer Ausprägung von Wechselhäufigkeit bzw. Disruptionsstärke auf, die niedrigsten jene Unternehmen mit extrem niedrigen bzw. hohen Werten von Wechselhäufigkeit und Disruptionsstärke[20].

D. Theorieorientierte und praxisbezogene Konsequenzen der Untersuchungsergebnisse

Aus den Untersuchungsergebnissen dürften sich unmittelbar Konsequenzen ergeben. So legen es die Resultate in der theoretischen Perspektive insbesondere der Lehre vom strategischen Management nahe, nicht weiterhin Unternehmensentwicklung vor allem als technisches Problem zu sehen, welches zur Lösung lediglich der Erarbeitung und des Einsatzes geeigneter Verfahren bedarf. Vielmehr geht es darum, Unternehmensentwicklung verstärkt auch als Ergebnis der Handlungen von Akteuren mit subjektiver Sichtweise zu begreifen und entsprechende Vorgaben für zukünftige Strategie-Prozess- und -Inhaltsmodelle sowie Untersuchungsprogramme abzuleiten. Zudem kann der Praxis empfohlen werden, weitaus stärker als bisher die Bestellung von Top-Managern als Instrument einer gezielten Beeinflussung der längerfristigen Unternehmensentwicklung zu verstehen, welches je nach Ausgestaltung kontinuitäts- oder veränderungsförderliche Kraft entfaltet. In diesem Zusammenhang scheint es vor allem geboten zu sein, eine Beschränkung der Amtszeit für die Spitzenposition in der Geschäftsführung einzuführen, um dadurch Verkrustungstendenzen entgegenzuwirken, sowie gezielt je nach Verlauf der (historischen) Unternehmensentwicklung extern oder intern zu rekrutieren, um dadurch Auffrischungs- oder Stabilisierungseffekte bewirken zu können.

Anmerkungen

1 Vgl. bspw. Poensgen, O. H. (1982), S. 3; Albach, H., Freund, W. (1989), insbesondere S. 150.
2 Vgl. bspw. Trenkle, Th. (1983), S. 92 ff. sowie Oesterle, M.-J. (1999), S. 92 ff.
3 Vgl. Gouldner, A. W. (1954).
4 Vgl. bspw. Carlson, R. O. (1961), S. 210 ff.; Guest, R. H. (1962), S. 47 ff.; Helmich, D. L., Brown, W. B. (1972), S. 371 ff.
5 Vgl. bspw. Lant, Th. K., Milliken, F. J., Batra, B. (1992), S. 585 ff.; Virany, B., Tushman, M. L., Romanelli, E. (1992), S. 72 ff.
6 Vgl. bspw. Friedman, St. D., Saul, K. (1991), S. 619 ff.

7 Vgl. Grusky, O. (1963), S. 21 ff.
8 Vgl. Grusky, O. (1963), insbesondere S. 23.
9 Vgl. Eitzen, D. St., Yetman, N. R. (1972), S. 110 ff.
10 Vgl. Eitzen, D. St., Yetman, N. R. (1972), S. 111.
11 Vgl. Eitzen, D. St., Yetman, N. R. (1972), S. 111 f.
12 Vgl. Eitzen, D. St., Yetman, N. R. (1972), S. 114 f.
13 Vgl. Miller, D. (1991), S. 34 ff.; vgl. zudem Boeker, W. (1997), S. 153 ff.
14 Vgl. bspw. Weisbach, M. S. (1988), S. 431 ff.; Friedman, St. D., Singh, H. (1989), S. 718 ff.; Lubatkin, M. H. et al. (1989), S. 47 ff.; Worrell, D. L., Davidson III, W. N., Glascock, J. L. (1993), S. 387 ff.
15 Vgl. bspw. Worrell, D. L., Davidson III, W. N., Glascock, J. L. (1993), S. 387 ff.; da erzwungene Wechsel i. d. R. auf absehbare oder bereits eingetretene Unternehmenskrisen zurückzuführen sind, steht in entsprechenden Untersuchungen hinter der Variable „Art des Wechsels" zumindest implizit auch die Variable „Unternehmenslage".
16 Vgl. bspw. Miller, D., Friesen, P. H. (1982), S. 885 ff., (1984), S. 238 ff.; vgl. zudem Virany, B., Tushman, M. L., Romanelli, E. (1992), S. 72 ff.
17 Vgl. bspw. Hedberg, B. L. T., Nystrom, P., Starbuck W. (1976) sowie nochmals Miller, D., Friesen, P. H. (1982), S. 885 ff. und (1984), S. 238 ff.
18 Untersuchungsspezifisch wurde nur dann von einer externen Rekrutierung ausgegangen, wenn der Nachfolger vor seiner Bestellung nicht bereits über eine bestimmte Zeitdauer hinaus im Unternehmen bzw. in unternehmensnahen anderen Gesellschaften des Konzerns tätig war. Als derartige Maximalzeit wurde in Anlehnung an andere Untersuchungen die Frist von einem Jahr festgelegt; vgl. hierzu auch Poensgen, O. H. (1982), S. 24, sowie Schrader, St., Lüthje, Chr. (1995), S. 472.
19 Im Folgenden werden lediglich nominale Umsatz- bzw. Bilanzsummenwerte zugrundegelegt. Damit kann das für die nahezu durchgängig diversifizierten Unternehmen der Stichprobe auftretende, faktisch jedoch nicht lösbare Problem der an sich bei Deflationierung notwendigen Indexstimmigkeit und deren situativer Kontrolle in der Zeit umgangen werden; vgl. hierzu auch Lippe, P. v. d. (1996), S. 436 ff.; unabhängig davon hat aber eine zu Prüfzwecken dennoch vorgenommene Preisbereinigung der Umsatz- bzw. Bilanzsummenreihen (Preisindex der Lebenshaltung) erwartungsgemäß eine hohe Korrelation zwischen den unternehmensspezifischen Wachstumsfaktoren (nominal und real) ergeben ($r = 0{,}99854$; $p = 0{,}0001$), sodass sich die weiteren Untersuchungsergebnisse auch bei Verwendung realer Wachstumsfaktoren ergeben hätten. Dies war vor allem deshalb zu erwarten, als die einbezogenen Unternehmen ganz überwiegend eine identische bzw. nahezu identische Dauer ihrer bisherigen Entwicklung nach 1945 aufweisen. Die Preisbereinigung entspricht demzufolge stark einer struktur- oder relationsneutralen Verschiebung der einschlägigen Werte.
20 Vgl. für eine detaillierte Beschreibung des empirischen Vorgehens und der entsprechenden Ergebnisse Oesterle, M.-J. (1999), S. 197 ff.

Literatur

Albach, H., Freund, W. (1989), Generationswechsel und Unternehmenskontinuität. Eine empirische Untersuchung bei Mittel- und Großunternehmen gefördert von der Bertelsmann Stiftung, Gütersloh 1989.

Boeker, W. (1997), Strategic Change: The Influence of Managerial Characteristics and Organizational Growth, in: Academy of Management Journal, 40. Jg., 1997, S. 152–170.

Carlson, R. O. (1961), Succession and Performance among School Superintendents, in: Administrative Science Quarterly, 6. Jg., 1961, S. 210–227.

Eitzen, D. St., Yetman, N. R. (1972), Managerial Change, Longevity, and Organizational Effectiveness, in: Administrative Science Quarterly, 17. Jg., 1972, S. 110–116.

Friedman, St. D., Saul, K. (1991), A Leader's Wake: Organization Member Reactions to CEO Succession, in: Journal of Management, 17. Jg., 1991, S. 619–642.

Friedman, St. D., Singh, H. (1989), CEO Succession and Stockholder Reaction: The Influence of Organizational Context and Event Content, in: Academy of Management Journal, 32. Jg., 1989, S. 718–744.

Gouldner, A. W. (1954), Patterns of Industrial Bureaucracy, New York 1954.

Grusky, O. (1963), Managerial Succession and Organizational Effectiveness, in: American Journal of Sociology, 69. Jg., 1963, S. 21–31.

Guest, R. H. (1962), Managerial Succession in Complex Organizations, in: American Journal of Sociology, 68. Jg., 1962, S. 47–54.

Hedberg, B. L. T., Nystrom, P., Starbuck, W. (1976), Camping on Seasaws: Prescriptions for a Self-Designing Organization, in: Administrative Science Quarterly, 21. Jg., 1976, S. 41–65.

Helmich, D. L., Brown, W. B. (1972), Successor Type and Organizational Change in the Corporate Enterprise, in: Administrative Science Quarterly, 17. Jg., 1972, S. 371–381.

Lant, Th. K., Milliken, F. J., Batra, B. (1992), The Role of Managerial Learning and Interpretation in Strategic Persistence and Reorientation: An Empirical Exploration, in: Strategic Management Journal, 13. Jg., 1992, S. 585–608.

Lippe, P. v. d. (1996), Wirtschaftsstatistik. Amtliche Statistik und Volkswirtschaftliche Gesamtrechnungen, 5. Aufl., Stuttgart 1996.

Lubatkin, M. H. et al. (1989), Stockholder Reactions to CEO Changes in Large Corporations, in: Academy of Management Journal, 32. Jg., 1989, S. 47–68.

Miller, D. (1991), Stale in the Saddle: CEO Tenure and the Match between Organization and Environment, in: Management Science, 37. Jg., 1991, S. 34–52.

Miller, D., Friesen, P. H. (1984), Structural Change and Performance, in: Organizations. A Quantum View, hrsg. von D. Miller und P. H. Friesen, Englewood Cliffs/NJ 1984, S. 220–247.

Oesterle, M.-J. (1999) Führungswechsel im Top-Management. Grundlagen, Wirkungen, Gestaltungsoptionen, Wiesbaden 1999.

Poensgen, O. H. (1982), Der Weg in den Vorstand. Die Charakteristiken der Vorstandsmitglieder der Aktiengesellschaften des Verarbeitenden Gewerbes, in: Die Betriebswirtschaft, 42. Jg., 1982, S. 3–25.

Schrader, St., Lüthje, Chr. (1995), Das Ausscheiden der Spitzenführungskraft aus dem Unternehmen, in: Zeitschrift für Betriebswirtschaft, 65. Jg., 1995, S. 467–493.

Trenkle, Th. (1983), Organisation der Vorstandsentscheidung. Eine empirische Analyse, Frankfurt/M., Bern, New York 1983.

Virany, B., Tushman, M. L., Romanelli, E. (1992), Executive Succession and Organization Outcomes in Turbulent Environments: An Organization Learning Approach, in: Organization Science, 3. Jg., 1992, S. 72–91.

Weisbach, M. S. (1988), Outside Directors and CEO Turnover, in: Journal of Financial Economics, 20. Jg., 1988, S. 431–460.

Worrell, D. L., Davidson, W. N. III., Glascock, J. L. (1993), Stockholder Reactions to Departures and Appointments of Key Executives Attributable to Firings, in: Academy of Management Journal, 36. Jg., 1993, S. 387–401.

Zusammenfassung

Zwar wurde eine Vielzahl von Studien zum Zusammenhang zwischen dem Wechsel einer Spitzenführungskraft und unmittelbar nachfolgenden organisationalen sowie erfolgsbezogenen Veränderungen vorgelegt; es mangelt aber dennoch an Erkenntnissen über den Einfluss der Häufigkeit von Führungswechseln auf die längerfristige Entwicklung der betreffenden Unternehmen. Mit diesem Beitrag wird daher versucht zu zeigen, wie aus den grundlegenden Ergebnissen der an unmittelbaren Wirkungen von Führungswechseln interessierten Arbeiten ein spezifisch entwicklungsorientierter Bezugsrahmen erarbeitet und wie dieser im Rahmen einer empirischen, längsschnittorientierten Untersuchung deutscher Großunternehmen überprüft werden kann. Die Ergebnisse der Untersuchung lassen den Schluss zu, dass die Entwicklung von Unternehmen – gemessen als deren Wachstum – sowohl von der reinen Häufigkeit der Führungswechsel als auch von der entsprechenden Disruptionsstärke – operationalisiert als Kombination aus Führungswechselhäufigkeit und Herkunft der Nachfolger (intern oder extern) – im hypothesenkonformen Sinn kurvilinear beeinflusst wird.

Summary

Though a lot of studies dealing with organizational and performance-related succession effects do exist, almost nothing is known about the relationship between frequency of succession and the evolution of the respective firms in an explicit longitudinal context. Therefore this paper tries to show how a specific framework can be created by combining basic results of the aforementioned short term studies and how this framework can be tested by using an empirical longitudinal survey of large German firms. The results show that both frequency of successions and the disruptive force of successions – measured as a combination of succession frequency and the recruitment characteristics of the successor (internal vs. external) – influence the evolution of firms, measured by as their growth, in the hypothesized curvilinear way.

20: Allgemeine Fragen der Organisationstheorie (JEL M19)

Neu bei Gabler

Volker H. Peemöller
Bilanzanalyse und Bilanzpolitik
Einführung in die Grundlagen
2., vollst. überarb. u. erw. Aufl.
2001. XXII, 415 S.
Br. ca. € 34,00
ISBN 3-409-23534-5

Kurz und einprägsam werden die zentralen Kenntnisse und Instrumente zur Aufbereitung von Bilanzen und zur Ableitung von Konsequenzen für die wirtschaftliche Perspektive des Unternehmens vermittelt. Kernstück des Buches ist die Arbeit mit Kennzahlen, ihre Bildung, Einsatzweise und Verarbeitung. Mit der zweiten Auflage befindet sich dieses grundlegende Lehrbuch wieder auf dem neuesten Stand.

Klaus Homann
Kommunales Rechnungswesen
Buchführung, Kostenrechnung und Wirtschaftlichkeitsrechnung
2001. XII, 356 S.
Br. € 27,00
ISBN 3-409-11678-8

Auch im kommunalen Bereich wird heute verstärkt auf betriebswirtschaftliche Erkenntnisse zurückgegriffen. Dabei kommt dem kommunalen Rechnungswesen eine zentrale Bedeutung zu. Didaktisch gut aufbereitet und praxisgerecht stellt der Autor Buchführungssysteme, Kostenrechnungsarten und Methoden der Wirtschaftlichkeitsrechnung vor.

Bestellung Fax: 06 11.78 78-420

Ja, ich bestelle:

____ Expl. Volker H. Peemöller **Bilanzanalyse und Bilanzpolitik**
Br. ca. € 34,00
ISBN 3-409-23534-5

____ Expl. Klaus Homann **Kommunales Rechnungswesen**
Br. € 27,00
ISBN 3-409-11678-8

Vorname und Name

Straße (bitte kein Postfach)

PLZ, Ort

Unterschrift   321 01 006

Änderungen vorbehalten. Erhältlich beim Buchhandel oder beim Verlag.   Abraham-Lincoln-Str. 46, 65189 Wiesbaden, Tel.: 06 11.78 78-124, www.gabler.

Theorie der Evolution der Unternehmung im Wettbewerb

Von Dieter Schneider*

Überblick

- *Hayeks* Thesen zur Evolution über eine spontane Ordnung und zum Wettbewerb als Entdeckungsverfahren werden auf ihre Eignung für eine evolutorische Theorie der Unternehmung überprüft.

- Biologische Analogien wie der bildhafte Vergleich, Unternehmungen seien Organismen, erweisen sich als verfehlter Denkansatz, um die Handlungsabläufe in einer Unternehmung im Wettbewerb zu erklären.

- Einen Ausgangspunkt für eine Theorie der Evolution der Unternehmung bietet *Hayeks* Sozialtheorie von der spontanen Ordnung. Markt als Handlungssystem und Wettbewerb als Handlungsfolge sind jedoch zu trennen von jenem Regelsystem, das *Hayek* unter „Wettbewerb als Entdeckungsverfahren" versteht.

- Nicht „Wettbewerb als Entdeckungsverfahren", sondern eine Verbindung der im Begriff der Unternehmungsstruktur zusammengefassten Fähigkeiten mit dem Ausüben von Unternehmerfunktionen erzeugt Ressourcen als Quellen von Wettbewerbsvorsprüngen.

Eingegangen: 16. Oktober 2001

Prof. Dr. Dr. h.c. Dr. h.c. Dr. h.c. Dr. h.c. Dieter Schneider, Hofleite 12, 44795 Bochum, ist emeritierter ordentlicher Professor der Ruhr-Universität Bochum.

© Gabler-Verlag 2002

A. Problemstellung

In seinen Freiburger Studien hat *Hayek* drei Thesen zur Evolution über eine spontane Ordnung und zum Wettbewerb als Entdeckungsverfahren vorgetragen, die Bausteine für eine Theorie der Evolution der Unternehmung im Wettbewerb bilden könnten: für eine Theorie der zeitlich unumkehrbaren Handlungsfolgen in einer Unternehmung, die sie unter Unsicherheit und bei ungleich verteiltem Wissen in Rivalität zu anderen Marktteilnehmern verwirklicht.

Die erste These zur Evolution über eine spontane Ordnung hilft in Teil B den Sprachgebrauchs von Evolution zu klären und ungeeignete Theorien beiseite zu legen. Die zweite These zu „Wettbewerb als Entdeckungsverfahren" dient in Teil C dazu, Evolution der Unternehmung durch Merkmale von Wettbewerbsfähigkeit zu kennzeichnen. Die dritte These betrifft die Zuordnung von Unternehmungen als „bewusste Anordnung ... von Ressourcen" im Gegensatz zu jener spontanen Ordnung, die angeblich „der Markt hervorbringt". Diese typisch volkswirtschaftliche, also viel zu übervereinfachte Sicht vom Markt erklärt weder das Entstehen spontaner Ordnung noch die Evolution der Unternehmung im Wettbewerb (Teil D).

B. Evolution durch Bildung spontaner Ordnungen wider Selbsterhaltung eines Organismus „Unternehmung" und wider Erklärungen durch Optimierungsmodelle

a) Evolution der Unternehmung bezeichnet einen Strom an Handlungsabläufen, der das Entstehen, Geschehen in oder Vergehen einer Unternehmung umfasst. Dieser Strom wird durch die Uferbefestigungen der Unternehmungsregeln, d.h. der aus der Wirtschaftsordnung folgenden Markt- und Unternehmungsverfassungen, kanalisiert. Die Flut an Handlungsabläufen, die in Unternehmungen zu beobachten sind, suchen Forscher durch Pfeiler als Wellenbrecher gedanklich zu bändigen, die Unternehmungsstruktur heißen sollen. Unternehmungsstruktur wird im Anschluss an *Penrose, Richardson* u. a. als Gesamtheit jener Fähigkeiten verstanden, aus denen sich die Verschiedenartigkeit der Unternehmungen weiterentwickelt.

Die Pfeiler der Unternehmungsstruktur im Strom der durch Unternehmungsregeln kanalisierten Handlungsabläufe erlauben noch nicht, die Evolution zur Verschiedenartigkeit zu erklären, zu messen und gestalten zu helfen. Dazu bedarf es eines dritten Merkmals: des Ausübens von Unternehmerfunktionen, das Unternehmungsprozesse als Marktprozesse oder als Handlungsabläufe *zwischen* Beschaffungs- und Absatzmärkten zielgerichtet steuern will, aber mitunter Unbeabsichtigtes verwirklicht.

b) Nach *Hayek*s „Zwillingsvorstellungen von Evolution und der Bildung einer spontanen Ordnung" könnte einen ersten Baustein zu einer Theorie der Evolution der Unternehmung der bildhafte Vergleich bieten, Unternehmungen seien Organismen. Doch ist es in der Theorie des Wettbewerbs verfehlt, das Schlagwort eines Sozialdarwinismus „survival of the fittest" für den Überlebenskampf von Unternehmungen zu benutzen. In der Natur überleben nicht nur die Fähigsten. Es überleben auch die weniger fähigen, die sich gerade noch hinreichend an ihre Umwelt anpassen können. Natürliche Selektion ist in der Biologie ein Erklärungsmuster nur für vorangegangene Phänomene, aber sie plant nicht für die Zukunft. Die Vorstellung einer natürlichen Selektion schließt somit den Sachverhalt aus, dass Unternehmungen durch Innovationen ihre Umwelt selbst beeinflussen. *Hayek*s Rückgriff auf die Gruppenselektion hat ihm auch deshalb begründete Kritik, z. B. von *Vanberg* und *Hodgson*, eingetragen.

Den Ausschlag gegen den Vergleich einer Unternehmung mit einem Organismus liefert der Sachverhalt, dass ein Organismus zur Selbstreproduktion durch Nachkommen fähig sein muss. Unternehmungen zeugen keine Nachkommen. Um die Handlungsabläufe in einer Unternehmung im Wettbewerb zu erklären, stellt jede biologische Analogie lediglich einen verfehlten Denkansatz dar. Als Beleg hierfür mag die Lehre von der Unternehmenserhaltung gelten, hinter der die systemtheoretische Vorstellung steckt, Mindestziel einer Organisation sei zunächst die Selbsterhaltung. Ob ein Ziel Selbsterhaltung der Unternehmung sich mit ihrem Eingebundensein in Wettbewerb verträgt, ist zu bezweifeln; denn Wettbewerb schließt Auslese und Ausscheiden einzelner Organisationen ein. Erkennbar wird eine Unverträglichkeit von Unternehmenserhaltung und Wettbewerb schon bei Anwendung auf die Rechnungslegung, wenn Wünsche an Gesetzgeber herangetragen werden, durch Bilanzrecht die Substanz oder das Realkapital zu erhalten; denn die Förderung der Innenfinanzierung über zusätzliche Aufwandsverrechnung, stellt die Auslesefunktion von Wettbewerb in Finanzmärkten hintan.

c) Einen zweiten Ausgangspunkt für eine Theorie der Evolution der Unternehmung könnte *Hayek*s Theorie der kulturellen Evolution durch spontane Ordnung bieten. Spontane Ordnung heißt die Idee, dass dem Gemeinwohl dienende Institutionen nicht als Ergebnis eines menschlichen Plans, sondern als *unbeabsichtigte* Folge wiederholten Handelns zustande kommen (ähnlich *Adam Smith*s Metapher von dem Geleitetwerden durch eine „unsichtbare Hand").

Die Erklärung einer Evolution von Regelsystemen über das Bilden spontaner Ordnungen, stößt auf Schwierigkeiten, die *Hayek* in seinen Spätwerken zu einem Rückzug auf abstrakte Regeln der Sprache, der Moral und des Rechts veranlassen. Diese sollen es erlauben, sich „am besten der Tatsache unabänderlichen Unwissens anpassen" zu können. Doch keinesfalls ist das Unwissen unabänderlich, schließlich kann man aus Erfahrungen lernen und ist meist im Nachhinein klüger. Gemeint ist vielmehr, dass eine begrenzte Planbarkeit besteht, bei der eine unbekannte Restmenge an Unwissenheit nicht zu beseitigen ist. Der viel benutzte Begriff der *beschränkten Rationalität* meint nichts anderes.

d) Eine Theorie der Unternehmung hat von zwei Erfahrungstatbeständen auszugehen: das Nicht-ausschließen-Können von Ex-post-Überraschungen und die zeitliche Unumkehrbarkeit der Handlungen. Beide Erfahrungstatbestände schränken den Anwendungsbezug der noch gängigen Lehrbuchtheorie ausschlaggebend ein, die Optimierung durch Nutzenmaximierung unter Nebenbedingungen und diese vereinfachende Optimierungen anstrebt. Anspruchsvoll klingendes mathematisches Blendwerk, wie die dynamische stochastische Programmierung unter Nebenbedingungen in der Realoptionstheorie, modellieren dabei treffsicher an der zeitlichen Unumkehrbarkeit der Handlungen vorbei, da die benutzten stochastischen Prozesse der Gleichgewichtsthermodynamik entstammen und *reversible* Prozesse beschreiben. In den über Hamilton-Differentialgleichungen bestimmten dynamischen Gleichgewichten fällt sowohl Vergangenheit und als auch Zukunft in der Gegenwart des Entscheidungszeitpunktes zusammen, wie *Mirowski* betont. Die Evolution der Institution Unternehmung ist nicht durch die Optimierung eines Plans zu erklären, sondern nur über einen Versuchs- und Irrtumspfad im Zeitablauf, und solche Versuchs- und Irrtumspfade haben zur Folge, „Much labour lost: Many fruitless trials made", wie schon *David Hume* in nachgelassenen Schriften 1779 feststellte .

Ungeeignet für eine Theorie der Evolution der Unternehmung erscheint bisher auch die Spieltheorie; denn eine Tendenz zum Gleichgewicht durch Herausbilden stabiler Strategien in einem veränderbaren Wissensumfeld ist unvereinbar mit der Grundannahme der Spieltheorie eines „common knowledge", also der allen Spielern gemeinsamen Kenntnis des Entscheidungsfeldes und unbegrenzter analytischer Fähigkeiten. Die Unvereinbarkeit bleibt auch bei der engeren Wissensannahme in Nash-Gleichgewichten (d.h. jeder kennt eine Strategie, die zugleich die beste Antwort auf die Strategie des jeweils anderen ist). Auf die Existenzbedingungen für Nash-Gleichgewichte führt bisher die Mehrzahl der Lösungsansätze in der evolutorischen Spieltheorie zurück. Die Suche nach einem Gleichgewicht in Strategien widerspricht der Evolution im Sinne zeitlich unumkehrbarer Handlungsfolgen mit Ex-post-Überraschungen, also eines aus Unsicherheit folgenden Indeterminismus, weil die Existenz eines Gleichgewichts auf den Marktteilnehmern gegenseitig Bekanntem aufbaut.

Für eine Betriebswirtschaftslehre, die sich als anwendungsbezogene Wissenschaft versteht, sind Theorien, die den Wissensstand als unveränderlich vorgeben, ein Notbehelf im Anfangsstadium, und Theorien, die gar von homogenen Erwartungen ausgehen, ein Armutszeugnis. Evolution der Unternehmung ist damit nicht zu erklären.

C. Evolution der Unternehmung im „Wettbewerb als Entdeckungsverfahren"?

a) Wer Evolution der Unternehmung im Wettbewerb erklären will, hat sich mit lyrischen Hymnen zu Markt und Wettbewerb auseinanderzusetzen. So gerät *Hayeks* Idee vom Wettbewerb als Verwertung von Wissen schon auf der ersten Stufe des Offenlegens vorhandenen Wissens in Schwierigkeiten, z. B. dabei Gewinne und Verluste anderer zu erfahren. Bleiben die Gewinne verborgen, so versandet die Hoffnung, dass Nachahmer in ihrer Suche nach Gewinnchancen zu einer volkswirtschaftlich nützlicheren Neuverteilung des Einsatzes knapper Mittel beitragen. Wie unzuverlässig veröffentlichte Gewinne oder Verluste in der Rechnungslegung sind, zeigt schon ein Vergleich der Konzernrechnungslegung einer Unternehmung entweder nach HGB oder US-GAAP oder IAS mit milliardenfachen Unterschieden in der Gewinn- oder Verlusthöhe eines Jahres. Die zweite Stufe, ungleich verteiltes Wissen in einer Gesellschaft abzubauen, in dem offen gelegtes Wissen in neue Handlungen umgesetzt wird, wird nicht erläutert und erklärt schon deshalb nichts zur dritten Stufe, wie Anreize zum Schaffen neuen Wissens zustande kommen und Institutionen als unbeabsichtigtes Ergebnis menschlichen Handelns entstehen. Um weiterführende Einsichten zu erlangen, dazu bedarf es einer Untersuchung der Bestimmungsgründe von Wettbewerbsfähigkeit.

b) *Wettbewerbsfähigkeit* umfasst sowohl ein Sich-behaupten-Können gegenüber Rivalen als auch gegenüber staatlichen Eingriffen oder Verdächtigungen in Medien, sowie ein Sich-bewähren-Können gegenüber den Marktprozessen der Marktgegenseite (Kunden oder Lieferanten, Arbeitnehmern, Geldgebern). Nicht „Wettbewerb als Entdeckungsverfahren", sondern eine Verbindung der im Begriff der Unternehmungsstruktur zusammengefassten Fähigkeiten mit dem Ausüben von Unternehmerfunktionen erzeugt *Ressourcen:* in Märkten beschaffte Produktionsfaktoren, veredelt durch das Ausüben von Unternehmerfunktionen. Die Findigkeit und das Können von Unternehmungsleitungen, Mitarbeitern oder von ihnen angeheuerten externen Spezialisten verändern marktgängige Produktionsfaktoren zu unternehmungseigenen Quellen für Wettbewerbsvorsprünge. Während Produktionsfaktoren von allen Konkurrenten in Märkten zu kaufen sind, verkörpern Ressourcen Produktionsfaktoren, die durch den Zugriff auf unternehmungsspezifisches Wissen und Können Sachen, Dienste und Verfügungsrechte neu kombinieren. Ressourcen erlauben, die Wissensnachteile abzubauen, Anreize zum Schaffen neuen Wissens zu bieten und Wissensvorsprünge gegenüber Mitbewerbern, Kunden oder Lieferanten zu erlangen und zeitweise zu bewahren.

Wettbewerbsfähigkeit bedarf, um Wettbewerbsvorsprünge zu verwirklichen, der unternehmerischen Findigkeit (a) bei der Übernahme von Einkommensunsicherheiten anderer durch Marktzufuhrhandlungen und Marktprozesse in Absatz- und Beschaffungsmärkten, einschließlich Arbeits- und Finanzmärkten, (b) bei der Suche nach Spekulationsgewinnen in und zwischen einzelnen Märkten sowie gegenüber Regulierungen, (c) beim Durchsetzen von Änderungen, also die Fähigkeit zu Innovationen im *Schumpeter*schen Sinne.

Die Wege, Wettbewerbs*fähigkeit* in Wettbewerbs*vorsprünge* umzusetzen, beißen sich mit *Hayeks* Behauptung, Wettbewerb sei „als ein Prozess anzusehen, in dem Menschen Wissen erwerben und einander mitteilen" und dabei genötigt sind, rational zu handeln. Für diesen Optimismus fehlt ein Beweis, warum jenseits von Abschreckungsmanövern oder Eitelkeiten Menschen aus rationalem Eigeninteresse anderen Menschen Tatsachen über die Ergebnisse ihres Handelns und persönliche Wissensvorsprünge mitteilen sollten. Eine Evolution durch Wachstum der Unternehmung in Rivalität zu anderen baut auf Wettbewerb als Entdeckungsverfahren nur, soweit es Wettbewerbsvorsprünge bei Rivalen zu erkennen gilt.

Die Evolution einer Unternehmung in Richtung Wachstum besteht vielfach im Unterlaufen von Wettbewerb durch Schlucken von Konkurrenten oder durch Zusammenarbeit in Teilbereichen, die nicht nur Preiswettbewerb, sondern auch Qualitätswettbewerb beschränken, wenn es gelingt, den Marktzugang für Innovatoren zu erschweren. Für diesen Fall lässt sich überspitzt sagen: Die Evolution der Unternehmung frisst ihre innovativen Kinder; denn zu viele Erfahrungen bei Unternehmenszusammenschlüssen gehen dahin, dass statt der erhofften Synergieeffekte ein Ersticken der Innovationskraft zutage tritt.

D. Bewusste Organisation von Ressourcen oder spontane Ordnung durch den Markt?

a) *Hayeks* dritte These wiederholt den in der Anfangszeit der institutionellen Mikroökonomie betonten Gegensatz von Markt und Hierarchie. An die Stelle von Markt im Sinne eines Konkurrenzgleichgewichts, das Allokationseffizienz definiert, tritt bei *Hayek* die spontane Ordnung im Sinne von „Beziehungen zwischen wiederkehrenden Elementen..., die es aufgrund der Kenntnis eines beschränkten Teils eines Ganzen" möglich machen,

„Erwartungen bezüglich des Restes zu bilden, die gute Aussicht auf Erfüllung haben". Worauf sich „die gute Aussicht" gründet, bleibt ungesagt; ebenso, inwieweit Organisationen, wie die Unternehmung, innerhalb eines *nicht* zentral gelenkten Wirtschaftssystems aus spontaner Ordnung entstehen können oder zumindest damit verträglich sind.

b) Das spontane Entstehen von Institutionen führt *Hayek* auf eine Analogie zum „Prozess der Herausbildung von Preisen im Markt" zurück. Indes stützt der Verweis auf beobachtbare Marktpreise nicht die Aussage, dass irgendeine soziale Institution, das Handlungssystem „Markt" eingeschlossen, eine spontane Ordnung erzeuge; denn in den einzelnen Tauschkoordinationsformen bilden sich die Marktpreise regelmäßig nicht als unbeabsichtigtes Ergebnis wiederholten Handelns: keineswegs beim Einzelverhandlungs-Poker der Tarifvertragsparteien oder im Gefeilsche um einen industriellen Großauftrag in Einzelfertigung, nicht bei den fast täglich wechselnden Preisauszeichnung an Tankstellen (die schließlich geplant ist), allenfalls bedingt in verschiedenen Auktionsformen und Börsenkursbildungsmechanismen. Innerhalb der einzelnen Tauschkoordinationsformen stehen Marktformen mit Marktmacht einzelner *gegen* die Vorstellung, das sich eine spontane Ordnung herausbildet.

Erklärungen von Regelsystemen und Organisationen mittels spontaner Ordnung (also sog. „Unsichtbare-Hand"-Erklärungen) lassen sich nur in Einzelfällen aus den Sphären metaphysischer Hoffnungen auf den Boden des logisch und empirisch Nachvollziehbaren bringen: Die Beispiele für das Entstehen von Institutionen aus spontaner Ordnung (vgl. *Schneider* „Betriebswirtschaftslehre, Bände 1, 4"), sind weder allein das Ergebnis von Wettbewerb noch allein das einer spontanen Ordnung. Vielmehr entstehen solche soziale Institutionen *nur zusammen* mit abstrahierendem Nachdenken oder durch rationale Rekonstruktion früher entwickelter Gebräuche und Gepflogenheiten aufgrund späterer entscheidungslogischer und rechtsreformatorischer Einsichten: also aus Forschungen zu betriebswirtschaftlichen Problemen durch Praktiker und Theoretiker verschiedener Disziplinen. Anlass ihrer Überlegungen war zwar meist das Scheitern von Plänen durch Ex-post-Überraschungen, ihre Einsichten zu wettbewerbsverträglichen Markt- und Unternehmungsverfassungen mussten aber als beabsichtigte Neuordnung gegen mancherlei Interessenten durchgesetzt werden, was im geschichtlichen Verlauf immer nur zeitweise gelang. Man sehe nur auf den Rückschlag für eine marktwirtschaftliche Ordnung der Besteuerung durch das körperschaftsteuerliche Halbeinkünfteverfahren und die Steuerfreiheit für Veräußerungsgewinne bei Kapitalgesellschaften.

E. Folgerung

Dieser Vortrag suchte nach Bausteinen für eine Theorie der Evolution der Unternehmung in Verbeugung vor einem genius loci des Tagungsortes. Dazu wurden drei Thesen aus dem volkswirtschaftlichem Denkgebäude des evolutorischen Wettbewerbs begrifflich von Mehrdeutigkeiten und metaphysischen Hoffnungen gereinigt und auf ihren empirischen Gehalt hin geprüft. Im Ergebnis bieten m. E. *Hayek*s Thesen zu viel an empirisch nicht Belegbarem, an metaphysischen Hoffnungen.

Die Erläuterungen zu Wettbewerbsfähigkeit und den innovationsträchtigen Ressourcen bahnen jedoch Pfade, um die Verschiedenartigkeit der einzelnen Unternehmungen durch die Entwicklung des Wissens und Könnens zu erkunden. Da für diese Sachverhalte eine zur Formalisierung geeignete Mathematik noch nicht gefunden ist, bleiben die Aussagen zu einer evolutorischen Theorie der Unternehmung vorerst überwiegend klassifikatorisch, taxonomisch. Sie bieten aber empirischen Gehalt, der um einiges über die Aussagen zum evolutorischen Wettbewerb in der Volkswirtschaftslehre hinausführt.

Fragestellungen zu den Bestimmungsgründen von Wettbewerbsfähigkeit und zu den Ressourcen, welche die Verschiedenartigkeit von Unternehmungsstrukturen begründen, stoßen in der Betriebswirtschaftslehre der letzten Zeit auf verstärktes Forschungsinteresse. Daraus schöpfe ich die Hoffnung, dass eine Theorie der zeitlich unumkehrbaren Handlungsfolgen in rivalisierenden Unternehmungen unter Unsicherheit und bei ungleicher Wissensverteilung, also eine Theorie der Evolution der Unternehmung im Wettbewerb, sich künftig sowohl in die Breite empirischer Sachverhalte als auch in die Tiefe formaler Konsistenz entfalten wird.

Anmerkung

* Die vollständige, mit Fußnoten versehene Fassung ist im Journal für Betriebswirtschaft der Wirtschaftsuniversität Wien (JFB 4/2001, S. 152–161) veröffentlicht.

Zusammenfassung

Der Beitrag untersucht drei Thesen *Hayeks* zum Wettbewerb als Entdeckungsverfahren daraufhin, inwieweit sie sich als Bausteine für eine Theorie der Evolution der Unternehmung im Wettbewerb eignen. Die erste These befasst sich mit den ungeplanten Ergebnissen individueller Handlungen und soll der Klärung des Sprachgebrauchs von Evolution dienen. Die zweite These erläutert den Wettbewerb als Entdeckungsverfahren; die dritte begreift die Unternehmung als bewusste Anordnung von Ressourcen im Dienste einer einheitlichen Zielhierarchie. Es wird gezeigt, dass die volkswirtschaftliche Sicht übervereinfacht, wenn sie einen Gegensatz zwischen Markt als einer spontanen Ordnung und der Unternehmung als hierarchischer Organisation aufbaut. Diese Sicht kann die Evolution der Unternehmung im Wettbewerb nur unzureichend erklären.

Summary

The article explores three theses by *Hayek* concerning evolution and competition as a discovery of knowledge. It examines whether the three theses are suited for creating an evolutionary theory of the firm. The first thesis concerns the spontaneous order resulting from individual action, it will help to explain the concept of evolution. The second thesis explains competition as a discovery of knowledge, the third one sees the firm as a planned order of resources to achieve a special structure of entrepreneurial aims. The article shows further that institutional economics is oversimplifying when modeling markets as a spontaneous order in opposition to firms as a hierachical order. Hence, this approach cannot sufficiently explain the evolution of firms in competition.

10: Allgemeine Fragen der Unternehmenstheorie (JEL M20)

Ideologischer Wettbewerb zwischen Wiener Tageszeitungen im Zeitraum von 1918 bis 1938

Von William Barnett und Michael Woywode*

Überblick

- Zeiten politischen und sozialen Wandels zeichnen sich häufig durch Auseinandersetzungen zwischen konkurrierenden Ideologien aus.

- Angesichts der Bedeutung von formalen Organisationen für derartige Auseinandersetzungen gehen wir in der vorliegenden Arbeit davon aus, dass Konkurrenzverhältnisse zwischen einzelnen Ideologien als Wettstreit von Organisationen, die diese Ideologien transportieren, verstanden und analysiert werden können.

- In diesem Sinn entwickeln wir hier ein Model des ideologischen Wettbewerbs zwischen Organisationen und überprüfen unsere Ideen anhand von Daten über Wiener Tageszeitungen im Zeitraum von 1918 bis 1938. Wien ist in diesem Zeitraum durch erhebliche soziale und politische Veränderungen gekennzeichnet.

- Die Ergebnisse unserer Schätzungen verschiedener Wachstumsregressionen und Scheiterratenmodelle bestätigen unsere Vorhersagen, auf welche Art und Weise das Schicksal von Organisationen von ideologischen Gleichartigkeiten und Unterschieden abhängt.

Eingegangen: 16. Oktober 2001

Prof. William Barnett, Stanford Business School, 518 Memorial Way, Stanford University, Stanford, CA 94305-5015, Ph.D. ist Professor an der Graduate School of Business der Stanford University. In seiner Forschung beschäftigt er sich mit Fragen der Unternehmensentwicklung und Unternehmensstrategie sowie der evolutionären Organisationstheorie.
PD Dr. Michael Woywode, Universität Mannheim, Lst. für Organisation, 68131 Mannheim, leitete von 2000–2002 das Institut für Angewandte Betriebswirtschaftslehre und Unternehmensführung an der Technischen Universität Karlsruhe. Gegenwärtig ist er Mitarbeiter am Lehrstuhl für Organisation, Fakultät für Betriebswirtschaft der Universität MannheimIn seiner Forschung beschäftigt er sich mit Fragen der Unternehmens- und Branchenentwicklung sowie Fragen zum internen organisatorischen Wandel.

William Barnett und Michael Woywode

A. Einleitung

Es ist offensichtlich, dass formale Organisationen großen Einfluss auf soziale und politische Veränderungsprozesse nehmen, zum einen indem sie neue ideologische Programme propagieren, zum anderen indem sie den Status Quo verteidigen. Politische und soziale Veränderungen sind das erklärte Ziel bestimmter Organisation, wie z. B. politischer Parteien, Gewerkschaften und sozialer Bewegungen (Snyder und Tilly 1972; McCarthy und Zald 1977; Simons und Ingram 2000). Organisationen beeinflussen die sozialen und politischen Verhältnisse regelmäßig aber auch dann, wenn dies nicht ihr eigentlicher Daseinsgrund ist. Dies ist beispielsweise der Fall, wenn gewinnorientierte Unternehmen Einfluss auf politische Entscheidungen nehmen oder wenn Tageszeitungen zur öffentlichen Meinungsbildung beitragen. Auf alle Fälle hängt das jeweilige Programm, das von einer bestehenden Organisation befürwortet wird, von ihrer Ideologie ab; mit anderen Worten von dem „Glaubenssystem, das von den Mitgliedern einer Gemeinschaft geteilt wird" (Parsons 1951: 133). Je mehr eine bestehende ideologische Position von formalen Organisationen unterstützt wird, desto eher wird sie sich bei ideologischen Auseinandersetzungen durchsetzen (Tilly 1978). Wie Selznick (1960: 10) feststellt: „. . . Ideologie, die in Macht umgewandelt werden soll, benötigt Organisation. . .".

In wissenschaftlichen Untersuchungen über soziale Veränderungsprozesse wird nun häufig auf die dauernden Auseinandersetzungen zwischen konkurrierenden Ideologien eingegangen, aber oft wird die Bedeutung formaler Organisationen bei diesen Auseinandersetzungen heruntergespielt oder gänzlich ignoriert (z. B. Polanyi 1944; Moore 1966). Angesichts der Tatsache, dass formale Organisationen eine große Bedeutung bei solchen ideologischen Auseinandersetzungen besitzen, gehen wir davon aus, dass wir durch das Studium des Wettbewerbs zwischen Organisationen mit unterschiedlichen Ideologien viele Erkenntnisse über den Verlauf ideologischer Auseinandersetzungen und sozialer Veränderungsprozesse gewinnen können – wie in Webers (1946) Studie vom Wettbewerb zwischen religiösen Sekten (Carroll und Huo 1988; Simons und Ingram 1997).

In Modellen über den Wettbewerb zwischen Organisationen wird im Allgemeinen unterstellt, dass der Wettbewerb dann am intensivsten ist, wenn die Organisationen viele Gemeinsamkeiten aufweisen. In der populationsökologischen Forschung wird beispielsweise argumentiert, dass identische Organisationen besonders häufig um die gleichen Ressourcen konkurrieren und deshalb der Wettbewerbsdruck zwischen identischen Organisationen besonders hoch ist (Hannan und Freeman 1989). Ingram und Simons (2000) haben jedoch in ihrer Studie über Kibbuz-Organisationen in Israel gezeigt, dass ideologischer Wettbewerb zwischen Organisationen vor allem durch Unterschiede verschärft wird. Zwischen Organisationen, die konkurrierende Ideologien verfolgen, kommt es schnell zu Auseinandersetzungen hinsichtlich ihrer Anhänger sowie der Unterstützung von bedeutenden sozialen Organisationen. Ihr Modell des ideologischen Wettbewerbs hebt daher die Tatsache hervor, dass Organisationen mit unterschiedlichen Ideologien alles daran setzen, ihre Wettbewerbsposition auf Kosten der „feindlichen" Organisationen zu verbessern, sodass die entstehenden Zugewinne bei einer Organisation zu einer abnehmenden Existenzfähigkeit bei Organisationen mit konkurrierenden Ideologien führt. Wir erweitern das Modell von Ingram und Simons (2000) und überprüfen es anhand eines Datensatzes, der Informationen über alle Organisationen enthält, die zwischen 1918 und 1938 in Wien Tageszeitungen veröffentlichten.

B. Historische Hintergründe, Daten und Modell

Wien durchlebte in den Jahren zwischen 1918 und 1938 erhebliche soziale und politische Veränderungen. Nach dem Ende des Ersten Weltkriegs kam es im Jahr 1918 zur Entstehung des „Roten Wiens", einer sozialistischen Modellstadt, die weltweite Anerkennung und Nachahmung fand. Während in der Stadt Wien die Sozialdemokraten von 1918 bis 1934 ununterbrochen regierten, gewann im übrigen Österreich die Christlich-Soziale Partei entweder alleine oder als Kopf einer Koalition alle Nationalratswahlen von 1920 bis 1938. Innerhalb weniger Jahre, in denen Wien von tiefen wirtschaftlichen Krisen und politischen Auseinandersetzungen getroffen wurde, entstand aber auch eine stetig wachsende und gut organisierte rechtsradikale Bewegung. 1934 wurden die politischen Kräfte in Wien mobilisiert und im Februar brach ein kurzer Bürgerkrieg aus, von dessen Folgen sich die österreichische Sozialdemokratie bis zum Ende des Zweiten Weltkrigs nicht mehr erholte. Die Wiener Tageszeitungen spiegeln diese Veränderungen in den politischen Verhältnissen zwischen 1918 und 1938 wider; insbesondere findet man aus diesem Grund hohe Gründungs- und Scheiterraten. Eine ganze Reihe Wiener Tageszeitungen überlebten die Zeit bis zum Anschluss Österreichs an Nazi-Deutschland im Jahr 1938, aber 104 Tageszeitungen – fast 3/4 aller – gingen im Zeitraum von 1918 bis 1938 ein.

Wir können in Wien zwischen 1918 und 1938 drei unterschiedliche ideologische Grundorientierungen ausmachen, die wir vereinfachend als sozialistische, christlich-soziale und pangermane Ideologien bezeichnen (Wandruszka 1954). Doch sind die Verhältnisse zwischen den Ideologien durchaus komplex. So bestehen konkurrierende wie auch kooperative Beziehungen. Unsere eigenen theoretischen Überlegungen führen zu dem Schluss, dass der stärkste Wettbewerb zwischen Zeitungen mit verwandten (benachbarten) Ideologien vorliegen sollte. Zeitungen mit benachbarten Ideologien kämpfen am stärksten um potentielle Leser, Werbebudgets oder andere Ressourcen. Mit Zeitungen, die dieselbe ideologische Grundposition vertreten wie man selbst ist man durch Solidarität verbunden. Der Erfolg einer Zeitung erhöht die ideologische Legitimation aller Zeitungen, die diese Ideologie verfolgen und dies wirkt sich positiv auf ihre Erfolgschancen aus. Zeitungen, die Ideologien verfolgen, die weit von der eigenen Ideologie entfernt liegen, sind dagegen keine wirklichen Konkurrenten. Im Gegenteil. Sie können sogar dabei helfen, die eigene ideologische Grundposition zu schärfen und die eigenen Anhänger zu mobilisieren. Daher vermuten wir, dass die Wettbewerbsintensität zwischen Zeitungen mit sozialistischer und Zeitungen mit christlich-sozialer Orientierung besonders stark sein sollte. Und auch zwischen Zeitungen mit christlich-sozialer Orientierung und pangermaner Orientierung sollte eine besonders starke Wettbewerbsintensität vorliegen.

Zur Überprüfung unserer Hypothesen analysierten wir die Wachstums- und Scheiterraten von Zeitungsorganisationen mit unterschiedlichen ideologischen Orientierungen jeweils in Abhängigkeit von der Konkurrenzintensität, die von Zeitungen mit anderer ideologischer Orientierung ausging. Für unsere Schätzungen haben wir auf Basis von Sekundärdaten die ideologischen Orientierungen aller Wiener Tageszeitungen erhoben und sie in einem aufwendigen Prozess danach klassifiziert, ob sie sozialistische, christlich-soziale oder pangermane Ideologiepositionen vertraten.

C. Ergebnisse und Diskussion

In unseren Schätzungen verschiedener Hazardratenmodelle und Wachstumsregressionen zeigt sich die Güte unseres Modells des ideologischen Wettbewerbs. Insbesondere bestätigen die Ergebnisse unsere Vorhersagen, auf welche Weise das Schicksal von Organisationen von ihrer ideologischen Gleichartigkeit oder Unterschiedlichkeit abhängt. Wie vermutet konnten wir signifikante Wettbewerbseffekte zwischen Organisationen, die unterschiedliche aber benachbarte Ideologien verfolgen, nachweisen. Das ideologische Zentrum (christlich-sozial) bekam vor allem den Wachstumswettbewerb von links (sozialistisch) zu spüren und war Gegenstand eines so genannten Predator-Prey-Wettbewerbs von der ideologischen Rechten (pangermanisch). Dieses Ergebnis bestätigt unsere Grundidee, dass der ideologische Wettbewerb zwischen benachbarten Ideologien am stärksten ausgeprägt sein sollte. Wir fanden ebenfalls heraus, dass ideologisch extreme Zeitschriften von Natur aus eher scheitern als gemäßigte Zeitungen. Hierin spiegelt sich das größere politische und institutionelle Risiko wider, das mit ideologischem Extremismus einher geht. Weiterhin konnten wir zeigen, dass Zeitungen, die als Sprachrohr einer Partei dienten, deutlich bessere Wachstums- und Überlebenschancen hatten als Zeitungen ohne direkte Parteibindung. Darüber hinaus bestätigte sich unsere Vermutung, dass die Überlebenschancen von Zeitungen mit zunehmendem Alter und zunehmender Auflagenhöhe steigen. Das vorgestellte Modell des ideologischen Wettbewerbs ist unserer Ansicht nach auch auf viele andere Arten von Organisationen, die den sozialen und politischen Wandel vorantreiben wollen, anwendbar – zum Beispiel auf religiöse Gruppen, soziale Bewegungen, Gewerkschaften oder politische Parteien. Insofern ergibt sich hier ein interessantes Forschungsgebiet für die Zukunft.

Anmerkung

* Der vollständige Artikel ist erschienen als Research Paper 1642, Stanford University, Graduate School of Business. Elektronischer Download: http://gobi.stanford.edu/facultybios/bio.asp?ID=10

Literatur

Carroll, G. R./Huo, Y. (1988): Organizational and Electoral Paradoxes of the Knights of Labor, in: Carroll, G. R. (Hrsg.): Ecological Models of Organizations, Cambridge, MA, Seite 175–193.
Hannan, M. T./Freeman, J. (1989): Organizational Ecology, Cambridge, MA.
Ingram, P./Simons T. (2000): State Formation, Idological Competition, and the Ecology of Israeli Workers Cooperatives, 1920-1992, in: Administrative Science Quarterly, Vol.45, Seite 25–53.
McCarthy, J. D./Zald, M. N. (1977): Resource Mobilization and Social Movements: A Partial Theory, in: American Journal of Sociology, Vol. 82, Seite 1212–1241.
Moore, B. (1966): Social Origins of Dictatorship and Democracy: Lord and Peasant in the Making of the Modern World, Boston.
Parsons, T. (1951): The Social System, Glencoe, IL.
Polanyi, K. (1944): The Great Transformation, Boston.
Selznick, P. (1960): The Organization Weapon: A Study of Bolshevik Strategy and Tactics, Glencoe, IL.

Simons, T./Ingram, P. (1997): Organization and Ideology: Kibbutzim and Hired Labor, 1951–1965, in: Administrative Science Quarterly, Vol. 42, Seite 784–813.

Simons, T./Ingram P. (2000): The Kibbutz for Organizational Behavior, in: Research in Organizational Behavior, Vol. 22, Seite 283–343.

Snyder, D./Tilly, C. (1972): Hardship and Collective Violence in France, 1830 to 1960, in: American Sociological Review, Vol. 37, Seite 520–532.

Tilly, C. (1978): From Mobilization to Revolution, Reading, MA.

Wandruszka, A. (1954): Österreichs politische Struktur, in: Heinrich Benedikt (Hrsg.): Geschichte der Republik Österreich, München, Seite 289–335.

Weber, M. (1946): The Protestant Sects and the Spirit of Capitalism, in: Gerth und Mills (Hrsg.): From Max Weber: Essays in Sociology, New York, Seite 302–322.

William Barnett und Michael Woywode

Zusammenfassung

Unsere quantitativen Analysen zeigen, dass die Wiener Tageszeitungen zwischen 1918 und 1938 durch hohe Gründungs- und Scheiterraten gekennzeichnet sind. Viele Wiener Tageszeitungen überlebten die Zeit bis zum Anschluss Österreichs an Nazi-Deutschland im Jahr 1938, aber 104 Tageszeitungen – fast <3/4> aller – gingen im Zeitraum von 1918 bis 1938 ein. In unseren Schätzungen verschiedener Hazardratenmodelle und Wachstumsregressionen zeigt sich die Güte unseres Modells des ideologischen Wettbewerbs. Insbesondere bestätigen die Ergebnisse unsere Vorhersagen, auf welche Weise das Schicksal von Organisationen von ihrer ideologischen Gleichartigkeit oder Unterschiedlichkeit abhängt. Nach unseren Forschungsergebnissen existiert ideologischer Wettbewerb in erster Linie zwischen Organisationen, die unterschiedliche aber benachbarte Ideologien verfolgen. Sowohl die Wachstumsraten als auch die Überlebenschancen werden durch ideologischen Wettbewerb beeinflusst. Weiterhin können wir zeigen, dass extreme ideologische Positionen für Zeitungen riskant sind.

Summary

Our quantitative analysis demonstrate that Viennese newspapers were founded and failed at high rates between 1918 and 1938. Many newspapers survived through to the Anschluss in 1938, but 104 newspapers – nearly 3/4 of the population – failed over the period 1918–1938. By analyzing the rates of failure and growth among these organizations, we estimated an ecological model of ideological competition. The results demonstrate the usefulness of our model in predicting how ideological similarities and differences affect organizational fates. The only robust evidence we found of competition was among organizations advocating different ideologies. In particular, the ideological center faced competition over growth from the left, and was subject to predator-prey competition from the ideological right. This pattern is consistent with the idea that ideological competition is strongest from the extremes, and that it occurs among adjacent ideologies. We also found that ideologically extreme newspapers were inherently more likely to fail, reflecting the greater political and institutional risks associated with such extremism.

20: Allgemeine Fragen der Organisationstheorie (JEL M19)
014: Volkswirtschaftlicher Rahmen (JEL P00)

Präemptives Verhalten in sequentiellen Turnieren

Von Peter-J. Jost und Matthias Kräkel

Überblick

- Die bisherigen Beiträge der Turnierliteratur modellieren das strategische Entscheidungsverhalten der Akteure ausschließlich als simultanes Spiel. In realen Turnieren treffen die Akteure jedoch nur in den seltensten Fällen ihre Leistungsentscheidungen zeitgleich.

- In diesem Beitrag untersuchen wir sequentielle Turniere, in denen ein Akteur seine Leistungsanstrengung wählt, die dann von einem zweiten Akteur beobachtet wird. Diese Beobachtung bildet dann die Entscheidungsgrundlage für dessen Leistungswahl.

- Wir zeigen, inwieweit in solchen sequentiellen Turnieren der als erster agierender Akteur seine Position strategisch ausnutzen kann und durch ein präemptives Verhalten den nachfolgenden Akteur abschrecken kann, so dass dieser aus dem Wettbewerb aussteigt.

- Im Allgemeinen bevorzugt daher der Prinzipal simultane Turniere, in denen ein präemptives Verhalten ausgeschlossen ist.

- Wir betrachten zunächst Turniere mit eingeschränktem Glückseinfluss und untersuchen dann Situationen, in denen gar keine exogenen Glücks- bzw. Störeinflüsse wirken.

Eingegangen: 16. Oktober 2001

Prof. Dr. Peter-Jürgen Jost, Lehrstuhl für Betriebswirtschaftslehre, insbesondere Organisationstheorie, WHU, Burgplatz 2, 56179 Vallendar, e-mail: pjjost@whu-Koblenz.de.
Prof. Dr. Matthias Kräkel, Betriebswirtschaftliche Abteilung II, Rheinische Friedrich-Wilhelms-Universität Bonn, Adenauerallee 24–42, 53113 Bonn, e-mail: m.kraekel@uni-bonn.de.

Peter-J. Jost und Matthias Kräkel

A. Einleitung

Turniere lassen sich als eine Art relative Leistungswettbewerbe charakterisieren.[1] Hierbei werden ex ante Gewinner- und Verliererpreise vom Turnierveranstalter (Prinzipal) festgelegt, die allen Turnierteilnehmern (Agenten) bekannt sind und entsprechende Leistungsanreize induzieren. Die Turnierpreise werden dann ex post in der Rangfolge der realisierten Ergebnisse an die Agenten vergeben. Turniere weisen diverse Vor- und Nachteile auf. Zu den Vorteilen zählen das Erreichen der first-best-Lösung bei risikoneutralen Agenten, geringe Messkosten infolge des ordinalen Messniveaus sowie die Anwendbarkeit selbst in solchen Situationen, in denen die Leistungsanstrengungen und -ergebnisse der Agenten nicht von Dritten (z.B. vor Gericht) „verifizierbar" sind. Mögliche Nachteile von Turnieren ergeben sich in Form von Absprachen zwischen den Agenten sowie aufgrund von gegenseitiger Sabotage.

Die bisherigen Beiträge der Turnierliteratur modellieren das strategische Entscheidungsverhalten der Agenten ausschließlich als simultanes Spiel. In realen Turnieren – z.B. Sportturniere, Turniere zwischen Außendienstmitarbeitern, Beförderungsturniere – treffen die Agenten jedoch nur in den seltensten Fällen ihre Leistungsentscheidungen genau zeitgleich. Viel realistischer sind hingegen Situationen, in denen ein Agent seine Leistungsanstrengung wählt, die dann von den anderen Agenten beobachtet wird. Diese Beobachtungen bilden nun wiederum die Entscheidungsgrundlage für die Leistungswahl der als Zweites ziehenden Agenten. In solchen Fällen ist es nahe liegend, dass der als Erstes ziehende Agent versucht, seine Position strategisch auszunutzen, und möglicherweise eine sehr hohe Anstrengung wählt, wodurch die nachfolgenden Agenten abgeschreckt werden und aus dem Wettbewerb aussteigen. Genau dieses Phänomen wird von uns in einem zweistufigen Modell diskutiert, wobei der risikoneutrale Prinzipal auf der ersten Stufe die Turnierpreise festlegt und anschließend zwei risikoneutrale Agenten bei gegebenen Turnierpreisen gegeneinander konkurrieren.[2] Abschnitt B betrachtet zunächst ein Turnier mit eingeschränktem Glückseinfluss. Abschnitt C behandelt die Situation, in der gar keine exogenen Glücks- bzw. Störeinflüsse wirken.

B. Turniere mit eingeschränktem Glückseinfluss

In diesem Abschnitt wird angenommen, dass sich das nicht-verifizierbare Leistungsergebnis der zwei Agenten jeweils additiv aus den gewählten Anstrengungen und einem exogenen Störterm zusammensetzt, wobei Letzterer den Glückseinfluss im Turnier beschreibt. Der Störterm sei über einem endlichen Intervall zufallsverteilt, so dass von einem eingeschränkten Glückseinfluss gesprochen werden kann. Ferner sei von den üblichen Annahmen der Turnierliteratur ausgegangen, d.h. die beiden Störterme seien identisch und unabhängig voneinander zufallsverteilt, und beide Agenten haben die gleiche konvexe Arbeitsleidfunktion. Hierfür lässt sich die folgende Referenzlösung ermitteln:[3]

Ergebnis 1: Wählen die Agenten ihre Anstrengungen simultan, so kann der Prinzipal über die Turnierpreise die first-best-Lösung implementieren.

Die Intuition für dieses Ergebnis lässt sich wie folgt beschreiben: Da der Prinzipal die Turnierpreise ex ante verifizierbar festlegt, werden Anreizprobleme infolge der nicht-verifizierbaren Leistungsergebnisse vermieden. Weil zudem die Agenten risikoneutral sind, entstehen durch die Anreizgestaltung keine Risikokosten, und es lassen sich daher optimale Anreize mittels geeigneter Turnierpreise erzeugen.

Entscheiden die Agenten hingegen nacheinander, so erhält man folgendes Ergebnis:

Ergebnis 2: Angenommen sei, die Agenten wählen ihre Anstrengungen sequentiell. Ist die Turnierpreisdifferenz hinreichend klein und das Intervall für die Störgrößen hinreichend groß, so lässt sich vom Prinzipal eine nicht-präemptive Lösung implementieren. Andernfalls wählt der zuerst ziehende Agent eine Anstrengung in Höhe der Länge des Störgrößenintervalls, und der andere Agent wählt eine Anstrengung in Höhe von Null.

Auch dieses Ergebnis lässt sich intuitiv erklären. Ist die Turnierpreisdifferenz sehr groß, so hat der zuerst ziehende Agent ein Interesse, den Gewinnerpreis durch eine präemptiv hohe Anstrengung mit Sicherheit zu erlangen. Diese Anstrengung entspricht der Länge des Störgrößenintervalls. Ist dieses nicht zu groß, so ist das Arbeitsleid für die präemptive Anstrengung nur vergleichsweise gering. Genau dann lohnt sich auch in Relation zur Turnierpreisdifferenz ein präemptives Verhalten des zuerst ziehenden Agenten.

Kombiniert man die beiden Ergebnisse 1 und 2, so erhält man unmittelbar das folgende Ergebnis:

Ergebnis 3: Bei eingeschränktem Glückseinfluss dominieren Turniere mit simultaner Zugfolge aus Sicht des Prinzipals Turniere mit sequentieller Zugfolge zumindest schwach.

C. Turniere ohne Glückseinfluss

Als Spezialfall des im letzten Abschnitt diskutierten Modells betrachten wir im Folgenden ein Turnier mit sequentieller Zugfolge, in dem keine exogenen Störeinflüsse wirken. In diesem Fall kann also der an zweiter Stelle ziehende Agent durch eine marginal größere Anstrengung als die des zuerst ziehenden Agenten den Gewinnerpreis mit Sicherheit erlangen. Diese Möglichkeit beeinflusst entscheidend das Verhalten der Agenten in diesem Turnier:

Ergebnis 4: In einem Turnier mit sequentieller Zugfolge und ohne Glückseinfluss steigt immer einer der beiden Agenten aus dem Turnier aus: Entweder wählt der zuerst ziehende Agent eine präemptiv hohe Anstrengung und gewinnt das Turnier, oder der an zweiter Stelle ziehende Agent gewinnt, ohne dass der erste Agent eine Anstrengung leistet.

Die Intuition folgt unmittelbar aus den obigen Ausführungen. Betrachten wir den nachfolgend ziehenden Agenten. Wenn er sich überhaupt noch am Turnier beteiligt, dann wird er eine marginal höhere Anstrengung als der erste Agent wählen. Dies lohnt sich für ihn aber nur dann, wenn der damit verbundene Gewinnerpreis entsprechend größer ist als der Verliererpreis. Antizipiert der zuerst ziehende Agent diese Reaktion, dann wird er entweder eine präemptiv hohe Anstrengung wählen, so dass sich für den anderen Agenten eine noch höhere Anstrengung nicht lohnt, oder er steigt direkt aus dem Turnier aus und der zuletzt ziehende Agent gewinnt das Turnier. Im ersten Fall ist die präemptive Anstrengung des zuerst ziehenden Agenten durch seine Indifferenz zwischen Grenzkosten – also dem damit verbundenen Arbeitsleid – und Grenznutzen – also der Turnierpreisdifferenz – gegeben. Im zweiten Fall ist die Anstrengung des zuletzt ziehenden Agenten marginal postiv.

Ein solches sequentielles Turnier ist für den Prinzipal natürlich eine Katastrophe: Einer der beiden Agenten wird immer aussteigen, so dass er eine first-best-Anstrengung beider Agenten nie implementieren kann. Im besten Fall wird bei geeigneter Gestaltung der Turnierpreise ein Agent die Referenzlösung wählen.

Im vorliegenden Fall müssen wir für eine Bewertung dieses Turniertyps allerdings zunächst das Verhalten der Agenten in einem simultanen Turnier ohne Glückskomponente untersuchen. Angenommen also, beide Agenten ziehen simultan. Da Glück in diesem Turnier keine Rolle spielt, ergibt sich aus unserer obigen Diskussion, dass beide Agenten in ihrem Verhalten undurchschaubar sein werden: Wäre nämlich einer von beiden auf ein gewisses Anstrengungsniveau festgelegt, würde der andere Agent entweder einen marginal höheren Einsatz leisten und das Turnier gewinnen oder er würde direkt aussteigen. Im ersten Fall wäre der betrachtete Agent dann aber besser ausgestiegen, im zweiten Fall hätte er auch mit einer niedrigeren Anstrengung gewonnen. Beides steht im Widerspruch zur Annahme, dass er ein bestimmtes Anstrengungsniveau mit Sicherheit wählen wird. Folglich wird jeder Agent den anderen über sein Verhalten im Unklaren lassen wollen und eine gemischte Strategie wählen. Analysiert man diese Strategie im Detail und vergleicht den damit verbundenen Ausgang des Turniers mit dem eines sequentiellen, erhält man das folgende Ergebnis:[4]

Ergebnis 5: Wenn der Prinzipal die Möglichkeit hat, entweder ein Turnier mit sequentieller oder eines mit simultaner Zugfolge zu organisieren, dann wird er das simultane Turnier strikt präferieren, wenn der Glückseinfluss hinreichend klein ist.

D. Zusammenfassung und Ausblick

In diesem Beitrag haben wir die Frage diskutiert, inwieweit in einem sequentiellen Turnier strategisches Verhalten zwischen den Agenten zum Nachteil des Prinzipal ausgenutzt werden kann. Wir haben argumentiert, dass der zuerst ziehende Agent durch ein präemptives Verhalten den nachfolgenden Agenten systematisch abschrecken kann und damit ein solches Turnier für den Prinzipal weniger attraktiv ist als ein simultanes Turnier.

In einem allgemeineren Kontext schließen sich an diese Ergebnisse weitere Fragen an, die wir bisher noch nicht modelltheoretisch untersucht haben: Inwieweit kann der Prinzipal beispielsweise den Informationsfluss zwischen den beiden Agenten unterbinden, um so ein sequentielles Turnier „quasi-simultan" zu machen? Wie verhalten sich die Agenten, wenn das Turnier wiederholter Natur ist und ein ins Hintertreffen geratener Agent durch einen entsprechend hohen Einsatz den anderen Agenten überspringen kann?[5]

In der vorliegenden Kurzfassung unseres Aufsatzes „Preemptive Behavior in Sequential Tournaments" haben wir auf die detaillierte formale Herleitung unserer Ergebnisse verzichtet und lediglich intuitiv die entsprechenden Zusammenhänge diskutiert. Der interessierte Leser sei deshalb auf die ausführlichere Version verwiesen.

Anmerkungen

1 Vgl. u.a. Lazear/Rosen (1981), Nalebuff/Stiglitz (1983), Malcomson (1984).
2 Eine Langfassung des Beitrags mit einer entsprechenden modelltheoretischen Analyse findet man unter http://www.geaba.de.
3 Für das gleiche Ergebnis unter der Annahme eines kompetitiven Arbeitsmarktes mit Null-Gewinn-Bedingung für den Prinzipal vgl. Lazear/Rosen (1981), S. 844–846.
4 Die vorliegende Argumentation suggeriert, dass ein sequentielles Turnier grundsätzlich für den Prinzipal schlechter ist als ein simultan gestaltetes Turnier. Dass dem nicht so sein muss, zeigt Jost (2000).
5 In der Literatur wird ein solches strategisches Verhalten als „leapfrogging" bezeichnet. Siehe hierzu beispielsweise Fudenberg et al. (1983) oder Fudenberg/Tirole (1985).

Literatur

Fudenberg, D., R. Gilbert, J. E. Stiglitz und J. Tirole (1983): Preemption, leapfrogging and competition in patent races. European Economic Review, Vol. 22, S. 3–31.
Fudenberg, D. und J. Tirole (1985): Preemption and rent equalization in the adoption of new technology. Review of Economic Studies, Vol. 52, S. 383–401.
Jost, P.-J. (2000): Sequential tournaments. Working-Paper, GEABA-DP-Reihe 01–04, www.geaba.de.
Jost, P.-J. und M. Kräkel (2000): Preemptive behavior in sequential tournaments. Working-Paper, GEABA-DP-Reihe 01–06, www.geaba.de.
Lazear, E. P. und S. Rosen (1981): Rank-order Tournaments as Optimum Labor Contracts. Journal of Political Economy, Vol. 89, S. 841–864.
Malcomson, J. M. (1984): Work Incentives, Hierarchy and Internal Labor Markets. Journal of Political Economy, Vol. 92, S. 486–507.
Nalebuff, B. J. und J. E. Stiglitz (1983): Prizes and Incentives: Towards a General Theory of Compensation and Competition. Bell Journal of Economics, Vol. 14, S. 21–43.

Peter-J. Jost und Matthias Kräkel

Zusammenfassung

Turniere werden in der theoretischen Literatur üblicherweise als simultane Spiele modelliert. In realen Turniersituationen treffen die Akteure jedoch nur in den seltensten Fällen ihre Leistungsentscheidungen zeitgleich. Wir zeigen, dass sich das strategische Verhalten der Akteure in sequentiellen Turnieren von dem in simultanen unterscheidet. So wird unter bestimmten Rahmenbedingungen der zuerst agierende Akteur ein präemptiv hohes Leistungsniveau wählen, so dass der nachfolgende Akteur aus dem Turnier aussteigt. Im Allgemeinen bevorzugt daher der Prinzipal simultane Turniere, in denen ein präemptives Verhalten ausgeschlossen ist.

Summary

Rank-order tournaments are usually modelled simultaneously. However, real tournaments are often sequential. We show that agents' strategic behavior significantly differs in sequential tournaments compared to simultaneous tournaments. In a sequential tournament, under certain conditions the first acting agent chooses a preemptively high effort so that the following agent gives up. In general, the principal will prefer simultaneous tournaments in which preemptive behavior is impossible.

20: Allgemeine Fragen der Organisationstheorie (JEL M19)

Konzernrechnungslegung und Wettbewerb

Von Wolfgang Ballwieser*

Überblick

- Die Art der Konzernrechnungslegung kann heute unter bestimmten Bedingungen gewählt werden. Im Beitrag wird gefragt, was die Wahl beeinflussen kann.

- Untersucht wird, ob Modelle bestehen, die Unternehmen helfen, Rechnungslegung strategisch zu nutzen, und nach welchen Kriterien sich Manager und Regulierer für ein System oder für mehrere entscheiden könnten.

Eingegangen: 16. Oktober 2001

Prof. Dr. Dr. h.c. Wolfgang Ballwieser, Seminar für Rechnungswesen und Prüfung, Department für Betriebswirtschaft, Ludwig-Maximilians-Universität, München, Ludwigstr. 28 R6, 80539 München

© Gabler-Verlag 2002

A. Das Problem

Die Beziehung zwischen Rechnungslegung und Wettbewerb lässt sich diskutieren auf der Ebene
- der Rechnungslegungssysteme, wie HGB, IAS und US-GAAP, und ihrer Eigenschaften ($\cong$ Produktwettbewerb),
- der Unternehmen, die Rechnungslegung strategisch nutzen ($\cong$ Unternehmenswettbewerb),
- der Manager, die nach Ergebnissen der Rechnungslegungssysteme entlohnt werden und diese unterschiedlich präferieren ($\cong$ Vergütungswettbewerb), sowie
- der Regulierer, die Rechnungslegungssysteme etablieren ($\cong$ Regulierungswettbewerb).

Damit verbunden sind z.B. die Fragen:
(1) Lassen sich Rechnungslegungssysteme nach wünschenswerten Kriterien ordnen, sodass ein System ein anderes dominiert?
(2) Gibt es aufgrund der Präferenzordnungen der Nutzer oder Regulierer eine zu erwartende einstimmige Wahl eines bestimmten Systems?
(3) Wählen Unternehmen ein bestimmtes Rechnungslegungssystem, um Wettbewerbsvorteile zu erlangen? Liegen diese Vorteile in geringeren Kapitalkosten, besseren Rating-Ergebnissen, größerer Nachfrage nach Unternehmensanteilen oder in anderen Faktoren?
(4) Gibt es Modelle, die Rechnungslegungssysteme als Entscheidungsvariable enthalten und Anwender bei der Auswahl unterstützen?
(5) Bevorzugen Manager ein bestimmtes Rechnungslegungssystem aufgrund der Vergütungsanreize?
(6) Ist Vielfalt oder Einheit der Rechnungslegung aus Regulierungssicht wünschenswert?
(7) Nutzen Staaten oder übernationale Institutionen, wie die IOSCO oder das IASC, Möglichkeiten, um den Wettbewerb von Rechnungslegungssystemen zu fördern oder einzugrenzen?
(8) Kann man in der jüngsten politischen Entwicklung, dokumentiert durch Änderungen von HGB, EU-Richtlinien, SEC-Regulierung etc., Elemente eines schöpferischen Prozesses durch Wettbewerb sehen, der bestimmte Funktionen der Rechnungslegung stärkt oder schwächt?

Zu den genannten Fragestellungen liegen zahlreiche Untersuchungen vor, die unterschiedliche methodische Grundlagen aufweisen, teilweise vordergründige oder widersprüchliche Ergebnisse haben und deren Zusammenschau fehlt.

B. Die Ergebnisse

(1) Miteinander konkurrierende Rechnungslegungssysteme wie HGB, IAS oder US-GAAP lassen sich nicht nach technischen Eigenschaften wie Feinheit[1] oder Präzision[2] ordnen. Die Maße versagen beispielsweise, wenn die Gewinnvereinnahmung nach Fertigungsfortschritt oder nach Endablieferung zur Debatte steht[3]. Auch hilft kein Rückgriff auf die Wahl des Systems unter dem Schleier der Unwissenheit[4].

(2) Manager behaupten, sie würden IAS oder US-GAAP aus Wettbewerbsgründen ergreifen. Beliebt ist die These, dass ein Übergang vom HGB auf die genannten Alternativen Kapitalkosten senkt oder Informationsasymmetrien insofern verringert, dass die Geld-Brief-Spanne von Kursen verringert wird.
(3) Empirische Studien in den USA belegen keine Tendenz, dass die Eigenkapitalkosten umso geringer werden, je besser die Publikationsgüte ist[5]. Belegt wird zwar der mit verbesserter Publizität einher gehende Rückgang von Fremdkapitalkosten[6], aber die Studie kontrolliert nicht den Effekt von Vertragsabreden zwischen Kreditgebern und Kreditnehmern[7]. Darüber hinaus vermischen die Studien zur Kapitalkostenreduktion notgedrungen den Informationseffekt mit einem Signalisierungseffekt. Zur Einschätzung verschiedener Rechnungslegungssysteme interessiert aber nur der Informationseffekt[8].
(4) Der Übergang von der HGB-Bilanzierung zu einer solchen nach IAS oder US-GAAP verringert die Geld-Brief-Spanne von Aktien signifikant. Studien, die zwischen dem Effekt von IAS und US-GAAP unterscheiden wollten, waren bisher erfolglos[9].
(5) Manager behaupten, US-GAAP oder IAS seien zur Sicherung der Vergleichbarkeit bei wichtigen Abschlussadressaten nötig. Sie sprechen damit implizit Netzwerkeffekte an, die umso größer sind, je mehr Ersteller und Nutzer sich demselben System verschreiben. Der Vorteil, ein bestimmtes System zu verwenden, hängt nicht nur von der Tatsache ab, wie viele Unternehmen bisher schon dieses System nutzen, sondern auch von der Erwartung, wie viele Unternehmen demnächst dieselbe Entscheidung treffen werden[10]. Gesicherte theoretische Grundlagen für individuelle Entscheidungen oder für Entscheidungen des Regulierers liegen bezüglich der Netzwerkeffekte nicht vor.
(6) Modelltheoretisch wurde gezeigt, dass die Aktivierung von Entwicklungskosten die Entwicklungstätigkeit befruchten kann[11]. Ob diese Tätigkeit wertvoll ist, kann durch das Modell nicht beantwortet werden; die Werthaltigkeit wird als Annahme vorausgesetzt.
(7) Rechnungslegungssysteme können im Wettbewerb durch Manager stehen, wenn diese gewinnabhängige Entlohnungen erhalten und Chancen haben, ein bestimmtes System zu etablieren. Vieles spricht dafür, dass Manager IAS oder US-GAAP aus Entlohnungsgründen vorziehen werden. Auch haben Manager durch Stellungnahmen der Wirtschaft das geltende Bilanzrecht beeinflusst. Allerdings war ihr Einfluss dann am größten, wenn sie eine Position gemeinsam mit Abschlussprüfern oder Akademikern vertreten haben[12]. Auch haben sie mehr Einfluss auf Offenlegung und Gliederung statt auf Ansatz und Bewertung genommen. Die Ergebnisse könnten heute relativiert sein, weil die Interessenlage der Manager von großen Unternehmen sich derzeit anders darstellt als bei der Verabschiedung des Bilanzrichtlinien-Gesetzes, das der empirischen Untersuchung des Managereinflusses zugrunde lag.
(8) Regulierer können den Wettbewerb zwischen Rechnungslegungssystemen fördern oder behindern. In Deutschland gibt es derzeit einen intensiven Wettbewerb, allerdings mit der Tendenz der Aufweichung von Normen[13]. Die USA verlängern die Zeit des Wettbewerbs, wenn sie IAS auch in Zukunft nicht akzeptieren. Es gibt Anhaltspunkte, dass der Wettbewerb zwischen Europa und den USA auf dem Gebiet des Bilanzrechts aufrechterhalten bleiben wird.

Anmerkungen

* Vortrag auf der Tagung des Verbandes der Hochschullehrer für Betriebswirtschaft e.V. am 6. Juni 2001 in Freiburg i.Br. Der vollständige Beitrag erschien in: DBW, 61. Jg. (2001), S. 640–657.
1 Vgl. Demski (1980); Ballwieser (1982); Ballwieser (1997). Grundlegend Arrow (1962).
2 Vgl. Kirschenheiter (1996), Kuhner (1998).
3 Vgl. a. Streim (2000).
4 Vgl. insb. Schmidt (2001); Buchanan/Tullock (1962); Kirchner (1999); Rawls (1971).
5 Vgl. Botosan (1997); Ewert (1999).
6 Vgl. Sengupta (1998).
7 Vgl. Ewert (1999).
8 Vgl. Ewert (1999).
9 Vgl. Leuz/Verrecchia (2000); Leuz (2000).
10 Vgl. Währisch (2001).
11 Vgl. Schröder (2001). Vgl. ferner Kirchner (2000).
12 Vgl. McLeay/Ordelheide/Young (1999); Ordelheide (1998a).
13 Vgl. Ordelheide (1998b).

Literatur

Arrow, K. J. (1966): Social Choice and Individual Values, 2. Auflage, New York u.a.
Ballwieser, W. (1997): Grenzen des Vergleichs von Rechnungslegungssystemen – dargestellt anhand von HGB, US-GAAP und IAS, in: Forster, K.-H. u.a. (Hrsg.): Aktien- und Bilanzrecht, Festschrift für B. Kropff, Düsseldorf, S. 371–391.
Ballwieser, W. (1982): Zur Begründbarkeit informationsorientierter Jahresabschlußverbesserungen, in: zfbf, 34. Jg., S. 772–793.
Botosan, C. A. (1997): Disclosure Level and Cost of Equity Capital, in: AR, 72. Jg., S. 323–349.
Buchanan, J. N./Tullock, G. (1962): The Calculus of Consent. Logical Foundations of Constitutional Democracy, Ann Arbor.
Demski, J. (1980): Information Analysis, 2. Aufl., Reading.
Ewert, R. (1999): Rechnungslegung, Globalisierung und Kapitalkosten, in: Männel, W./Küpper, H.-U. (Hrsg.): Integration der Unternehmensrechnung, Sonderheft 3 der KRP, S. 39–46.
Kirchner, C. (2000): Der Wettbewerbsfaktor „Entscheidungsnützlichkeit von Rechnungslegungsinformationen": eine institutionenökonomische Analyse, in: Schildbach, T./Wagenhofer, A. (Hrsg.): Wettbewerb und Unternehmensrechnung, Sonderheft 45 der zfbf, Düsseldorf, Frankfurt am Main, S. 41–68.
Kirchner, C. (1999): Zur Territorialität des Bilanzrechts, in: Schenk, K.-E./Schmidtchen, D./Streit, M. E./Vanberg, V. (Hrsg.): Jahrbuch für Neue Politische Ökonomie, Bd. 18: Globalisierung und Rechtsordnung – zur neuen Institutionenökonomik internationaler Transaktionen, Tübingen, S. 100–125.
Kirschenheiter, M. (1996): Information Quality and Correlated Signals, in: JAR, 35. Jg., S. 43–59.
Kuhner, C. (1998): Verfügungsrechte an Unternehmensinformationen. Die Verrechtlichung des Informationsflusses zwischen Unternehmen und Kapitalmarkt im Blickfeld ökonomischer Analysen, Habilitationsschrift, München.
Leuz, C. (2000): IAS versus US GAAP: A „New Market" Based Comparison, J. W. Goethe-Universität, Fachbereich Wirtschaftswissenschaften, Working Paper Series: Finance and Accounting, No. 48 (Januar).
Leuz, C./Verrecchia, R. E. (2000): The Economic Consequences of Increased Disclosure, in: JAR, 38. Jg., Dupplement, S. 91–124.
McLeay, S./Ordelheide, D./Young, S. (1999): Constituent Lobbying and its Impact on the Development of Financial Reporting Regulations: Evidence from Germany, in: AOS, 25. Jg., S. 79–98.

Ordelheide, D. (1998a): Zur Politischen Ökonomie der Rechnungslegung, in: Ballwieser, W./Schildbach, T. (Hrsg.): Rechnungslegung und Steuern international, Sonderheft 40 der zfbf, Düsseldorf, Frankfurt am Main, S. 1–15.

Ordelheide, D. (1998b): Wettbewerb der Rechnungslegungssysteme IAS, US-GAAP und HGB, in: Börsig, C./Coenenberg, A. G. (Hrsg.): Controlling und Rechnungswesen im internationalen Wettbewerb, Stuttgart, S. 15–53.

Rawls, J. (1971): A Theory of Justice, Cambridge.

Schmidt, M. (2001): Legitimating Private Accounting Standard Setting in Germany – Problems and Perspectives in a Normative Approach based on the Theory of Consent, Humboldt-Universität zu Berlin, Working Paper (April).

Schröder, J. (2001): Einflusspotential der handelsbilanziellen Bilanzierung von F&E-Ausgaben auf die F&E-Freudigkeit börsennotierter Unternehmen, Frankfurt am Main u.a.

Sengupta, P. (1998): Corporate Disclosure Quality and the Cost of Debt, in: AR, 73. Jg., S. 459–474.

Streim, H. (2000): Die Vermittlung von entscheidungsnützlichen Informationen durch Bilanz und GuV – ein nicht einlösbares Versprechen der internationalen Standardsetter, in: BFuP, 52. Jg., S. 111–131.

Währisch, M. (2001): The Evolution of International Accounting Systems, Frankfurt am Main u.a.

Zusammenfassung

Konkurrierende Rechnungslegungssysteme lassen sich nicht nach Feinheit oder Präzision ordnen, sondern verlangen Wertungen im Bereich der Vermögens- und Gewinnermittlung,

Empirische Studien belegen nicht die These, dass ein Wechsel zur internationalen Rechnungslegung Kapitalkosten senkt. Jedoch können Manager eine Präferenz für Systeme haben, die früher als konkurrierende Systeme Gewinn ausweisen.

In Deutschland dürfen derzeit verschiedene Systeme miteinander konkurrieren; wie lange das gilt, ist politisch sehr ungewiss.

Summary

Real competing systems of financial reporting rules cannot be ordered according to fineness or precision. The ordering needs preferences for characteristics of income measurement.

Empirical studies do not show that a switch to financial reporting according to IAS or U. S. GAAP reduces capital costs. But managers may prefer systems that show profit early.

Today, different systems are allowed to compete in Germany; the future development seems to be highly uncertain.

80: Allgemeine Fragen des Rechnungswesens (JEL M40)

Richtig einsteigen, schneller aufsteigen

Inhalt:

Studienorganisation
und Examensvorbereitung

Bewerbungsratgeber:
„Program yourself for success"

Internationale Karrierechancen
und aussichtsreiche
Existenzgründungen

Branchen, Jobs und Gehälter:
aktuell und übersichtlich

Insider-Kontakte und die besten
Internet-Adressen

Lutz Hoffmann/Sonja Klug/
Dorothee Köhler

**Gabler/MLP
Berufs- und Karriere-Planer
2002/2003: Wirtschaft**

Für Studenten und
Hochschulabsolventen
Mit Stellenanzeigen und
Firmenprofilen
5. Aufl. 2002. XXII, 593 S.
Br. € 13,90
ISBN 3-409-53639-6

Wie und wo studiere ich effizient und berufsorientiert? Wie und wo finde ich die besten Ein- und Aufstiegschancen? Wie bereite ich mich gezielt auf Bewerbung und Assessment Center vor? Wie komme ich an wichtige Kontakte?
Der Gabler/MLP Berufs- und Karriere-Planer 2002/2003 Wirtschaft ist das umfassende Handbuch und Nachschlagewerk zu Studium, Beruf und Karriere. Ein besonders umfangreicher Adressenteil und ausführliche Firmenprofile mit allen wichtigen Anschriften und Ansprechpartnern in Unternehmen sichern Ihnen den entscheidenden Vorsprung beim Start in die Karriere.

Die Autoren:

Die Autoren sind erfahrene Fachjournalisten und ausgewiesene Experten für dieses Studium-, Berufs- und Karriere-Thema.

Bestellung

Fax: 06 11.78 78-420   321 02 101

Ja, ich bestelle:

    Lutz Hoffmann/Sonja Klug/
    Dorothee Köhler
    Gabler/MLP
Expl. **Berufs- und Karriere-Planer
    2002/2003: Wirtschaft**
    Br. ca. € 13,50
    ISBN 3-409-53639-6

Vorname und Name

Straße (bitte kein Postfach)

PLZ, Ort

Unterschrift

Änderungen vorbehalten.
Erhältlich beim Buchhandel oder beim Verlag.

Abraham-Lincoln-Str. 46, 65189 Wiesbaden, Tel.: 06 11.78 78-124, www.gabler.de

Kundenzufriedenheit
wirtschaftlich managen

Inhalt:

Grundlagen zur Kundenzufriedenheit

Instrumente zur Messung der Kundenzufriedenheit

Instrumente zum Management der Kundenzufriedenheit

Erfahrungen aus ausgewählten Branchen

Christian Homburg (Hrsg.)
Kundenzufriedenheit
Konzepte – Methoden – Erfahrungen
4., vollst. überarb. u. erw. Aufl. 2001.
Geb. € 79,50
ISBN 3-409-43785-1

Die Autoren präsentieren praxisnah und wissenschaftlich fundiert den State-of-the-Art zum Thema Kundenzufriedenheit. Die vollständig überarbeitete 4. Auflage behandelt zahlreiche neue Schlüsselkonzepte zum erfolgreichen Management von Kundenzufriedenheit. Aktuelle Methoden zur Messung von Kundenzufriedenheit werden detailliert beschrieben. Praxisbeispiele aus unterschiedlichen Branchen veranschaulichen, wie facettenreich und spannend Kundenzufriedenheit gesteigert werden kann.

Der Herausgeber:

Professor Dr. Christian Homburg ist Inhaber des Lehrstuhls für Allgemeine Betriebswirtschaftslehre und Marketing I und Direktor des Instituts für Marktorientierte Unternehmensführung (IMU) an der Universität Mannheim sowie Vorsitzender des Wissenschaftlichen Beirats von Prof. Homburg & Partner, Mannheim, einer international tätigen Unternehmensberatung.
www.homburg-und-partner.de

Bestellung

Fax: 0611.7878-420

321 01 006

Ja, ich bestelle:

Christian Homburg (Hrsg.)
Expl. **Kundenzufriedenheit**
Konzepte – Methoden – Erfahrungen
Geb. € 79,50
ISBN 3-409-43785-1

Vorname und Name

Straße (bitte kein Postfach)

PLZ, Ort

Unterschrift

Änderungen vorbehalten.
Erhältlich beim Buchhandel oder beim Verlag.

Abraham-Lincoln-Str. 46, 65189 Wiesbaden, Tel.: 0611.7878-124, www.gabler.de

GABLER

Personalauswahl an Universitäten – die Berufungspraxis deutscher wirtschaftswissenschaftlicher Fakultäten in den neunziger Jahren

Von Axel Schlinghoff*

Überblick

- Berufungen sind die bedeutendsten Personal-Entscheidungen, die an deutschen Hochschulen getroffen werden. Gleichzeitig stellen Berufungen die bedeutendsten Karriereereignisse eines Wissenschaftlers dar.

- Die Reputation der Herkunftsfakultät und die Veröffentlichungsliste werden als mögliche Signale zur Reduzierung der Informationsasymmetrien über die Forschungsproduktivität eines Bewerbers abgeleitet.

- Empirisch zeigt sich für die Wirtschaftswissenschaften, dass insbesondere die bisherigen Publikationen kontrolliert für ihre Qualität einen sehr hohen Einfluss auf die Wahrscheinlichkeit haben, dass ein Wissenschaftler berufen wird.

- Bei einer Annäherung der Karrieremuster an das amerikanische Hochschulsystem, wird bei der Rekrutierung von Juniorprofessuren das Doctoral Prestige an Bedeutung gewinnen. Hierzu bedarf es aber einer ausgeprägten Reputationshierarchie unter den Fachbereichen.

Eingegangen: 16. Oktober 2001

Dipl.-Kfm. Axel Schlinghoff
Seminar für Allg. Betriebswirtschaftslehre und Personalwirtschaftslehre, Universität zu Köln, Herbert-Lewin-Str.2, 50931 Köln, Tel.: +49-(0)221-470-6311, Fax: +49-(0)221-470-5078, email: a.schlinghoff@uni-koeln.de.

© Gabler-Verlag 2002

A. Die Bedeutung der Erstberufung in der Karriere von Hochschullehrern

Die erste Berufung zum ordentlichen Professor hat für Wissenschaftler an deutschen Universitäten eine herausragende Bedeutung. Während Arbeitsverhältnisse von Wissenschaftlern in der Zeit vor der ersten Berufung durch revolvierende befristete Verträge gekennzeichnet sind, sind Professoren auf Lebenszeit verbeamtet. Wissenschaftliche Mitarbeiter und Assistenten an Lehrstühlen sind weisungsgebunden, Professoren aber haben Weisungsrechte gegenüber ihren Mitarbeitern. Auch die korporationsrechtliche Stellung ist für Wissenschaftler nach der Erstberufung eine andere, da sie nun Mitglieder einer Gruppe sind, die bei einer Vielzahl von Entscheidungen auf Fachbereichsebene über die Mehrheit verfügt. Weiterhin bieten Berufungsentscheidungen eine letzte Möglichkeit der Selektion für den wissenschaftlichen Beruf an Universitäten, da es nur wenige nichtprofessorale unbefristete Beschäftigungsmöglichkeiten für Wissenschaftler an deuschen Universitäten gibt. Auch hat die Art, wie Berufungsentscheidungen getroffen werden, Anreizeffekte für Nachwuchswissenschaftler. Es kann nämlich davon ausgegangen werden, dass diese sich so verhalten, dass sie ihre Berufungschancen maximieren (Schlinghoff, 2001a und 2001b).

Angesichts dieser Bedeutung ist es überraschend, dass es nur eine relativ kleine Basis systematischer empirischer Ergebnisse zu Berufungen im deutschen Hochschulsystem gibt.[1] Der vorliegende Beitrag will in diesem Sinne Unterschiede zwischen Wirtschaftswissenschaftlern aufdecken, die einen Ruf erhalten haben, und solchen, die dies nicht geschafft haben. Mit Hilfe dieser Erkenntnisse kann dann zurückgeschlossen werden, welchen Faktoren Berufungskomissionen bei der Entscheidung über einen Berufungsvorschlag die höchste Bedeutung beimessen. Einschränkend soll schon hier darauf hingewiesen werden, dass sich der vorliegende Beitrag auf den Bereich Forschung konzentriert und die Lehre nicht betrachtet.

B. Berufungen als Personalauswahl unter Unsicherheit

Ziel des Berufungsverfahrens ist annahmegemäß die Besetzung der Professur mit dem Bewerber, der das meiste Forschungstalent hat. Allerdings kann das Forschungstalent nicht direkt beobachtet werden. Es besteht vielmehr eine Informationasymmetrie zwischen Bewerber und Berufungskommission. Im Rahmen von personalökonomischen Erklärungsansätzen besteht eine Strategie zur Überwindung dieser Informationsasymmetrien im so genannten Screening durch Signale (Milgrom/Roberts, 1992, 154 ff. und Spence, 1973). Die besser informierte Partei, hier der Bewerber, erwirbt Signale, mit denen er seine Eigenschaften glaubwürdig übermitteln kann. Hierbei muss gewährleistet sein, dass die Signale ökonomisch valide sind, d.h. nur derjenige sie auch verwenden kann, der tatsächlich über ein hohes Forschungstalent verfügt. Eine negative Korrelation zwischen den Kosten des Signalerwerbs und der Ausprägung des Forschungstalents ist dazu notwendig. Andererseits muss gewährleistet sein, dass es sich für hochtalentierte Nachwuchswissenschaftler auch lohnt, entsprechende Signale zu erwerben. Dies ist dann der Fall, wenn sie durch den Signalerwerb ihre Chancen erhöhen, überhaupt einen Ruf oder einen Ruf an eine Fakultät mit höherer Reputation zu erlangen.

Die wissenschaftliche Reputation des Betreuers der Habilitationsschrift kann hierbei ein Signal darstellen. Die geforderte negative Kostenkorrelation ist dann vorhanden, wenn hochreputative Betreuer höhere Anforderungen an die Habilitation stellen,[2] und Nachwuchswissenschaftler mit viel Forschungstalent diese Anforderungen leichter erfüllen können. Es ist dann zu erwarten, dass die Berufungswahrscheinlichkeit und die spätere Forschungsproduktivität mit der Reputation der habilitierenden Fakultät zunimmt.[3]

Ein anderes Signal kann die Veröffentlichungsliste des Bewerbers sein. Geht man davon aus, dass das Zeitbudget eines Habilitanden gegeben ist und jede zusätzliche Veröffentlichung Zeitaufwand bedeutet, entstehen durch zusätzliche Veröffentlichungen Opportunitätskosten. Diese werden für hochtalentierte Nachwuchswissenschaftler allerdings geringer sein, da davon auszugehen ist, dass sie schneller zu veröffentlichungswürdigen Einzelergebnissen gelangen.[4] Es müsste dann also zu beobachten sein, dass berufene Wissenschaftler einen höheren Publikationsoutput haben, dass der Publikationsoutput mit der Reputation der berufenden Fakultät korreliert und dass die Berufungswahrscheinlichkeit mit dem Publikationsoutput zunimmt. Diese Zusammenhänge sollten noch stärker ausgeprägt sein, wenn man für die Qualität der Veröffentlichungsorgane kontrolliert.

C. Empirische Befunde

I. Datengrundlage

In die empirische Untersuchung wurden 102 Wirtschaftswissenschaftler einbezogen, die zwischen 1990 und 1994 habilitiert haben.[5] Von diesen haben in der Folge 66 einen Ruf erhalten. Für jede Habilitation und jeden Ruf wurden Ort und Zeitpunkt erfasst.

Die Erfassung des Publikationsoutputs erfolgte getrennt nach Artikeln in deutschsprachigen Topzeitschriften nach Schlinghoff/Backes-Gellner(2002), Artikeln in sonstigen deutschsprachigen Zeitschriften, Artikeln in internationalen Zeitschriften, Beiträge in deutschen Sammelwerken und Beiträge in internationalen Sammelwerken.[6] Hieraus können sowohl der Gesamtpublikationsoutput (PUBVOR) eines Wissenschaftlers wie auch gewichtete Publikationsindizes berechnet werden.[7] Die Reputation der Fakultäten kann

Tab. 1: Mittelwertvergleich zwischen berufenen und nicht berufenen Wirtschaftswissenschaftlern.

Variable	Mittelwerte		T-Statistik	Variable	Mittelwerte		T-Statistik
	berufen	nicht berufen			berufen	nicht berufen	
QUALOBJ	32,985	31,877	0,223	TDZVOR	1,415	0,120	4,918
REPUTAT	2,686	2,764	−0,657	SDZVOR	4,166	1,777	3,357
PUBVOR	7,861	2,812	4,539	DSVOR	0,932	0,440	1,884
PUB41141	15,301	4,235	4,958	IZVOR	1,067	0,354	2,377
PUB81182	26,519	6,253	4,859	ISVOR	0,278	0,120	1,111

einerseits anhand der Forschungsproduktivität (QUALOBJ; Anzahl der Publikationen pro Wissenschaftler) ermittelt werden.[8] Andererseits können subjektive Urteile (REPUTAT) über die Qualität von Fachbereichen durch Fachvertreter berücksichtigt werden.[9] Ein externer Einflussfaktor auf die Berufungswahrscheinlichkeit besteht in der Situation auf dem universitärem Arbeitsmarkt. Dies wird mit Hilfe der objektiven Berufungschancen (CHANCEN) operationalisiert als Verhältnis der erwarteten zu besetzenden Professuren und der erwarteten Anzahl an Habilitationen[10] kontrolliert.

II. Ergebnisse

Tabelle 1 zeigt zunächst einmal univariat in einem Mittelwertvergleich die Unterschiede zwischen berufenen und nicht-berufenen Wissenschaftlern. Man stellt zunächst fest, dass es keine signifikanten Unterschiede bzgl. der Herkunftsfakultäten für Berufene und Nicht-Berufene gibt. Dies gilt sowohl für die Forschungsproduktivität der Fachbereiche (QUALOBJ) als auch für die Reputation (REPUTAT). Allerdings ergeben sich signifikante Unterschiede im Publikationsverhalten. Nachwuchswissenschaftler, die später einen Ruf erhalten, veröffentlichen ca. 2,5 mal so viele Artikel. Bei Berücksichtigung der Qualität in den gewichteten Publikationsindizes verstärkt sich dieser Unterschied noch. Besonders ausgeprägt ist er bei den Veröffentlichungen in deutschsprachigen Top-Zeitschriften. Hier veröffentlichen die Berufenen über zehn mal so häufig wie Nicht-Berufene. Einzig hinsichtlich der Beiträge in Sammelwerken unterscheiden sich Berufene und Nicht-Berufene nicht signifikant.

Mit Hilfe einer logistischen Regression wurde multivariat der Einfluss der Herkunftsfakultät und der bisherigen Veröffentlichungen auf die Wahrscheinlichkeit, einen Ruf zu erhalten, geschätzt. Die zugrunde liegende Schätzgleichung war hierbei:

Prob(BERUFEN) = $F(b_0 + b_1 REP + b_2 PUB + b_3 CHANCEN + b_4 MW + b_5 BWLVWL)$.[11]

Die Schätzergebnisse für die Regressionskoeffizienten für unterschiedliche Modellspezifikationen können Tabelle 2 entnommen werden. Die Forschungsproduktivität der Herkunftsfakultät (QUALOBJ) hat in allen Modellspezifikationen keinen Einfluss auf die Berufungswahrscheinlichkeit. Die Reputation der Herkunftsfakultät (REPUTAT) hingegen erhöht die Berufungswahrscheinlichkeit.[12] Sowohl eine höhere Gesamtzahl an Publikationen (PUBVOR) wie auch alternativ die gewichteten Publikationsindizes PUB41141 und PUB81182 erhöhen die Wahrscheinlichkeit, einen Ruf zu erhalten, hochsignifikant. Betrachtet man den Einfluss der einzelnen Publikationskategorien fällt auf, dass die Berufungswahrscheinlichkeit nur durch Veröffentlichungen in deutschsprachigen Top- (TDZVOR) und sonstigen deutschsprachigen Zeitschriften (SDZVOR) signifikant erhöht wird.[13] Ein Artikel in einer deutschsprachigen Topzeitschrift hat hier eine ca. sechs bis acht mal so starke Wirkung wie ein Artikel in einer sonstigen deutschsprachigen Zeitschrift.

Tab. 2: Logistische Regression, unabhängige Variable ist Berufen (1 = ja, 0 = nein). *, ** und *** geben Signifikanz auf dem 10%-, 5%- und 1%-Niveau respektive an. Eine Gewichtung der Fälle erfolgte so, dass unter den Volkswirten und Betriebswirten der Anteil der Nicht-Berufenen jeweils gleich groß ist.

Variable	Modell					
	1	2	3	4	5	6
REPUTAT	−0,7552		−0,7763	−0,7030	−0,7237	
QVLOBJ		0.0091				0,0042
PUBVOR	0,3584***	0,4137***				
PUB41141			0,2489***			
PUB81182				0,1456***		
TDZVOR					1,7330***	1,8909***
SDZVOR					0,2194**	0,2740**
DSVOR					0,3837	0,4520
IZVOR					0,6132	0,5964
ISVOR					−0,2350	−0,1904
CHANCEN	9,5512**	12,0554***	10,3980**	10,8335**	10,3212**	12,8694**
MW	2,3353*	2,4972*	2,3033**	2,1087**	2,3336*	2,4947**
BWLVWL	1,0124*	1,4301**	0,9843*	0,8117	0,8307	1,2549*
CONSTANT	−2,3920	−5,9349	−2,6657	−2,6506	−2,6608	−5,9781
N	102	99	102	102	102	99
χ^2	44,049***	51,073***	50,596***	48,960***	54,143***	61,104***

D. Fazit

Zusammenfassend lässt sich ein nahezu signifikanter Einfluss der Reputation des Herkunftsfachbereichs, operationalisiert anhand subjektiver Bewertungen durch Professoren, sowie ein hochsignifikanter Einfluss des Gesamtpublikationsoutputs und insbesondere der Anzahl der Veröffentlichungen in deutschsprachigen Top- und sonstigen Zeitschriften auf die Wahrscheinlichkeit, einen Ruf zu erhalten, feststellen. Der Befund eines ca. sechs bis acht mal so starken Einflusses von Artikeln in den Top- gegenüber den sonstigen Zeitschriften korrespondiert sehr gut mit der Tatsache, dass Artikel in Top-Zeitschriften ca. vier bis acht mal so häufig zitiert werden (Schlinghoff/Backes-Gellner, 2002). Geht man davon aus, dass die Qualität eines Beitrags und damit auch die Produktivität eines Wissenschaftlers daran gemessen werden kann, wie oft er zitiert wird, so spiegelt sich in dieser Übereinstimmung eine gewisse Effizienz des deutschen Berufungssystems wider.

Bezüglich einer Umgestaltung der Karrieren für Hochschullehrer in Richtung Juniorprofessuren entsprechend BMBF(2000) ist zu bedenken, dass sich auch die Auswahlkriterien verändern werden. Zu erwarten ist hier eine Anpassung an das amerikanische Hochschulsystem mit der Einstellung auf dem Assistant-Professor-Level und einem Tenure-Review nach ca. sechs Jahren. Ein maßgebliches Kriterium bei der Rekrutierung von Assistant Professors ist das sog. Doctoral-Prestige, also die Reputation des Departments, an dem sie ihren Ph.D. erhalten haben (z.B. Burke, 1987, Youn/Zelterman, 1988 und Hansen, 1991). Wesentliches Kriterium bei der Entscheidung über Tenure (und ebenso bei weiteren Beförderungsentscheidungen) an forschungsorientierten amerikanischen Hochschulen ist die Veröffentlichungsliste eines Assistant Professors (z.B. Boyer, 1990, Zivney/Bertin, 1992 und Fishe, 1998). Wie gezeigt, setzen Berufungskommissionen[14] die Veröffentlichungsliste schon heute in einer Weise ein, die effizient erscheint. Allerdings wird diese bei der Besetzung von Juniorprofessuren zukünftig nur sehr eingeschränkt zur Verfügung stehen.[15] Die Bedeutung der Reputation der Herkunftsfakultät wird bei der Rekrutierung von Wissenschaftlern an deutschen Universitäten also eher an Bedeutung gewinnen. Hierzu ist es allerdings notwendig, dass Reputationshierarchien unter den Fachbereichen noch ausgeprägter werden. Auch eine weitere Ausdifferenzierung der Fachbereiche und Schwerpunktlegung einiger Fachbereiche auf die Ausbildung des wissenschaftlichen Nachwuchses wäre hier für eine stärkere Markttransparenz vorteilhaft – einerseits für die Berufungskommissionen, andererseits auch für die Nachwuchswissenschaftler selbst, die so schon früher in der wissenschaftlichen Karriere eine effiziente Betreuerwahl treffen und somit den Signalwert ihrer Promotion besser steuern könnten.

Anmerkungen

* Eine ausführliche Version des Beitrages steht unter www.personaloekonomik.de zum Download bereit.
1 Gaugler (1996) gibt einen deskriptiven Überblick über den Ablauf von Berufungsverfahren. Gaugler/Schneider (1997), Oechsler (2000) und Borchert/Gülicher (1997) stellen Angebot und Nachfrage für den Arbeitsmarkt habilitierter Wirtschaftswissenschaftler gegenüber.
2 Anreize für den Betreuer, möglichst gute Habilitanden zu gewinnen, können in Koautorenschaften, in Impulsen für die eigene Forschungstätigkeit oder im Prestige, das bei späteren Erfolgen des Habilitanden teilweise auch auf seine akademische Herkunft zurückfällt, liegen.
3 Leider konnte bei der Datenerhebung nicht auf einzelne Betreuer und deren wissenschaftliche Reputation zurückgeschlossen werden, so dass die habilitierende Fakultät als Proxy verwendet wird.
4 Hierbei ist zu bedenken, dass die Möglichkeit einer kumulativen Habilitation für die betrachtete Kohorte noch nicht in Betracht kam.
5 Zur Ermittlung von Habilitationen und Berufungen wurden die nachrichtlichen Meldungen der *Deutschen Universitäts Zeitung* sowie die Mitgliederverzeichnisse des VHB und des VfS analysiert, die Literaturdatenbank *WISO II* nach Habilitationsschriften durchsucht und Internetrecherchen durchgeführt.
6 Erfasst wurden nur Beiträge mit einer Seitenzahl von mindestens fünf. Koautorenschaften wurden umgekehrt proportional zur Anzahl der Autoren gewichtet. Für berufene Wissenschaftler wurden für PUBVOR die Veröffentlichungen bis zu dem Jahr berücksichtigt, in dem die erste Berufung erfolgte, für die Nicht-Berufenen die Veröffentlichungen bis spätestens drei Jahre nach der Habilitation.
7 Für die gewichteten Publikationsindizes PUB81182 bzw. PUB41141 wurden Artikel in deutschen Top- und internationalen Zeitschriften achtfach bzw. vierfach, in internationalen Sammelwerken doppelt bzw. einfach und in den restlichen Kategorien einfach gewichtet. Zur Wahl der Gewichtungsfaktoren vgl. Schlinghoff/Backes-Gellner (2002).
8 Grundlage sind hier die Rankings von Fabel/Heße (1999) und Bommer/Ursprung (1998).
9 Hier wurden die Bewertungen in Schulnotenform durch 202 Professoren betriebswirtschaftlicher, volkswirtschaftlicher und wirtschaftswissenschaftlicher Fachbereiche im Rahmen des *FOCUS*-Rankings von 1997 verwendet.
10 Diese Daten wurden Borchert/Gülicher (1991 und 1994) entnommen.

11 REP stellt hierbei den Einfluss des Herkunftsfachbereichs entweder über die Forschungsproduktivität oder die Reputation anhand subjektiver Bewertungen dar. PUB ist ein Vektor aus Publikationskennziffern. CHANCEN sind die objektiven Berufungschancen. BWLVWL ist eine Dummyvariable, die für Volkswirte den Wert 0, für Betriebswirte den Wert 1 annimmt. MW ist eine Dummyvariable, die für weibliche Habilitierte den Wert 1, für männliche den Wert 0 annimmt.
12 Das Signifikanzniveau von 10% wird bei dieser Variable relativ knapp verpasst.
13 Hier wäre eigentlich auch ein Einfluss der Veröffentlichungen in internationalen Zeitschriften zu erwarten gewesen. Allerdings haben 60% aller betrachteten Wissenschaftler überhaupt keine Veröffentlichungen in dieser Kategorie vorzuweisen.
14 Es ist zu erwarten, dass zukünftige Komissionen zur Gewährung des Beamtenstatus auf Lebenszeit für Juniorprofessoren ähnlich zusammengesetzt sein werden, wie heutige Berufungskomissionen.
15 Werden Juniorprofessuren zeitnah zur Dissertation besetzt, haben die Bewerber nicht ausreichend Zeit, eine aussagekräftige Liste zu erarbeiten.

Literatur

BMBF (2000): Bericht der Expertenkommission „Reform des Hochschuldienstrechts"'. In: http://www.bmbf.de/veroef01/digipubl.htm v. 20.10.2000.
Bommer, Rolf/Ursprung, Heinrich W. (1998): Spieglein, Spieglein an der Wand. Eine publikationsanalytische Erfassung der Forschungsleistung volkswirtschaftlicher Fachbereiche in Deutschland, Österreich und der Schweiz. In: Zeitschrift für Wirtschafts- und Sozialwissenschaften 118 (1998) 1, 1–28.
Borchert, Manfred/Gülicher, Herbert (1997): Berufungschancen künftiger Habilitanden im Fach Wirtschaftswissenschaften. In: Wirtschaftwissenschaftliches Studium (1997) 2, 101–104.
Borchert, Manfred/Gülicher, Herbert (1994): Berufungschancen künftiger Habilitanden im Fach Wirtschaftswissenschaften. In: Wirtschaftwissenschaftliches Studium (1994) 7, 372–375.
Borchert, Manfred/Gülicher, Herbert (1991): Berufungschancen künftiger Habilitanden im Fach Wirtschaftswissenschaften. In: Wirtschaftwissenschaftliches Studium (1991) 7, 370–374.
Boyer, Ernest L. (1990): Scholarship Reconsidered. Princeton: The Carnegie Foundation for the Advancement of Teaching.
Burke, Dolores (1987): The Academic Marketplace in the 1980s: Appointment and Termination of Assistant Professors. In: The Review of Higher Education 10 (1987) 3, 199–214.
Fabel, Oliver/Heße, Frank (1999): Befragungsstudie vs. Publikationsanalyse. In: Die Betriebswirtschaft 59 (1999) 2, 196–204.
Fishe, Raymond P. H. (1998): What are the Research Standards for Full Professor of Finance? In: Journal of Finance 53 (1998) 3, 1053–1079.
Gaugler, Eduard(1996): Die Besetzung von Universitätsprofessuren. In: Das Hochschulwesen (1996) 2, 115–121.
Gaugler, Eduard/Schneider, Bernd (1997): Entwicklung von Professuren und Habilitationen in der Betriebswirtschaftslehre an den wissenschaftlichen Hochschulen im deutschsprachigen Raum. In: Die Betriebswirtschaft 57 (1997) 6, 777–795.
Hansen, Lee (1991): The Education and Training of Economic Doctorates: Major Findings of the Executive Secretary of American Economic Association's Comission on Graduate Education in Economics. In: Journal of Economic Literature 29 (1991) 3, 1054–1087.
Milgrom, Paul/Roberts, John(1992): Economics, Organization and Management. Englewood Cliffs u.a.: Prentice Hall.
Mitgliederverzeichnis des Vereins für Socialpolitik. München: Verein für Socialpolitik 1998.
Mitgliederverzeichnis des Verbands der Hochschullehrer für Betriebswirtschaft e.V. Wiesbaden: Gabler 1998.
Oechsler, Walter A. (2000): Entwicklung von Professuren und Habilitationen in der Betriebswirtschaftslehre 1998–2001. In: Die Betriebswirtschaft 60 (2000) 4, 529.

Palan, Dietmar/Schumacher, Claudia/Schwartz, Stefan (1997): Wo bitte geht's zur Chefetage? In: Focus (1997) 18, 172–181.

Schlinghoff, Axel/Backes-Gellner, Uschi (2002): Publikationsindikatoren als effiziente Steuerungsparameter? Zur Stabilität von Zeitschriftenrankings als Qualitätsindikator. Erscheint in: Zeitschrift für betriebswirtschaftliche Forschung 2. Quartal 2002.

Schlinghoff, Axel (2001a): Der Forschungsoutput von Wirtschaftswissenschaftlern im Karriereverlauf. Eine anreiztheoretische und ökonometrische Analyse. In: Backes-Gellner, Uschi/Kräkel, Matthias/Sadowski, Dieter/Mure, Johannes (Hrsg.): Entlohnung, Arbeitsorganisation und personalpolitische Regulierung. München und Mering: Hampp, 187–216.

Schlinghoff, Axel (2001b): Motivationseffekte von Berufungsentscheidungen – eine anreiztheoretische Erklärung für den Verlauf von Alterspublikationsprofilen. In: Kossbiel, Hugo (Hrsg.): Modellgestützte Personalentscheidungen 5. München und Mering: Hampp, 95–114.

Spence, Michael (1973): Job Market Signaling. In: Quarterly Journal of Economics 87 (1973), 355–374.

Youn, Ted I. K./Zelterman, Daniel (1988): Institutional Career Mobility in Academia. In: Breneman, David W./Youn, Ted I. K.(1988): Academic Labor Markets and Careers. New York, Philadelphia, London: Falmer Press.

Zivney, Terry/Bertin, William J. (1992): Publish or Perish: What the Competition is Really Doing. In: Journal of Finance 47 (1992) 1, 295–329.

Personalauswahl an Universitäten – die Berufungspraxis deutscher Fakultäten

Zusammenfassung

Die Erstellung eines Berufungsvorschlags kann als Entscheidungssituation unter Unsicherheit und dem Vorliegen von Informationsasymmetrien betrachtet werden. Mögliche Signale zur Bestimmung der erwarteten zukünftigen Forschungsproduktivität eines Nachwuchswissenschaftlers sind dann die Reputation seiner Herkunftsfakultät und seine Veröffentlichungsliste. Empirisch zeigt sich im deutschen Hochschulsystem vor allem die Publikationsaktivität während der Habilitationszeit, im Speziellen die Anzahl der Artikel in deutschen Top-Zeitschriften, als bedeutendster Einflussfaktor auf die Berufungswahrscheinlichkeit. Für eine Annäherung der Karrieremuster an das amerikanische Hochschulsystem z.B. in Form der Juniorprofessur ist zu erwarten, dass bei der Rekrutierung von Juniorprofessuren verstärkt auf das "Doctoral Prestige" zurückgegriffen wird. Hierzu ist allerdings eine ausgeprägte Reputationshierarchie unter den Fachbereichen, die Doktoranden ausbilden, notwendig.

Summary

Faculty is recruited in a situation of uncertainty and information asymmetry. Potential signals for the expected research productivity of young academics are the reputation of their home university or the their publication record. Empirical analyses of German data shows that publications in top journals influence the recruitment decision most. These findings are compared to research concerning the personnel policies of American universities. By introducing the "Juniorprofessur" German career paths become more similar to American. Then recruiting will be more based on doctoral prestige underlining the importance of reputational hierarchies among doctoral granting departments

30: *Allgemeine Fragen der Personalwirtschaft (JEL M51, J44)*

IT-Karriere zielorientiert planen

Inhalt:

Arbeitsmarkt der Zukunft

IT-Berufe

Studienangebote und Studienplanung

Recruiting und Kongresse

Bewerbung klassisch und multimedial

Karrierebausteine

Specials

Michaela Abdelhamid/Dirk Buschmann/
Regine Kramer/Dunja Reulein/
Ralf Wettlaufer/Volker Zwick

**Gabler/MLP
Berufs- und Karriere-Planer
2001/2002: IT und e-business**

Informatik, Wirtschaftsinformatik
und New Economy
Mit mehr als 150 Stellenanzeigen
und Firmenprofilen
2. Aufl. 2001. 404 S.
Br. unv. Ladenpr. € 13,50
ISBN 3-409-23641-4

Wie und wo studiere ich effizient und berufsorientiert?
Wie und wo finde ich die besten Ein- und Aufstiegschancen?
Wie bereite ich mich gezielt auf Bewerbung und Assessment Center vor?
Wie komme ich an wichtige Kontakte?
Der Gabler/MLP Berufs- und Karriere-Planer 2001/2002: IT und e-business
ist das umfassende Handbuch und Nachschlagewerk zu Studium, Beruf
und Karriere: Studienorganisation und Examensvorbereitung · Bewerbungs-
ratgeber: „Program yourself for success" · Branchen, Jobs und Gehälter:
aktuell und übersichtlich · Insider-Kontakte und die besten Internet-Adressen
Der besonders umfangreicher Adressenteil und über 100 Firmenprofile mit
allen wichtigen Anschriften und Ansprechpartnern in Unternehmen sichern
Ihnen den entscheidenden Vorsprung beim Start in die Karriere

---

Bestellung Fax: 0611.7878-420

321 01 010

Ja, ich bestelle:

Vorname und Name

Abdelhamid/Buschmann/Kramer/
Reulein/Wettlaufer/Zwick
Expl. **Gabler Berufs- und Karriere-Planer
2001/2002: IT und e-business**
Br. unv. Ladenpr. € 13,50
ISBN 3-409-23641-4

Straße (bitte kein Postfach)

PLZ, Ort

Unterschrift

Änderungen vorbehalten. Erhältlich beim Buchhandel oder beim Verlag. Abraham-Lincoln-Str. 46, 65189 Wiesbaden, Tel.: 0611.7878-124, www.gabler.de

Unternehmerisches Umweltmanagement im Kontext gesellschaftlicher Reregulierung

Von Gerd Rainer Wagner und Friederike Haffner*

Überblick

- Die Qualität vieler Umweltrisiken stellt die Problemhandhabungskapazität rechtlicher Regulierung stets erneut auf die Probe. Gefragt sind veränderte und völlig neuartige Lern- und Koordinationsformen, die auf kooperative Arrangements abstellen und verstärkt privat(wirtschaft)liche Regulierungsleistungen einbeziehen.

- Für die Unternehmen gewinnen somit zunehmend Mitgestaltungsmöglichkeiten der politisch-rechtlichen Sphäre an Bedeutung. Ihr Expertenwissen stellt im risikobedingten Modernisierungsprozess umweltrechtlicher Regulierung nicht nur einen entscheidenden Vorsorgefaktor dar, sondern ermöglicht ihnen zugleich, als private Governance-Akteure aktiv auf die regulatorische Strukturation ihrer Handlungsfelder Einfluss zu nehmen.

- Aus einer Perspektive strategischen Managements werden Regelungsstrukturen mithin nicht mehr primär als Begrenzung unternehmerischer Handlungsräume verstanden. Vielmehr gilt es – insbesondere mit Bezug auf Erkenntnisse der modernen Rechtswissenschaft –, die sozio-ökonomischen Chancenpotenziale der Unternehmen, die interorganisationalen Innovationskompetenzen im Umweltschutz sowie die gestalterischen Einflussmöglichkeiten auf die Regulierungsprozesse und deren Resultate sichtbar zu machen.

Eingegangen: 16. Oktober 2001

Prof. Dr. Gerd Rainer Wagner und Dipl.-Kffr. Friederike Haffner, Lehrstuhl für Betriebswirtschaftslehre, insbes. Produktionswirtschaft und Umweltökonomie, Heinrich-Heine-Universität Düsseldorf, Universitätsstr. 1, D-40225 Düsseldorf.

© Gabler-Verlag 2002

A. Die Konzeption rekursiver Regulierung im Umweltschutz

In unterschiedlichen gesellschaftswissenschaftlichen Disziplinen findet seit einiger Zeit eine intensive Debatte zum Modernisierungsprozess des staatlichen Steuerungsinstrumentariums statt. Dabei steht insbes. der traditionelle Staatsbegriff, der auf der Vorstellung von Einheit und Identität sowie hierarchischer Autorität beruht, unter Begriffen wie Pluralisierung, Dezentralisierung und Partizipation zunehmend auf dem Prüfstand der sog. „Reflexiven Moderne"[1].

Diese Debatte ist Ausdruck und zugleich Impulsgeber kollektiver gesellschaftlicher Lernprozesse. Sie findet insbes. im aktuellen juristischen Schrifttum ihren Niederschlag in der dort zunehmend diskutierten Kategorie des „Lernenden Rechts", bei Orientierung speziell auf ökologische Phänomene in der des „Lernenden Umweltrechts".[2] Praktische Konsequenz dieses Lernenden Umweltrechts ist die verstärkte Herausbildung kooperativer und partizipativer Strukturen im Umweltbereich, die die Konturen eines sich abzeichnenden „kooperativen Umweltstaates"[3] formen. Und auch die relevante umweltökonomische Literatur thematisiert, soweit sie ebenfalls die Notwendigkeiten einer Abkehr vom Gestaltungsmodus rein imperativer Zweckverwirklichung hin zu kooperativ-arbeitsteiligen Verantwortungsstrukturen zwischen Staat und gesellschaftlichen Handlungsträgern bejaht, den möglichen „Übergang zu Formen der Prozess- statt Ergebnissteuerung" sowie die mögliche Schließung der im traditionellen Regulierungshandeln „auftretenden Wissenslücken im Wege kooperativer Steuerung"[4].

Angesprochen sind damit mögliche Transfers bisher öffentlicher Funktionen – und damit auch bisher öffentlicher Transaktionskosten und Transaktionsrisiken – hin zum privaten, insbes. unternehmerischen Sektor, und zwar unter der dualen Zielsetzung der Reduzierung von Gefahren umweltpolitischen Staatsversagens bei gleichzeitiger Nutzung von Chancen der umweltpolitischen Staatsentlastung. Die Verringerung der Leistungstiefe des Staates durch Konzentration auf seine (zumindest formale) umweltzielbezogene Letztverantwortung und Letztentscheidungskompetenz[5] weist dabei den nicht-staatlichen Akteuren im Umweltschutz neue Handlungsspielräume politischer Gestaltung und Verantwortlichkeit zu. Diese Zuweisung erfolgt unter dem Konzept der „Verantwortungsteilung" als dem „Schlüsselbegriff eines sich verändernden Verhältnisses von öffentlichem und privatem Sektor"[6]. Solche Verantwortungsteilung bezweckt dann die umweltpolitische Zielerreichung sowohl über eine „Zuführung privater Innovationskraft und Flexibilität" wie auch über eine staatliche „Nutzung der Organisations- und Steuerungsfähigkeit privater Akteure", beinhaltet dann allerdings zugleich „die Begründung von staatlich vermittelten Machtpositionen dieser Privaten"[7], einschließlich der faktischen Übertragung gewisser Rechtsetzungsbefugnisse[8].

Die Möglichkeiten der Einflussnahme machtvoller Unternehmen und Unternehmensverbände beschränken sich dann nicht mehr nur auf reine („professionelle") Lobby-Arbeit. Vielmehr spannt sich damit ein weites, z.T. neuartiges und weit über den traditionellen Rahmen des unternehmerischen Umweltmanagements hinausgehendes Handlungsfeld „unternehmerischen Umweltrechtsmanagements"[9] auf, welches einerseits selbst per staatlicher Regulierung strukturiert wird, genau deshalb aber auch andererseits mit verschiedenartigen Strategien rekursiv auf diese umweltrechtlichen Regulierungen absichtsvoll Einfluss nimmt. Genau in dieser Weise manifestiert sich dann das Phänomen der „Rekursiven Regulation"[10] (hier auch kurz bezeichnet als „Reregulierung") im Umweltschutz. Ihre Erklärung finden diese Erkenntnisse im Bereich der betriebswirtschaftlichen Theorie insbes. aus dem – weitgehend auf der sozialwissenschaftlichen Theorie der Strukturation[11] aufbauenden – Konzept der „Strategischen Institutionalisierung"[12] heraus.

B. Reale Felder rekursiver Regulierung im Umweltschutz

Reale Interpretationsfelder findet diese umweltschutzbezogene rekursive Regulierung z.B. in der Gestaltung, Umsetzung und Novellierung der Verpackungsverordnungen von 1992 und 1998, speziell des über § 6 Abs. 3 Verpack-VO 1992 entwickelten Dualen Systems Deutschland[13], in der Konkurrenzsituation zwischen der privat organisierten ISO-14001 ff.-Norm und der EG-Umwelt-Auditing-Verordnung (EMAS) sowie dem Prozess der Weiterentwicklung legalnormierter Umweltmanagementsysteme von EMAS I im Jahre 1993 zu EMAS II im Jahre 2001[14] oder in der Gestaltung und Umsetzung des deutschen Kreislaufwirtschafts- und Abfallgesetzes von 1996, dabei aktuell insbes. im Spannungsfeld zwischen der auf diesem Gesetz basierenden Altautoverordnung, der Freiwilligen Selbstverpflichtung der Wirtschaft zur umweltgerechten Altautoentsorgung sowie der EU-Altauto-Richtlinie von 2000[15].

Weitere Beispiele sind gegenwärtig im Bereich von Technikpolitik und Technikrecht[16], und dabei insbes. des Gentechnikrechts[17], evident. Daneben treten in anderen Feldern speziell in jüngster Zeit neuartige Rechtskonstruktionen, bei denen die Umweltpolitik Reflexivität direkt und unmittelbar institutionalisiert, um die besonderen Handlungskompetenzen der Unternehmen im Regulierungsfeld Umweltschutz zu mobilisieren. Besonders in Erscheinung tritt dabei – in umweltschutzbezogener Konkretisierung des allgemeineren "Verwaltungsvertrages"[18] – der sog. „Sanierungsvertrag"[19], in dem sich, bezogen auf das Umweltmedium Boden, ein das Konzept der Reflexiven Moderne rezipierendes neues Verhältnis zwischen Öffentlichem und Privatem Umweltrecht manifestiert.

C. Rekursive Regulierung als Management von Netzwerkorganisationen

Jedoch sind kooperative, insbes. partizipative Umweltregulierungsprozesse in besonderem Maße von Problemen kollektiver Ungewissheit geprägt. Diese resultieren zum einen aus Möglichkeiten von Unternehmen, die Partizipation im eigenen Interesse zu instrumentalisieren, den Staat also weniger als kooperativen „Lernagenten" zu verstehen, sondern als unternehmerischen Erfüllungsgehilfen zu missbrauchen. Zum anderen existieren Vorbehalte gegenüber konsensualem Handeln der öffentlichen Verwaltung, abgeleitet aus Vermutungen und/oder Einsichten empirischer Schwächen des öffentlichen Verwaltungshandelns.[20]

Die Herausforderung tatsächlicher gesellschaftlicher Reregulierung im Umweltschutz besteht mithin in der permanenten Ausbalancierung der für das Verhältnis von Unternehmen und öffentlicher Verwaltung maßgeblichen Merkmale, also insbes. solcher jeweils polarer Kriterien wie staatliche Distanzierung und unternehmerische Teilhabe am Regulierungsprozess, Normierung und eigenverantwortliche Selbstregulierung, Vertrauen und Kontrolle, Formalität und Informalität umweltrechtlicher Regelungen sowie Dauerhaftigkeit und Dynamisierung des Umweltrechts. Konzeptionelle Hilfe erwächst der gesellschaftlichen Reregulierung im Umweltschutz damit auch aus dem Ansatz des Managements von Netzwerkorganisationen[21], der gerade solche Polaritäten thematisiert.

Anmerkungen

* Die Langfassung dieses Beitrags ist über das Internet verfügbar unter http://www.wiwi.uni-duesseldorf.de/prodlog/working_papers/Freiburg2001-finale_Version.pdf.
1 Vgl. zu diesem, dominant soziologisch geprägten Ansatz insbes. Giddens 1995 und 1997 sowie die Beiträge in Beck/Giddens/Lash 1996.
2 Vgl. z.B. Ladeur 1987, Ritter 1992, S. 648, oder Roßnagel 1997.
3 Zum Begriff des „kooperativen und verhandelnden Staates" vgl. Ritter 1990, speziell zu dem des „kooperativen Umweltstaates" vgl. insbes. Kloepfer 1998, S. 216.
4 Gawel 1999, S. 194. Siehe auch ders. 2000.
5 Vgl. z.B. Kloepfer/Elsner 1996, S. 968, oder Di Fabio 1997, S. 262–263.
6 Trute 1999.
7 Siehe Trute 1999, S. 32.
8 Vgl. Kloepfer/Elsner 1996, S. 966–971.
9 Vgl. Wagner/Haffner 1999, S. 105.
10 Vgl. allgemein zu dieser Begrifflichkeit insbes. Ortmann/Zimmer 1998, S. 752, sowie Zimmer 1999, passim.
11 Vgl. zur Strukturationstheorie – bezugnehmend insbes. auf A. Giddens – in kritischem Überblick Walgenbach 1995. Vgl. auch Ortmann/Sydow/Windeler 2000.
12 Vgl. insbes. Ortmann/Zimmer 1998 und Zimmer 1999 sowie in erster Umsetzung dieses Konzeptes für eine Theorie des betriebswirtschaftlichen Umweltmanagements Schneidewind 1998.
13 Vgl. insbes. Finckh 1998 und Schmidt-Preuß 1999.
14 Vgl. dazu aktuell Müller 2001.
15 Vgl. insbes. Giesberts/Hilf 1998 und Christ 1998 sowie die Richtlinie 2000/53/EG des Europäischen Parlaments und des Rates der Europäischen Union vom 18. September 2000 über Altfahrzeuge.
16 Vgl. aktuell die verschiedenen Beiträge in Kloepfer 2002.
17 Vgl. insbes. Lege 2002.
18 Vgl. z.B. Salzwedel 1999.
19 Vgl. insbes. Schappmann 1998.
20 Vgl. z.B. Brohm 1992, Breuer 1997 oder Fluck/Schmitt 1998.
21 Vgl. insbes. Sydow 1999, S. 299–301.

Literatur

Beck, U.; Giddens, A.; Lash, S. (1996) (Hrsg.): Reflexive Modernisierung, Frankfurt a.M. 1996.
Breuer, R. (1997): Zunehmende Vielgestaltigkeit der Instrumente im deutschen und europäischen Umweltrecht, in: Neue Zeitschrift für Verwaltung 1997, S. 834–845.
Brohm, W. (1992): Rechtsgrundsätze für normersetzende Absprachen, in: Die öffentliche Verwaltung 1992, S. 1025–1035.
Christ, P. (1998): Rechtsfragen der Altautoverwertung, Baden-Baden 1998.
Di Fabio, U. (1997): Verwaltung und Verwaltungsrecht zwischen gesellschaftlicher Selbstregulierung und staatlicher Steuerung, in: Schmidt-Preuß, M.; Di Fabio, U. (Hrsg.): Verwaltung und

Verwaltungsrecht zwischen gesellschaftlicher Selbstregulierung und staatlicher Steuerung, Berlin et al. 1997, S. 235–277.
Finckh, A. (1998): Regulierte Selbstregulierung im Dualen System, Baden-Baden 1998.
Fluck, J.; Schmitt, T. (1998): Selbstverpflichtungen und Umweltvereinbarungen, in: Verwaltungsarchiv 1998, S. 220–263.
Gawel, E. (1999): Steigerung der Kosteneffizienz im Umweltordnungsrecht, in: Die Verwaltung 1999, S. 179–215.
Gawel, E. (2000): Effizientes Umweltordnungsrecht – Anforderungen und Grenzen aus ökonomischer Sicht, in: Gawel, E.; Lübbe-Wolff, G. (Hrsg.): Effizientes Umweltordnungsrecht, Baden-Baden 2000, S. 9–34.
Giddens, A. (1995): Konsequenzen der Moderne, Frankfurt a.M. 1995.
Giddens, A. (1997): Die Konstitution der Gesellschaft, Frankfurt a.M. et al. 1997.
Giesberts, L.; Hilf, J. (1998): Kreislaufwirtschaft Altauto, Berlin 1998.
Kloepfer, M. (1998): Staat und Unternehmung in ihrer Umweltverantwortung aus Sicht des Rechts, in: Steinmann, H.; Wagner, G. R. (Hrsg.): Umwelt und Wirtschaftsethik, Stuttgart 1998, S. 214–232.
Kloepfer, M. (2002) (Hrsg.): Technikumsteuerung als Rechtsproblem, Berlin 2002.
Kloepfer, M.; Elsner, T. (1996): Selbstregulierung im Umwelt- und Technikrecht, in: Deutsches Verwaltungsblatt 1996, S. 964–975.
Ladeur, K.-H. (1987): Jenseits von Regulierung und Ökonomisierung der Umwelt, in: Zeitschrift für Umweltpolitik & Umweltrecht 1987, S. 1–22.
Lege, J. (2002): Die Steuerung der Gentechnik durch das Recht, in: Kloepfer, M. (Hrsg.): Technikumsteuerung als Rechtsproblem, Berlin 2002, S. 67–90.
Müller, M. (2001): Normierte Umweltmanagementsysteme und deren Weiterentwicklung im Rahmen einer nachhaltigen Entwicklung, Berlin et al. 2001.
Ortmann, G.; Sydow, J.; Windeler, A. (2000): Organisation als reflexive Strukturation, in: Ortmann, G.; Sydow, J.; Türk, K. (Hrsg.): Theorien der Organisation, 2. Aufl., Opladen 2000, S. 315–354.
Ortmann, G.; Zimmer, M. (1998): Strategisches Management, Recht und Politik, in: Die Betriebswirtschaft 1998, S. 747–769.
Ritter, E.-H. (1990): Das Recht als Steuerungsmedium im kooperativen Staat, in: Grimm, D. (Hrsg.): Wachsende Staatsausgaben – sinkende Steuerungsfähigkeit, Baden-Baden 1990, S. 69–112.
Ritter, E.-H. (1992): Von den Schwierigkeiten des Rechts mit der Ökologie, in: Die Öffentliche Verwaltung 1992, S. 641–649.
Roßnagel, A. (1997): Lernfähiges Europarecht – am Beispiel des europäischen Umweltrechts, in: Neue Zeitschrift für Verwaltungsrecht 1997, S. 122–127.
Salzwedel, J. (1999): Umweltschutz durch öffentlich-rechtlichen Vertrag, in: Hendler, R.; Marburger, P.; Reinhardt, M.; Schröder, M. (Hrsg.): Rückzug des Ordnungsrechtes im Umweltschutz, Berlin 1999, S. 147–164.
Schappmann, C. (1998): Der Sanierungsvertrag, Baden-Baden 1998.
Schmidt-Preuß, M. (1999): Duale Entsorgungs-Systeme als Spiegelbild dualer Verantwortung, in: Schuppert, G. F. (Hrsg.): Jenseits von Privatisierung und „schlankem" Staat, Baden-Baden 1999, S. 195–219.
Schneidewind, U. (1998): Die Unternehmung als strukturpolitischer Akteur, Marburg 1998.
Sydow, J. (1999): Management von Netzwerkorganisationen – Zum Stand der Forschung, in: Sydow, J. (Hrsg.): Management von Netzwerkorganisationen, Wiesbaden 1999, S. 279–314.
Trute, H.-H. (1999): Verantwortungsteilung als Schlüsselbegriff eines sich verändernden Verhältnisses von öffentlichem und privatem Sektor, in: Schuppert, G. F. (Hrsg.): Jenseits von Privatisierung und „schlankem" Staat, Baden-Baden 1999, S. 13–45.
Wagner, G. R.; Haffner, F. (1999): Ökonomische Würdigung des umweltrechtlichen Instrumentariums, in: Hendler, R.; Marburger, P.; Reinhardt, M.; Schröder, M. (Hrsg.): Rückzug des Ordnungsrechtes im Umweltschutz, Berlin 1999, S. 83–127.
Walgenbach, P. (1995): Die Theorie der Strukturierung, in: Die Betriebswirtschaft 1995, S. 761–782.
Zimmer, M. (1999) Strategisches Management, Markt und Organisationen: strategische Institutionalisierung und rekursive Regulation, Diss. Wuppertal 1999.

Zusammenfassung

Der risikobedingte Modernisierungsprozess umweltrechtlicher Regulierung ist Ausdruck und zugleich Impulsgeber kollektiver gesellschaftlicher Lernprozesse (i.S. des „Lernenden Rechts"). Er bedingt die verstärkte Herausbildung kooperativer und partizipativer Regelungsstrukturen im Umweltbereich, in die bewusst das Expertenwissen, die Innovationskraft und die sonstigen Regulierungsleistungen der Unternehmen eingebunden werden. Solche Regulierungsbeiträge und -kompetenzen eröffnen machtvollen Unternehmen jedoch auch Möglichkeiten, ihre politisch-rechtlichen Handlungsspielräume auszubauen und diese für eigenes strategisches Agieren nutzbar zu machen. Empirische Beispiele eines solchen unternehmerischen Umweltrechtsmanagements, welches den bewussten strategischen Umgang der Unternehmen mit umweltrechtlichen Regelungsformen zum Gegenstand hat, finden sich u.a. im Spannungsfeld zwischen der Altautoverordnung und der Freiwilligen Selbstverpflichtung der Wirtschaft zur umweltgerechten Altautoentsorgung.

Summary

The current process of environmental regulatory modernization is characterized by new business-government relations. Innovative forms of cooperative governance and legal learning mechanism are central to the possibilities of a modern regulatory design. This cooperative approach aims at enlisting entrepreneurial expertise, mobilizing organizational capacities, and stimulating innovative processes. As the borderlines between public-private roles become more and more blurred, proactive and powerful corporations become fully aware of their status as "institutional entrepreneurs". Rather than passively allowing environmental affairs to manage and dictate business decisions, strategic regulatory management seeks to actively take and maintain control of environmental and regulatory issues. To illustrate the dynamic empirical field of environmental regulatory management strategies we refer to the case of "End-of-life vehicles". This case study represents a new cooperative designed framework of regulated self-regulation.

20: Allgemeine Fragen der Organisationstheorie (JEL M19)
014: Volkswirtschaftlicher Rahmen (JEL P00)

Umweltmanagement und Globalisierung – Konzeptionelle Überlegungen

Umweltmanagement und Globalisierung – Konzeptionelle Überlegungen aus betriebswirtschaftlicher Sicht

Von Dirk Matten*

Überblick

- Der Beitrag analysiert und kritisiert den State-of-the-Art des betriebswirtschaftlichen Globalisierungsverständnisses. Er plädiert für eine breiter angelegt Sicht des Phänomens und schlägt eine interdisziplinär ausgerichtete Definition vor, die insbesondere für betriebswirtschaftliche Fragestellungen mehr Trennschärfe bieten kann.
- Die Inhalte einer Forschungsagenda im Umweltmanagement werden durch Globalisierung stark beeinflusst. Der Beitrag zeigt die wesentlichen Schnittfelder. Dabei wird die Notwendigkeit eines präziseren betriebswirtschaftlichen Globalisierungsbegriffs hervorgehoben.

Eingegangen: 16. Oktober 2001

Dr. Dirk Matten ist Inhaber des DAAD-Fachlektorats an der European Business Management School der University of Wales Swansea, Großbritannien. Seine Arbeitsgebiete sind in den Bereichen Umweltmanagement, Internationales Management und Unternehmensethik. Email: d.matten@swan.ac.uk

© Gabler-Verlag 2002

A. „Globalisierung" und „Umweltschutz": Zur Erbfolge zweiter Modevokabeln

Die gegenwärtige gesellschaftliche Befassung mit dem Phänomen der Globalisierung ähnelt in vieler Hinsicht der frühen Phase dessen, was sich später als Umweltbewegung nicht zuletzt auch politisch etablieren konnte. Vielfach kann sich der Beobachter gegenwärtig nicht des Eindrucks entziehen, dass das Globalisierungsphänomen auf dem besten Wege ist, die Auseinandersetzung mit der ökologischen Umwelt auf einen nachrangigen Platz der Tagesordnung zu verdrängen. Der vorliegende Beitrag analysiert das Verhältnis beider Themenfelder aus spezifisch betriebswirtschaftlicher Sicht und fragt nach dem Einfluss, den das – relativ neue – Feld der Globalisierungsforschung auf die – bereits etablierte – Spezielle Betriebswirtschaftslehre des Umweltmanagements hat.[1]

B. Defizite und Mythen der betriebswirtschaftlichen Globalisierungsdiskussion

Die Diskussion der skizzierten Schnittstelle stellt sich zunächst insofern als problematisch dar, als dass in der Betriebswirtschaftslehre bislang eine explizite Auseinandersetzung mit dem Globalisierungsphänomen eher in Ansätzen stattgefunden hat. Fast en passant im Sinne einer sprachlichen Variation hat sich im Laufe der Zeit sowohl in der mehr als 30-jährigen angloamerikanischen Diskussion als auch in der von dieser Forschungsrichtung dominierend geprägten deutschsprachigen Literatur zum Internationalen Management relativ einheitlich ein Verständnis von „Globalisierung" im Sinne von weltumspannender Produktion und weltweitem Absatz von Gütern und Dienstleistungen durch multinationale Unternehmen (MNU) herausgebildet. Das Wesen der Globalisierung besteht demnach in einem hohen, möglicherweise maximalen Ausmaß des Internationalisierungsgrades von unternehmerischem Handeln.[2]

Dieses gängige betriebswirtschaftliche Verständnis von Globalisierung ist kaum mehr als ein Mythos.[3] Erstens beobachtet man empirisch, dass sich ca. 70% aller wirtschaftlichen Aktivitäten der großen Industrieländer innerhalb des eigenen Teils der Triade, d.h. innerhalb der EU, der NAFTA-Staaten oder Japans, abspielt und nur etwas 10% wirklich „globale" Reichweite besitzen. Ein zweiter Aspekt ist die Erkenntnis, dass MNU bei ihren „globalen" Aktivitäten immer häufiger schmerzlich daran erinnert werden, dass die Berücksichtigung regionaler, bis hin zu lokalen Spezifika ökonomischer, sozialer und kultureller Art den Erfolg des Unternehmens ausmacht. Empirisch ist daher zu beobachten, dass MNU verstärkt zu regionalen Strategien zurückkehren. Und schließlich wird immer wieder die wachsende Zahl aller jener Faktoren hervorgehoben, die eine wirklich weltumspannende Ausbreitung von Handel, Produktion und Direktinvestitionen verhindert.[4]

Diese Kritik an dem tradierten betriebswirtschaftlichen Globalisierungsverständnis ist grundsätzlich zutreffend. Angesichts dieses Befundes erhebt sich allerdings unmittelbar die Frage, ob Globalisierung als Begriff in der Tat nur eine feuilletonistische Modeerscheinung ist und daher aus der Betriebswirtschaftslehre verbannt werden müsse. In diesem Beitrag wird eine solche Position klar verneint, denn eine solche Ablehnung des Globalisierungsbegriffs hieße zu verkennen, dass Globalisierung in erster Linie ein *sozio-*

Abb. 1: Globalisierungsbegriffe im Vergleich

	Tradiertes betriebswirtschaftliches Verständnis von Globalisierung	**Globalisierung als Denationalisierung**
Definitorischer Kern	Hoher bzw. maximaler Grad an Internationalisierung von unternehmerischem Handeln	Aufhebung der raum-zeitlichen Trennung sozialen Handelns, insbes. durch Bedeutungsverlust der nationalen Grenzen
Objekt der Globalisierung	Ökonomische Transaktionen von Unternehmen (Güter-, Dienstleistungs- und Kapitalströme)	Soziale Interaktion im weitesten Sinne, inkl. ökonomischer Transaktionen von Unternehmen
Ursache der Globalisierung	Entscheidung des Unternehmens	Andauernder technologischer, ökonomischer und soziopolitischer Wandlungsprozeß
Motto	"Für das Unternehmen ist Globalisierung eine Handlungsoption."	"Das Unternehmen ist Mitspieler im Globalisierungsprozeß."

© Dirk Matten

politisches Phänomen ist. Und wenngleich es auch nicht dominant in den Kategorien unserer Disziplin beschrieben, analysiert und erklärt werden kann, besitzt es jedoch überaus hohe Relevanz für die Betriebswirtschaftslehre, und hier insbesondere für das Umweltmanagement.

In Soziologie und Politikwissenschaften gibt es zunächst keinen klar umrissenen Globalisierungsbegriff.[5] Zunächst ist hervorzuheben, dass als wichtigste räumliche Begrenzung sozialen Handelns in modernen Gesellschaften der Nationalstaat angesehen werden muss. Moderne Gesellschaften waren stets grundsätzlich mit dem Nationalstaat gleichgesetzt, Gesellschaft war immer nur im „Container" des Nationalstaates möglich.[6] Der Staat seinerseits steuerte diesen Raum gesellschaftlichen Handelns politisch, und die Grenzen des Nationalstaates waren grundsätzlich auch die Grenzen des gesellschaftlichen Handelns. Konstitutiv ist für ein so verstandenes Globalisierungsphänomen die Tatsache, dass gesellschaftliches Handeln im weitesten Sinne nunmehr nicht an den nationalstaatlich gesetzten Grenzen endet und infolgedessen auch nicht mehr dominant dem politischen Gestaltungseinfluss des Nationalstaates unterliegt. Globalisierung als neues Phänomen entsteht also dadurch, dass diese traditionelle Grenze gesellschaftlichen Handelns zunehmend an Bedeutung verliert.[7] Globalisierung soll hier daher im Sinne von „Denationalisierung" definiert werden als ein Prozess, welcher soziales Handeln über die räumlichen Grenzen des Nationalstaates hinweg ermöglicht und damit die raum-zeitliche Trennung sozialer Akteure weltweit sukzessive aufhebt. „Global" in diesem Sinne steht dann nicht im Gegensatz zu „lokal" oder „regional", sondern im Gegensatz zu „national" (vgl. im Überblick Abbildung 1).

C. Umweltmanagement und Globalisierung – Konfliktfelder und Synergien

Wie *Zürn* und Koautoren empirisch nachgewiesen haben, sind gerade die grenzüberschreitenden Umweltrisiken in den letzten Jahren signifikant angewachsen.[8] Ökologische Risiken sind aus unternehmerischer Sicht ein – wenn nicht der – wesentlicher Handlungsparameter des Umweltmanagements.[9] Damit hat die Globalisierung wesentlichen Einfluss auf einen zentralen Handlungsparameter des Umweltmanagements.

Besonders hervorzuheben ist in diesem Kontext die Relevanz des vorgeschlagenen Verständnisses von Globalisierung gerade aus betriebswirtschaftlicher Sicht. Analysiert man z.B. die Debatte um den Ausstieg aus der Kernenergie in Deutschland, so hat man hier ein exemplarisches Beispiel für die „Karriere" solch eines globalen Umweltrisikos. Die von diesem Aspekt der Globalisierung betroffenen Unternehmen sind grundsätzlich (zumindest in diesem Geschäftsfeld) keine MNU und auch keine Unternehmen, die weltweit ihre Produkte vertreiben. Sie würden damit im konventionellen betriebswirtschaftlichen Sinne von dem Globalisierungsphänomen gar nicht tangiert sein. Gleichwohl sind sie ganz massiv von der Globalisierung betroffen: Denn ohne z.B. die gesellschaftliche Alltagserfahrung der globalen Risiken der Kernenergie anlässlich des Reaktorunfalls in Tschernobyl wäre die gesellschaftliche Debatte um den Ausstieg aus der Atomenergie kaum denkbar. Zugleich wird hier auch die eingeschränkte Rationalität einer vornehmlich auf subjektiv wahrgenommenen Risiken fokussierten Diskussion deutlich: Ein deutscher Ausstieg hat zwar gravierende einzelwirtschaftliche Folgen, hat aber auf die objektive Risikosituation in Deutschland nur marginalen Einfluss. In Umrissen wird aber auch bereits deutlich, wie Unternehmen diese Situation z.T. geradezu dialektisch ausnutzen, indem sie das eine globale Risiko der Atomenergie gegen das andere globale Risiko der Freisetzung von Treibhausgasen durch Einsatz fossiler Energieträger geschickt gegeneinander ausspielen.

Durch die Globalisierung werden weiterhin insbesondere die sozialen und ökonomischen Ungleichheiten zwischen Nord und Süd manifest. So steht z.B. außer Frage, dass viele MNU in Entwicklungsländern mittlerweile zu den saubersten Produzenten zählen, da sie aus Effizienzgründen auch in der Dritten Welt ihre nach den Standards der Industrieländer entwickelten und optimierten Technologien einsetzen.[10] Allerdings lässt sich nachweisen, dass MNU zunehmend aufgrund ihrer Marktmacht, ihrer Demokratiedefizite und anderer, eher sozialer Aspekte zunehmend in Legitimationskonflikte geraten. Fallstudien der Unternehmen Monsanto[11] und Starbuck Coffee[12] – beide hoch reputiert für ihr proaktives, freiwilliges Engagement für eine umweltorientierte Unternehmensführung – belegen dies exemplarisch. Aus diesem Grunde ist zu erwarten, dass das Konzept der Nachhaltigkeit im Sinne intergenerativer Gerechtigkeit als Bezugsrahmen für das Umweltmanagement durch die Globalisierung an Bedeutung verlieren wird.

Wie in der Literatur zum Umweltmanagement bereits länger diskutiert, existieren seit geraumer Zeit auf der Ebene der nationalen Umweltgesetzgebung sehr deutlich manifeste Tendenzen hin zu Deregulierung.[13] Globalisierung beeinflusst diesen Prozess in durchaus widersprüchlicher Weise, weil einerseits der Druck zur Deregulierung des Umweltrechts durch die Globalisierung erhöht wird, andererseits jedoch erneuter Regulierungsbedarf für die spezifisch globalen Umweltprobleme auftritt. Der Southamptoner Politikwissenschaftler *Anthony McGrew* hat die Konsequenzen der Globalisierung in der Weise beschrieben, dass sie den Beginn des „Post-Westphalian Age" eingeleitet habe.[14] Seither

Umweltmanagement und Globalisierung – Konzeptionelle Überlegungen

gilt die Alte, wesentlich durch den Westfälischen Frieden begründete Kongruenz von Staat, Nation und Gesellschaft nicht mehr. Mit der Auflösung der nationalstaatlichen Grenzen verringert sich aber auch die politische Steuerungsmacht des Staates über die nationale Gesellschaft. Der zentrale Punkt aus betriebswirtschaftlicher Sicht besteht hier darin, dass Unternehmen durch die Globalisierung in gewisser Weise einen Souveränitätsgewinn verzeichnen. Dies liegt daran, dass sie in relevanten Teilen ihres Handelns die Grenzen des Nationalstaats verlassen und damit in einen für sie weniger oder potentiell gar nicht regulierten Raum eintreten. Natürlich sind sie auch in anderen Staaten an die dortigen territorialen Gesetze gebunden. Der Gewinn an „Souveränität" von Unternehmen erwächst denn auch nicht daraus, dass sie tatsächlich die jeweiligen staatlichen Institutionen ignorieren oder gar dominieren können: Stattdessen ist diese Veränderung der unternehmerischen Position auf ein Phänomen zurückzuführen, das z.B. *Beck* mit dem Begriff der „transnationalen Entzugsmacht" zu umschreiben versucht hat:[15] Schon die bloße Tatsache, dass Unternehmen prinzipiell die Möglichkeit haben, sich durch Standortverlagerungen den Regulierungsbemühungen eines Nationalstaates zu entziehen, sorgt dafür, dass Regierungen in ihren Entscheidungen von den Interessen der Unternehmen stärker abhängig werden.[16] Diese Option des unternehmerischen Regulierungsentzugs verstärkt zudem die ohnehin bereits starken Deregulierungsbemühungen innerhalb des jeweiligen nationalstaatlichen Kontextes.[17]

Für das unternehmerische Umweltmanagement ergeben sich daraus verschiedene Konsequenzen (im Detail siehe dazu die Langversion des Papers).
- Wachsende Bedeutung unternehmerischer Selbstregulierung (industrielle Metastandards[18], ISO 1400[19], Codes of Conducts[20], Selbstverpflichtungserklärungen[21] etc.).
- Kontrolle durch Stakeholder als Ersatz demokratisch legitimierter territorialstaatlicher Instanzen.[22]
- Regionalisierung von Umweltmangementansätzen.

Der Einfluss der Globalisierung auf das Umweltmanagement ist differenziert. Sie relativiert die Bedeutung des Nachhaltigkeitskonzeptes unter ökologischen Aspekten, verstärkt jedoch die bereits andauernde Ausrichtung des Umweltmanagements auf ökologische Risiken und auf die abnehmende Dominanz des Staates als Regulierungsinstanz in der Umweltpolitik: Die Tendenz zur abnehmenden Bedeutung einzelstaatlicher Regulierung im Umweltschutz zu Gunsten der Regulierungsbemühungen regionaler und suprastaatlicher Institutionen zeichnet sich deutlich ab. Absehbar erscheint allerdings auch, dass gerade multinationale Unternehmen[23] eine besondere Rolle bei der Bewältigung globaler Umweltprobleme spielen können.[24]

Anmerkungen

* Die Langversion liegt als Nr. EBMS/2000/14 der Working Paper Series der European Business Management School, University of Wales Swansea (ISSN 1470–2398), vor (http://www.swan.ac.uk/ebms/research/working%20papers/working%20papers.htm).
1 Einen Überblick über denkbare Ansätze aus betriebswirtschaftlicher Sicht findet sich bei Fichter/Schneidewind (2000); siehe auch Gladwin (1998). Vgl. allgemein zum Schnittfeld von Globalisierung und Umweltschutz z.B. Pflüger (1999).

2 Vgl. u.a. Rugman (2000), S. 4–5. Als Beleg seien zwei Definitionsversuche aus dem jüngsten betriebswirtschaftlichen Werk zur Globalisierung in deutscher Sprache (Kumar/Graf (2000), S. 21: „zunehmende Integration von Finanzen, Produktion und Konsumtion"; Wrona (2000), S.69: „Prozess des Zusammenwachsens vormals unabhängiger Märkte zu übergreifenden, möglicherweise weltweiten Märkten") zitiert. Im englischsprachigen Raum sei pars pro toto Rugman angeführt (Rugman (2000), S. 5: „the worldwide production and marketing of goods and services by multinational enterprises") sowie ein Zitat aus dem Vorwort des jüngsten Herausgeberwerks zum Thema (Prakash/Hart (2000), S. 5: „a process of market integration, primarily through the establishment of value chains that are increasingly dispersed geographically").
3 So etwa Doremus et al (1998), vgl im Folgenden auch insbes. Rugman (2000).
4 So z.B. Vernon (1998).
5 Aus spezifisch soziologischer Perspektive siehe Bonß (2000) sowie Münch (1998); aus politikwissenschaftlicher Perspektive siehe Altvater/Mahnkopf (1999). Generell kann festgestellt werden, daß diese beiden Wissenschaftsdisziplinen in der Globalisierungdiskussion – vor allem in der angloamerikanischen Literatur – nicht mehr trennscharf auseinander gehalten werden können (siehe inbes. Held/McGrew (2000); McGrew (1997a)). Vielmehr scheint die Globalisierungsforschung zunehmend ein eigenständiges, interdisziplinäres Profil zu gewinnen, dessen Konturen sowohl entlang der genannten als auch weiterer Wissenschaftsdisziplinen nachgezeichnet werden können, wie etwa der Jurisprudenz (vgl. im Überblick Voigt (2000)), der Anthropologie (Backhaus (1999)), der Philosophie (Habermas (1998); Luhmann (1999)) sowie der Ökonomie (Wieland (1999)) und damit insbes. nicht zuletzt auch der Betriebswirtschaftslehre (vgl. hier speziell Steinmann/Scherer (1998)).
6 Vgl. Beck (1997), S. 49–55.
7 Vgl. Beisheim et al (1999), siehe im konzisen Überblick auch Zürn (1997).
8 Vgl. erneut Beisheim et al (1999), S. 213–263, sowie Goldblatt (1997); Jones (2000).
9 Vgl. Matten (1998).
10 Vgl. Rugman/Verbeke (2000).
11 Vgl. z.B. Krönig/Fischermann (2000).
12 Vgl. z.B. Burkeman/Brockes (1999).
13 Vgl. im Überblick Wagner/Haffner (1999).
14 Vgl. McGrew (1997b), ders. (1997a), sowie auch Held/McGrew (2000). Siehe ferner auch Bredow (2000).
15 Vgl. Beck (1998), S. 19–25.
16 Sie dazu etwa auch Engelhard/Gerstlauer/Hein (1999); Homann/Gerecke (1999); Kreikebaum (2000); Scherer/Löhr (1999); Steinmann/Scherer (1997), dies. (1998).
17 Vgl. z.B. auch Messner (2000).
18 Zum Begriff des Metastandards im Umweltmanagement vgl. Wagner/Matten (1999), S. 332–335.
19 Vgl. Christmann/Taylor (2000); Corbett/Kirsch (2000) sowie in kritischer Reflexion Krut/Gleckman (1998).
20 Vgl. Jones (2000); Kolk/Tulder/Welters (1999); Scherer/Smid (2000).
21 Vgl. aktuell King/Lenox (2000).
22 Vgl. Cox (1997); Imber (1997); Kirsch/Lohmann (1999); Kohler-Koch/Knodt (1999). Zum Problem der Schaffung von global agierenden Institutionen im Umweltschutz Simonis (2000).
23 Vgl. u.a. Messner (2000); Schneidewind (2000); Thompson (1997)
24 In eine ähnliche Richtung argumentieren u.a. auch Scherer/Smid (2000).

Literatur

Altvater, E.; Mahnkopf, B. (1999): Grenzen der Globalisierung, 4. Aufl. Münster (Westfälisches Dampfboot) 1999
Backhaus, N. (1999): Zugänge zur Globalisierung. Zürich (Schriftenreihe Anthropogeographie der Universität Zürich) 1999
Beck, U. (1997): Was ist Globalisierung? Frankfurt am Main (Suhrkamp) 1997

Beck, U. (1998): Wie wird Demokratie im Zeitalter der Globalisierung möglich? – Eine Einleitung. In: Beck, U. (Hrsg.): Politik der Globalisierung. Frankfurt am Main (Suhrkamp) 1998, S. 7–66

Beisheim, M.; Dreher, S.; Walter, G.; Zängl, B.; Zürn, M. (1999): Im Zeitalter der Globalisierung? Baden-Baden (Nomos) 1999

Bonß, W. (2000): Globalisierung unter soziologischen Perspektiven. In: Voigt, R. (Hrsg.): Globalisierung des Rechts. Baden-Baden (Nomos) 2000, S. 39–68

Burkeman, O.; Brockes, E. (1999): Trouble Brewing. In: The Guardian G2, 3.12.1999, S. 2–3

Christmann, P.; Taylor, G. (2000): Globalization and the environment: Evidence from China. In: Journal of International Business Studies, 32. Jg. (2001), S. 439–458

Corbett, C. J.; Kirsch, D. A. (2000): International diffusion of ISO 14000 certification. In Production and Operations Management, 10 Jg. (2001), S. 327–342

Doremus, P. N.; Keller, W. W.; Pauly, L. W.; Reich, S. (1998): The myth of the global corporation. Princeton, NJ (Princeton University Press) 1998

Engelhard, J.; Gerstlauer, M.; Hein, S. (1999): Globalisierende Unternehmen und Nationalstaaten – Überlegungen zur Redistribution von Staats- und Unternehmensmacht. In: Kumar, B. N.; Osterloh, M.; Schreyögg, G. (Hrsg.): Unternehmensethik und die Transformation des Wettbewerbs. Shareholder Value – Globalisierung – Hyperwettbewerb. Stuttgart (Schäffer-Poeschel) 1999, S. 291–318

Fichter, K.; Schneidewind, U. (Hrsg.) (2000): Umweltschutz im globalen Wettbewerb. Berlin/Heidelberg/New York (Springer) 2000

Gladwin, T. N. (1998): Economic globalization and ecological sustainabilty: Searching for truth and reconciliation. In: Roome, N. J. (Hrsg.): Sustainable strategies for industry. Washington, DC (Island Press) 1998, S. 27–54

Goldblatt, D. (1997): Liberal democracy and the globalization of environmental risks. In: McGrew, A. G. (Hrsg.): The transformation of democracy? Globalization and territorial democracy. Cambridge (Polity Press) 1997, S. 73–98

Habermas, J. (1998): Die postnationale Konstellation. Frankfurt am Main (Suhrkamp) 1998

Hansen, U. (1998): Implikationen von Responsible Care für die Betriebswirtschaftslehre. In: Steinmann, H.; Wagner, G. R. (Hrsg.): Umwelt und Wirtschaftsethik. Stuttgart (Schäffer-Poeschel) 1998, S. 130–145

Held, D.; McGrew, A. G. (2000): The global transformations reader: An introduction to the globalization debate. Cambridge (Polity Press) 2000

Homann, K.; Gerecke, U. (1999): Ethik der Globalisierung: Zur Rolle der multinationalen Unternehmen bei der Etablierung moralischer Standards. In: Kutschker, M. (Hrsg.): Perspektiven der internationalen Wirtschaft. Wiesbaden (Gabler) 1999, S. 429–457

Jones, T. (2000): Die OECD-Leitsätze für multinationale Unternehmen. In: Fichter, K.; Schneidewind, U. (Hrsg.): Umweltschutz im globalen Wettbewerb. Berlin/Heidelberg/New York (Springer) 2000, S. 81–90

King, A. A.; Lenox, M. J. (2000): Industry self-regulation without sanctions: The chemical industry's Responsible Care Program. In: Academy of Management Journal, 43. Jg. (2000), S. 698–716

Kolk, A.; Tulder, R. v.; Welters, C. (1999): International codes of conduct and corporate social responsibility: Can transnational corporations regulate themselves? In: Transnational Corporations, 8. Jg. (1999), S. 143–180

Kreikebaum, H. (2000): Internationale Probleme der Unternehmensethik. In: Zeitschrift für Betriebswirtschaft, 70. Jg. (2000), S. 143–168

Krönig, J.; Fischermann, T. (2000): Herren der Schöpfung – gescheitert. In: Die Zeit, Nr. 31, 27.07.2000, S. 26–27

Krut, R.; Gleckman, H. (1998): ISO 14001. A missed opportunity of sustainable global industrial development. London (Earthscan) 1998

Luhmann, N. (1999): Ethik in internationalen Beziehungen. In: Soziale Welt, 50. Jg. (1999), S. 247–254

Matten, D. (1998a): Management ökologischer Unternehmensrisiken. Stuttgart (Metzler-Poeschel) 1998

McGrew, A. G. (1997a): Globalization and territorial democracy: An introduction. In: McGrew, A. G. (Hrsg.): The transformation of democracy? Globalization and territorial democracy. Cambridge (Polity Press) 1997a, S. 1–24

McGrew, A. G. (1997b): Democracy beyond borders? Globalization and the reconstruction of democratic theory and practice. In: McGrew, A. G. (Hrsg.): The transformation of democracy? Globalization and territorial democracy. Cambridge (Polity Press) 1997b, S. 231–266

Messner, D. (2000): Global Governance: Anpassungsdruck für Nationalstaaten und Anforderungen an Unternehmen. In: Fichter, K.; Schneidewind, U. (Hrsg.): Umweltschutz im globalen Wettbewerb. Berlin/Heidelberg/New York (Springer) 2000, S. 61–72

Münch, R. (1998): Globale Dynamik, lokale Lebenswelten. Frankfurt am Main (Suhrkamp) 1998

Pflüger, M. P. (1999): Globalisierung und Nachhaltigkeit. In: Zeitschrift für Umweltpolitik & Umweltrecht, 22. Jg. (1999), S. 135–154

Prakash, A.; Hart, J. A. (Hrsg.) (2000): Coping with globalization. London (Routledge) 2000

Rugman, A. M. (2000): The end of globalisation. London (Random House) 2000

Rugman, A. M.; Verbeke, A. (2000): Six cases of corporate strategic responses to environmental regulation. In: European Management Review, 18. Jg. (2000), S. 377–385

Scherer, A. G.; Löhr, A. (1999): Verantwortungsvolle Unternehmensführung im Zeitalter der Globalisierung – Einige kritische Bemerkungen zu den Perspektiven einer liberalen Weltwirtschaft. In: Kumar, B. N.; Osterloh, M.; Schreyögg, G. (Hrsg.): Unternehmensethik und die Transformation des Wettbewerbs. Shareholder Value – Globalisierung – Hyperwettbewerb. Stuttgart (Schäffer-Poeschel) 1999, S. 261–289

Scherer, A. G.; Smid, M. (2000): The downward spiral and the U. S. model business principles – Why MNEs should take responsibility for improvement of world-wide social and environronmental conditions. In: management international review, 40. Jg. (2000), S. 351–371

Steinmann, H.; Scherer, A. G. (1997): Die multinationale Unternehmung als moralischer Aktor – Bemerkungen zu einigen normativen Grundlagenproblemen des interkulturellen Managements. In: Engelhard, J. (Hrsg.): Interkulturelles Management. Wiesbaden (Gabler) 1997, S. 23–53

Steinmann, H.; Scherer, A. G. (1998): Interkulturelles Management zwischen Universalismus und Relativismus. Kritische Anfragen der Betriebswirtschaftslehre an die Philosophie. In: Steinmann, H.; Scherer, A. G. (Hrsg.): Zwischen Universalismus und Relativismus. Frankfurt am Main (Suhrkamp) 1998, S. 23–87

Vernon, R. (1998): In the hurricane's eye: The troubled prospects of multinational enterprises. Cambridge, MA (Harvard University Press) 1998

Voigt, R. (Hrsg.) (2000): Globalisierung des Rechts. Baden-Baden (Nomos) 2000

Wagner, G. R.; Haffner, F. (1999): Ökonomische Würdigung des umweltrechtlichen Instrumentariums. In: Hendler, R.; et al (Hrsg.): Rückzug des Ordnungsrechtes im Umweltschutz. Berlin (Erich Schmidt) 1999, S. 83–127

Wagner, G. R.; Matten, D. (1999): Produktion. In: Korff, W.; et al (Hrsg.): Handbuch der Wirtschaftsethik, Bd. 3. Gütersloh (Gütersloher Verlagshaus) 1999, S. 317–340

Wieland, J. (1999): Die Ethik der Governance. Marburg (Metropolis) 1999

Wrona, T. (2000): Die Gestaltung von vertikalen Integrationsstrategien in globalisierenden Märkten. Ergebnisse einer empirischen Untersuchung. In: Knyphausen-Aufseß, D.z. (Hrsg.): Globalisierung als Herausforderung der Betriebswirtschaftslehre, Wiesbaden (Gabler) 2000, S. 67–94

Kumar, B. N.; Graf, I. (2000): Multinationale Unternehmen und die Herausforderungen einer neuen Weltwirtschaft: Einige Thesen zu Bedeutung, Aufgaben und Strategien für einen nachhaltige Entwicklung mit besonderer Berücksichtigung der chemischen Industrie. In: Knyphausen-Aufseß, D.z. (Hrsg.): Globalisierung als Herausforderung der Betriebswirtschaftslehre, Wiesbaden (Gabler) 2000, S. 19–48

Zürn, M. (1997): Was ist Denationalisierung und wie viel gibt es davon? In: Soziale Welt, 48. Jg. (1997), S. 337–360

Zusammenfassung

Die betriebswirtschaftliche Rezeption des Globalisierungsphänomens ist in den letzten Jahren zunehmend kritisiert worden. Der Beitrag faßt die Argumente zusammen und versucht darauf aufbauend zu zeigen, dass Globalisierung primär ein politik- und sozialwissenschaftlich zu definierendes Phänomen ist. Auf einem solchen Verständnis aufbauend werden relevante Konsequenzen der Globalisierung für die spezielle Betriebswirtschaftslehre des Umweltmanagements diskutiert. Dabei steht insbesondere der Verlust an Gestaltungsmacht von nationalstaatlichen Regierungen im Mittelpunkt, woraus sich wesentliche Konsequenzen für das unternehmerische Umweltmanagement ergeben.

Summary

The reception of the globalisation discourse in Business Studies has been increasingly scrutinsed during the last couple of years. This paper reviews the debate and argues in favour of a position, which conceives globalisation as a phenomenon that has to be primarily understood from a political and social science perspective. Based on this discussion the paper analyses the impact of globalisation on the field of corporate environmental management. The key issue here is seen in the fact that governments of nation states loose power through globalisation, which entails some fundamental changes for the way companies deal with environmental issues.

21: Unternehmensführung (JEL M19)
014: Volkswirtschaftlicher Rahmen (JEL P00)

Grundsätze und Ziele

Die **Zeitschrift für Betriebswirtschaft** ist eine der ältesten deutschen Fachzeitschriften der Betriebswirtschaftslehre. Sie wurde im Jahre 1924 von Fritz Schmidt begründet und von Wilhelm Kalveram und Erich Gutenberg fortgeführt. Sie wird heute von zwölf Persönlichkeiten aus dem Bereich der Universität und der Wirtschaftspraxis herausgegeben.

Die Zeitschrift für Betriebswirtschaft verfolgt das Ziel, die **Forschung auf dem Gebiet der Betriebswirtschaftslehre** anzuregen sowie zur Verbreitung und Anwendung ihrer Ergebnisse beizutragen. Sie betont die Einheit des Faches; enger und einseitiger Spezialisierung in der Betriebswirtschaftslehre will sie entgegenwirken. Die Zeitschrift dient dem **Gedankenaustausch zwischen Wissenschaft und Unternehmenspraxis.** Sie will die betriebswirtschaftliche Forschung auf wichtige betriebswirtschaftliche Probleme in der Praxis aufmerksam machen und sie durch Anregungen aus der Unternehmenspraxis befruchten.

Die Qualität der Aufsätze in der Zeitschrift für Betriebswirtschaft wird nicht nur durch die Herausgeber und die Schriftleitung, sondern auch durch einen Kreis von Gutachtern gewährleistet. Das **Begutachtungsverfahren** ist doppelt verdeckt und wahrt damit die Anonymität von Autoren wie Gutachtern gemäß den international üblichen Standards.

Die Zeitschrift für Betriebswirtschaft veröffentlicht im Einklang mit diesen Grundsätzen und Zielen:

- **Aufsätze** zu theoretischen und praktischen Fragen der Betriebswirtschaftslehre einschließlich von Arbeiten junger Wissenschaftler, denen sie ein Forum für die Diskussion und die Verbreitung ihrer Forschungsergebnisse eröffnet,
- **Ergebnisse der Diskussion** aktueller betriebswirtschaftlicher Themen zwischen Wissenschaftlern und Praktikern,
- **Berichte** über den Einsatz wissenschaftlicher Instrumente und Konzepte bei der Lösung von betriebswirtschaftlichen Problemen in der Praxis,
- **Schilderungen von Problemen** aus der Praxis zur Anregung der betriebswirtschaftlichen Forschung,
- **„State of the Art"-Artikel,** in denen Entwicklung und Stand der Betriebswirtschaftslehre eines Teilgebietes dargelegt werden.

Die Zeitschrift für Betriebswirtschaft informiert ihre Leser über **Neuerscheinungen** in der Betriebswirtschaftslehre und der Management-Literatur durch ausführliche Rezensionen und Kurzbesprechungen und berichtet in ihrem **Nachrichtenteil** regelmäßig über betriebswirtschaftliche Tagungen, Seminare und Konferenzen sowie über persönliche Veränderungen vorwiegend an den Hochschulen. Darüber hinaus werden auch Nachrichten für Studenten und Wirtschaftspraktiker veröffentlicht, die Bezug zur Hochschule haben. Die ZfB veröffentlicht keine Aufsätze, die wesentliche Inhalte von **Dissertationen** wiedergeben. Sie rezensiert aber publizierte Dissertationen.

Dem **Internationalen Herausgeberbeirat** gehören namhafte Fachvertreter aus den USA, Japan und Europa an. In der ZfB können auch – wenn auch in begrenztem Umfang – englischsprachige Aufsätze veröffentlicht werden. Durch die Zusammenfassungen in englischer Sprache sind die deutschsprachigen Aufsätze der ZfB auch internationalen Referatenorganen zugänglich. Im Journal of Economic Literature werden die Aufsätze der ZfB zum Beispiel laufend referiert.

Herausgeber / Internationaler Herausgeberbeirat

Schriftführende Herausgeber

Prof. Dr. Uschi Backes-Gellner
Universitätsprofessorin und Direktorin des Seminars für Allgemeine Betriebswirtschaftslehre und Personalwirtschaftslehre an der Universität zu Köln. Ihre Hauptarbeitsgebiete sind Personal- und Organisationsökonomik, Mittelstandsforschung und Hochschulökonomie

Prof. Dr. Günter Fandel
Universitätsprofessor und Inhaber des Lehrstuhls für Betriebswirtschaftslehre, insbesondere Produktion und Investition an der FernUniversität Hagen. Seine Hauptarbeitsgebiete sind Industriebetriebslehre, Produktionsmanagement und Hochschulmanagement.

Prof. Dr. Wolfgang Kürsten
Universitätsprofessor und Inhaber des Lehrstuhls für Allgemeine Betriebswirtschaftslehre, insbesondere Finanzierung, Banken und Risikomanagement an der Universität Jena. Seine Hauptarbeitsgebiete sind Finanzkontrakte, Bankbetriebswirtschaftslehre und kapitalmarktorientierte Unternehmensführung.

Herausgeber

Prof. (em.) Dr. Dr. h.c. mult. Horst Albach
Professor der Betriebswirtschaftslehre an der Humboldt-Universität zu Berlin, Honorarprofessor an der Wissenschaftlichen Hochschule für Unternehmensführung Koblenz (WHU).

Dr. Dieter Heuskel
Senior Vice President, The Boston Consulting Group. Leiter des Management Teams der BCG Deutschland und Mitglied des weltweiten Executive Committees von BCG.

Dr. Detlef Hunsdiek
Gesamtleiter Personal der Bertelsmann AG. Er ist Vorsitzender des Beirats des Reinhard Mohn Stiftungslehrstuhls an der Universität Witten/Herdecke und Mitglied des geschäftsleitenden Ausschusses des mcm Instituts St. Gallen.

Dr. Bernd-Albrecht v. Maltzan
Deutsche Bank AG, Frankfurt, Bereichsvorstand Private Banking.

Prof. Dr. Werner Pascha
Lehrstuhl für Ostasienwirtschaft/Wirtschaftspolitik an der Gerhard-Mercator-Universität Duisburg.

Hans Botho von Portatius
Geschäftsführender Gesellschafter von Kappa IT Ventures Beteiligungs GmbH.

Prof. (em.) Dr. Hermann Sabel
Professor der Betriebswirtschaftslehre, insbesondere Marketing, der Universität Bonn und Mitglied im Wissenschaftlichen Beirat des Universitätsseminars der Wirtschaft (USW) in Erftstadt-Liblar.

Prof. Dr. Joachim Schwalbach
ist Inhaber des Lehrstuhls für Internationales Management, Humboldt-Universität zu Berlin.

Dr. med. Martin Zügel
Vorstandsmitglied der B. Braun Melsungen AG, Sparte Hospital Care.

Internationaler Herausgeberbeirat

Prof. Alain Burlaud
Professor für Betriebswirtschaftslehre, insbesondere Rechnungswesen und Management Control, am Conservatoire National des Art et Métiers in Paris. Er ist Expert Comptable und Mitherausgeber zahlreicher bedeutender französischer Fachzeitschriften.

Prof. Dr. Santiago Garcia Echevarria
Professor für Betriebswirtschaftslehre, insbesondere Unternehmenspolitik, und Direktor des Instituto de Dirección y Organización de Empresas der Universität Alcalá.

Prof. Dr. Lars Engwall
Professor für Betriebswirtschaftslehre an der Universität Uppsala.

Prof. Dr. Robert T. Green
Professor für Marketing und Internationale Betriebswirtschaftslehre an der University of Texas in Austin, Texas, und Director des Center for International Business Education and Research.

Prof. Dr. Hiroyuki Itami
Professor für Management an der Faculty of Commerce der Hitotsubashi Universität, Tokyo.

Prof. Dr. Don Jacobs
Gaylord Freeman Distinguished Professor of Banking und Dean der J. L. Kellogg Graduate School of Management der Northwestern University in Evanston bei Chicago.

Prof. Dr. Koji Okubayashi
Professor für Betriebswirtschaftslehre, insbesondere Human Resources Management in der School of Business Administration der Kobe University.

Prof. Dr. Adolf Stepan
Professor für Betriebswirtschaftslehre, insbesondere Industriebetriebslehre an der Technischen Universität Wien und Leiter der Abteilung Wirtschafts- und Managementwissenschaften an der Donau-Universität Krems.

Prof. Dr. Kalervo Virtanen
Professor für Betriebswirtschaftslehre, insbesondere Management Accounting, an der Helsingin Kauppakorkeakoulu, der Helsinki School of Economics and Business Administration.

Impressum / Hinweise für Autoren

Verlag

Betriebswirtschaftlicher Verlag Dr. Th. Gabler GmbH,
Abraham-Lincoln-Straße 46, 65189 Wiesbaden,
Postfach 15 46, 65173 Wiesbaden,
http://www.gabler.de
http://www.zfb-online.de
Geschäftsführer: Dr. Hans-Dieter Haenel
Verlagsleitung: Dr. Heinz Weinheimer
Programmleitung Wissenschaft: Claudia Splittgerber
Gesamtleitung Produktion: Reinhard van den Hövel
Gesamtleitung Vertrieb: Heinz Detering

SCHRIFTLEITUNG:
Professor Dr. Günter Fandel
FernUniversität Hagen
Fachbereich Wirtschaftswissenschaft
58084 Hagen
E-Mail: ZfB@FernUni-Hagen.de

Anfragen an die Schriftleitung: Briefe an die Schriftleitung mit der Bitte um Auskünfte etc. können nur beantwortet werden, wenn ihnen Rückporto beigefügt ist. Von Anfragen, die durch Einsicht in die Jahresinhaltsverzeichnisse beantwortet werden können, bitten wir abzusehen.
Redaktion: Ralf Wettlaufer, Tel.: 06 11/78 78-2 34,
E-Mail: Ralf.Wettlaufer@bertelsmann.de
Annelie Meisenheimer, Tel.: 06 11/78 78-2 32, Fax: 06 11/78 78-4 11, E-Mail: Annelie.Meisenheimer@bertelsmann.de
Kundenservice: Britta Christmann,
Tel.: 06 11/78 78-1 29/1 32, Fax: 06 11/78 78-4 23,
E-Mail: Britta.Christmann@bertelsmann.de
Abonnentenbetreuung: Doris Schöne, Tel.: 0 52 41/80 19 68,
Fax: 0 52 41/80 96 20
Produktmanagement: Kristiane Alesch, Tel.: 06 11/78 78-3 59,
Fax: 06 11/78 78-4 39, E-Mail: Kristiane.Alesch@bertelsmann.de.
Anzeigenleitung: Thomas Werner, Tel.: 06 11/78 78-1 38,
Fax: 06 11/78 78-4 30, E-Mail: Thomas.Werner@bertelsmann.de
Anzeigendisposition: Susanne Bretschneider,
Tel.: 06 11/78 78-1 53, Fax: 06 11/78 78-4 30,
E-Mail: Susanne.Bretschneider@bertelsmann.de.
Es gilt die Anzeigenpreisliste Nr. 32 vom 1.1.2002.
Produktion/Layout: Gabriele McLemore
Bezugsmöglichkeiten: Die Zeitschrift erscheint monatlich. Einzelverkaufspreis 20,– Euro; preisgebundener Jahresabonnementpreis **Inland** 183,– Euro; für Studenten 105,– Euro (die aktuelle Immatrikulationsbescheinigung ist jeweils unaufgefordert nachzureichen); preisgebundener Jahresabonnementpreis **Ausland** 195,– Euro; Studentenpreis Ausland 132,– Euro inkl. Porto und ges. MwSt. Preis für besondere Versandformen auf Anfrage. Zahlung erst nach Erhalt der Abo-Rechnung. Persönliche Mitglieder des Verbandes der Hochschullehrer für Betriebswirtschaft e.V. erhalten einen Nachlaß von 20% auf den Abonnementpreis. Kündigung des Abonnements spätestens sechs Wochen vor Ablauf des Bezugszeitraumes schriftlich mit Nennung der Kundennummer. Eine schriftliche Bestätigung erfolgt nicht. – Jährlich können 1 bis 6 Ergänzungshefte hinzukommen. Jedes Ergänzungsheft wird den Jahresabonnenten mit einem Nachlaß von 25% des jeweiligen Ladenpreises gegen Rechnung geliefert. Kündigung des Abonnements spätestens sechs Wochen vor Ablauf des Bezugszeitraumes schriftlich mit Nennung der Kundennummer.

© 2002 Betriebswirtschaftlicher Verlag Dr. Th. Gabler GmbH, Wiesbaden.
Der Gabler Verlag ist ein Unternehmen der Fachverlagsgruppe BertelsmannSpringer.

Alle Rechte vorbehalten. Kein Teil dieser Zeitschrift darf ohne schriftliche Genehmigung des Verlages vervielfältigt oder verbreitet werden. Unter dieses Verbot fällt insbesondere die gewerbliche Vervielfältigung per Kopie, die Aufnahme in elektronische Datenbanken und die Vervielfältigung auf CD-ROM und allen anderen elektronischen Datenträgern.

Gesamtherstellung: Druckhaus „Thomas Müntzer" GmbH,
99947 Bad Langensalza.
Gedruckt auf säurefreiem und chlorfrei gebleichtem Papier.
Printed in Germany
ISSN: 0044-2372

Hinweise für Autoren

1. Bitte beachten Sie die „Grundsätze und Ziele" der ZfB.

2. Manuskripte sind in vierfacher Ausfertigung an die Schriftleitung zu senden. Für das Begutachtungsverfahren müssen die Beiträge anonymisiert werden. Daher darf der Name des Autors nur auf der Titelseite des Manuskripts stehen. Der Autor verpflichtet sich mit der Einsendung des Manuskripts unwiderruflich, das Manuskript bis zur Entscheidung über die Annahme nicht anderweitig zu veröffentlichen oder zur Veröffentlichung anzubieten. Diese Verpflichtung erlischt nicht durch Korrekturvorschläge im Begutachtungsverfahren.

3. Aufsätze, die im wesentlichen Ergebnisse von Dissertationen wiedergeben, werden nicht veröffentlicht. Um die Ergebnisse von Dissertationen breiter bekannt zu machen, hat die ZfB eine Rubrik „Dissertationen" im Besprechungsteil eingeführt. Hier werden vorzugsweise Erstgutachten von Dissertationen – in entsprechend gekürzter Form – abgedruckt.

4. Alle eingereichten Manuskripte werden, wie international üblich, einem doppelt verdeckten Begutachtungsverfahren unterzogen, d. h. Autoren und Gutachter erfahren ihre Identität gegenseitig nicht. Die Gutachten werden den Autoren und den Gutachtern gegenseitig in anonymisierter Form zur Kenntnis gebracht. Bei Unstimmigkeiten zwischen den Gutachtern wird ein dritter Gutachter bestellt. Durch dieses Verfahren soll die fachliche Qualität der Beiträge gesichert werden.

5. Die Manuskripte sind in Times New Roman, 12 Punkt, 1½zeilig mit 5 cm Rand links zu schreiben. Sie sollten nicht länger als 25 Schreibmaschinenseiten sein. Der Titel des Beitrages und der/die Verfasser mit vollem Titel und ausgeschriebenen Vornamen sowie beruflicher Stellung sind auf der ersten Manuskriptseite aufzuführen. Dem Beitrag ist ein „Überblick" von höchstens 15 Zeilen voranzustellen, in dem das Problem, die angewandte Methodik, das Hauptergebnis in seiner Bedeutung für Wissenschaft und/oder Praxis dargestellt werden. Die Aufsätze sind einheitlich nach dem Schema A., I., 1., a) zu gliedern. Endnoten (Times New Roman, 12 pt) sind im Text fortlaufend zu numerieren und am Schluß des Aufsatzes unter „Anmerkungen" zusammenzustellen. Anmerkungen und Literatur sollen getrennt aufgeführt werden. Im Text und in den Anmerkungen soll auf das Literaturverzeichnis nach dem Schema: (Gutenberg, 1982, S. 352) verwiesen werden. Jedem Aufsatz muß eine „Summary" in englischer Sprache von nicht mehr als 15 Zeilen Länge und eine deutsche Zusammenfassung gleicher Länge angefügt werden. Über Abbildungen und Tabellen ist eine Legende vorzusehen (z.B.: Abb. 1: Kostenfunktion, bzw. Tab. 2: Rentabilitätsentwicklung). Abbildungen und Tabellen sind an der betreffenden Stelle des Manuskripts in Kopie einzufügen und im Original (reproduzierfähig) dem Manuskript beizulegen. Mathematische Formeln sind fortlaufend zu numerieren: (1), (2) usw. Sie sind so einfach wie möglich zu halten. Griechische und Fraktur-Buchstaben sind möglichst zu vermeiden, ungewöhnliche mathematische und sonstige Zeichen für den Setzer zu erläutern. Auf mathematische Ableitungen soll im Text verzichtet werden; sie sind aber für die Begutachtung beizufügen.

Mit dem Manuskript liefert der Autor ein reproduzierfähiges Brustbild (Passphoto) von sich sowie eine kurze Information (max. 7 Zeilen) zu seiner Person und seinen Arbeitsgebieten.

6. Zur Vermeidung von Satzfehlern fügen Sie bitte Ihren Papiermanuskripten eine Diskette bei, die das von Ihnen verfasste Manuskript in Word- oder Tex-Format enthalten sollte. Bitte sehen Sie von einer Konvertierung in PS- oder PDF-Dateien ab, da diese Formate vom verlagsseitig eingesetzten Satzprogramm nicht verarbeitet werden können.

7. Der Autor verpflichtet sich, die Korrekturfahnen innerhalb einer Woche zu lesen und die Mehrkosten für Korrekturen, die nicht vom Verlag zu vertreten sind, sowie die Kosten für die Korrektur durch einen Korrektor bei nicht termingerechter Rücksendung der Fahnenkorrektur zu übernehmen.

8. Der Autor ist damit einverstanden, daß sein Beitrag außer in der Zeitschrift auch durch Lizenzvergabe in anderen Zeitschriften (auch übersetzt), durch Nachdruck in Sammelbänden (z.B. zu Jubiläen der Zeitschrift oder des Verlages oder in Themenbänden), durch längere Auszüge in Büchern des Autors zu Werbezwecken, durch Vervielfältigung und Verbreitung auf CD ROM oder anderen Datenträgern, durch Speicherung auf Datenbanken, deren Weitergabe und dem Abruf von solchen Datenbanken während der Dauer des Urheberrechtsschutzes an dem Beitrag im In- und Ausland vom Verlag und seinen Lizenznehmern genutzt wird.

GPSR Compliance

The European Union's (EU) General Product Safety Regulation (GPSR) is a set of rules that requires consumer products to be safe and our obligations to ensure this.

If you have any concerns about our products, you can contact us on

ProductSafety@springernature.com

In case Publisher is established outside the EU, the EU authorized representative is:

Springer Nature Customer Service Center GmbH
Europaplatz 3
69115 Heidelberg, Germany

www.ingramcontent.com/pod-product-compliance
Lightning Source LLC
LaVergne TN
LVHW080313260326
834688LV00038B/1101